Gerhard und Sabine Schmidt

AUSZEIT

Traum und Realität einer Weltumsegelung

Impressum

2. überarbeitete Auflage
ISBN 3-00-015745-X

Fotos und
Karten: Gerhard Schmidt

Druck: Sächsisches Druck- und Verlagshaus AG
Tharandter Straße 23–27, 01159 Dresden

Bildnachweis Aquarell:
Horst Kostmann, Hospitalstraße 1, 01796 Pirna, Telefon: 03501 - 52 96 71

Printed in Germany 2005

Verlag: Gerhard Schmidt,
Würzburger Straße 64, 01187 Dresden
Telefon: 0351 - 471 2588
Fax: 0351 - 417 5180
E-mail: sposa@schmidtsegeln.de
Homepage: www.schmidtsegeln.de

Inhalt

1. Prolog – ein kleiner Lebenslauf!

Oder wie kommen zwei Sachsen auf die „verrückte" Idee, einmal um die Welt zu segeln?

Auszeit – Aussteigen auf Zeit.

Wer hat nicht schon einmal davon geträumt, aus dem Alltag zu entfliehen. Viele sind in der Tretmühle des härter werdenden Berufsstresses eingebunden. Die Anforderungen werden ständig höher – natürlich auf Kosten der Freizeit. Jeden Tag Berufsverkehr – Stau. Es bleibt immer weniger Zeit für Familie, Freunde, Hobbys …

Dass man trotzdem seine Träume verwirklichen kann und muss, möchten wir mit diesem Buch zeigen. Was ist ein Mensch ohne Träume. Sie sind der Sinn des Lebens! Alles funktioniert aber nicht ohne eine gewisse Planung und auch nicht ohne Geld. Niemand hat bisher den Panamakanal zum Nulltarif passiert. Mit einem klaren Ziel vor Augen lässt sich manche schwierige Situation meistern. Vielleicht kann unsere Reisebeschreibung eine Anregung zum Träumen sein.

Die Faszination der großen weiten Welt hat auf mich schon immer einen besonderen Reiz ausgeübt. Dem waren in der ehemaligen DDR gut gesicherte Grenzen gesetzt. Beim Versuch, diese zu überwinden, ließen viele ihr Leben oder verbrachten Jahre in sehr „gesicherter" Umgebung aber bei regelmäßigem Essen. Bei der jetzigen Ostalgiewelle wird darüber natürlich nicht so gern gesprochen.

Geboren und zur Schule gegangen bin ich in Radebeul, dem letzten Wohnort von Karl May, wo sich auch seine Grabkapelle befindet. Vielleicht haben seine Bücher den Wunsch, einmal die ganze Welt zu sehen, in mir verstärkt. Wie haben wir die in der ehemaligen DDR unerwünschten Bücher verschlungen. Da wurde getauscht und geborgt. Nach dem Abschluss der Oberschule lernte ich drei Jahre den Beruf eines Elektromechanikers mit Abitur und da begannen bereits die Probleme. Mir fehlte die Einsicht in die Verteidigung des sozialistischen Vaterlandes gegen den kapitalistischen Klassenfeind. Das hieß, ich war nicht bereit, länger als die gesetzlichen 18 Monate in der damaligen NVA zu dienen. Die Gefängnisse waren damals noch schlechter als heutzutage. Damit war mir 1973 trotz guter Noten am Ende des Abiturs die Einstufung „ zum Studium nicht geeignet“ erst mal sicher. In der ehemaligen DDR ging vieles seinen „organisierten“ Gang. Mit 18 Jahren fand ich in Radebeul ein Zimmer zur Untermiete und wir schockten unsere Eltern, als meine Freundin Sabine zu mir zog. Verlobung war angesagt. Und zwei Jahre später heiratete ich Sabine - oder umgekehrt. Sie studierte damals in Großenhain Lehramt für die Unterstufe und ich leistete als Funker in Marienberg meinen Grundwehrdienst. Vielleicht auch in Ermangelung eines abwechslungsreichen Fernsehprogramms in Dresden, dem „Tal der Ahnungslosen“, hatten wir mit 26 Jahren zwei Wunschkinder, Anke und Susanne.

Im März 1984 ließ sich dann der offene Bruch mit dem DDR-Regime nicht mehr verhindern – wir stellten den Antrag auf Übersiedlung in die BRD. Das führte zum sofortigen Berufsverbot für Sabine, denn als Lehrer durften „Problembürger“ in vielen Berufen nicht mehr arbeiten. Mehr als fünf Jahre kämpften wir um unsere Ausreise, manchmal knapp an der Grenze des Gesetzes, bis es dann am 11. August 1989 hieß: „Sie haben das Gebiet der DDR innerhalb der nächsten 24 Stunden zu verlassen.“ Dazu gab es eine Identitätsbescheinigung und eine gelbe Urkunde – die Aberkennung der Staatsbürgerschaft der DDR. Mit unseren beiden Töchtern Anke (13) und Susanne (9) ging es damals über Gießen gleich nach Hamburg - für uns das Tor zur Welt. Am Anfang schliefen wir auf Luftmatratzen und aßen am mitgebrachten Campingtisch samt Klapphockern. Unsere ersten Schränke waren Umzugskisten oder Teekisten aus Sperrholz. Ich hatte innerhalb einer Woche Arbeit als Parkett- und Fußbodenleger gefunden. Mit dem ersten Auto war ich am Wochenende ständiger Gast in der Selbsthilfewerkstatt oder ich habe Überstunden gemacht.

Der riesige Hamburger Hafen zog mich immer wieder magisch an und dort erlangte ich auch 1990 den Sportbootführerschein See. An den Wochenenden schlichen wir um die zu verkaufenden Yachten in Hamburg-Finkenwerder oder drückten uns auf der Hanseboot-Messe die

Nasen platt. Damals glaubte Sabine mir nicht, als ich träumte: „Spätestens mit 50 segle ich um die Welt!“

Nach zwei arbeitsreichen Jahren in Hamburg und der inzwischen vollzogenen Wiedervereinigung packten wir wieder unsere Umzugskisten - zurück nach Dresden. Ich gründete mit einem Freund eine Immobilienfirma und studierte die Immobilienwirtschaft.

Meine Seglerlaufbahn begann mit einem segelnden Faltboot an den Berliner Seen. Im Sommerurlaub 1976 wollte ich für meine Kinder ein kleines Ruderboot mit Außenborder (Tümmler zweieinhalb PS) mieten, aber ohne Sportbootführerschein gab es kein Motorboot. Im nächsten Winterhalbjahr saß ich beim MC Elbe im Kurs für diesen Bootsführerschein. Das erste Segeln auf dem salzigen Wasser erlebte ich in einem Urlaub auf dem Ijsselmeer und den Ostfriesischen Inseln in Holland. Das hat richtig Spaß gemacht. Bei einer Einladung meines Bruders Jochen zum Jollensegeln auf dem Plöner See 1994, stand ein kleines Kajütboot zum Verkauf auf einem Trailer. Mir gefiel der JAN DADDL, ein Hai 590, auf Anhieb und Sabine war auch begeistert. Erst die Elbe, dann die Adria, die Nordsee und schließlich fünf Jahre lang die Müritz – das waren unsere Reviere. Hochseeerfahrung sammelte ich während unserer Urlaube, die wir auf größeren Segelyachten verbrachten. Ostsee, Nordsee, Mittelmeer und die Karibik waren unsere Fernziele, nachdem wir finanziell auf die Beine gekommen waren, denn wie heißt es so schön: „Segeln ist die teuerste Art, unbequem Urlaub zu machen.“ – Aber eben einmalig schön!!!

Die Praxis zum Führen einer Segelyacht auf hoher See erlangt man natürlich nicht, wenn man einmal sieben Tage bei Flaute unter Motor in der Adria 120 Seemeilen unterwegs gewesen ist. Parallel zur Praxis lernte ich für die nächsten Sportbootführerscheine, bis ich Ende 1999 in Hamburg die Prüfungen für den Sporthochsee-Schifferschein als einer der ersten Sachsen bestand. Ich konnte damit nun Schiffsführer für die weltweite Fahrt von Motor-, Segelyachten, Ausbildungs- und Traditionsschiffen sein. In Dresden gab es keinen Kurs für diese Bootsführerscheine und so habe ich mit den Büchern unterm Kopfkissen geschlafen, im Stau gelesen und fast alles als Autodidakt gelernt. Manch einer wird sicherlich schmunzeln und sich fragen, warum sich heute noch jemand freiwillig diesem Lern- und Prüfungsstress aussetzt, den zum Beispiel die Astronavigation mit sich bringt. Dabei ist es doch so einfach ein GPS-Gerät (ab 100 €uro) von der Größe eines Handys einzuschalten und „schwupp" nach 15 Sekunden zeigt dieses tolle satellitengestützte Gerät die exakte Position auf jeder Stelle der Erde an. Es hat mir einfach Spaß gemacht, mich damit zu beschäftigen. Und es gibt ein kleines Stück Sicherheit, dass ich bei einem Ausfall der kompletten Bordelektronik zum Beispiel nach einer Kenterung allein mithilfe der Sonne und einem Sextanten meine Position auf dem Meer bestimmen kann. Einmal 1.000 Seemeilen entfernt von der Küste ist jeder auf sich selbst gestellt und schnelle Hilfe eher unwahrscheinlich.

Und so kam es, wie es kommen musste. Vor dem Urlaubstörn im Mai 1999 „Rund um Elba" fragte ich Sabine: „ Wollen wir um die Welt segeln?" Am Ende dieses Zweiwochentörns hat Sabine „Ja!" gesagt.

Dresden, Januar 2004

Gerhard Schmidt

P.S.: Ich habe ganz bewusst versucht, auf Worte aus der „Seglersprache" zu verzichten (zum Beispiel: rechts gibt es auf einem Schiff nicht, sondern nur steuerbord). Ganz ohne geht das allerdings nicht.

Eine Seemeile sind 1.852 Meter. Diese „krumme" Zahl entspricht mathematisch einer Bogenminute des Erdumfanges und ein Knoten Fahrt heißt, dass eine Seemeile pro Stunde zurückgelegt wird.

2. Wir finden unser Schiff – eine Saison im Mittelmeer

Elba – Sizilien – Kroatien – Griechenland – Malta - Überwintern in Port-el-Kantaoui - Tunesien

Das „Ja!" von Sabine bringt die „Lawine" ins Rollen. Zurück aus dem Urlaub erschrecken wir nicht nur unsere Kinder und Eltern gehörig mit dieser Entscheidung. Aber wie das so ist im Leben: Es gibt immer tausend Gründe (Job, Katze, Schwiegermutter ...) etwas nicht zu tun.

Es wird ein Zeit- und Finanzplan erstellt. Nächtelang diskutieren wir. Am Ende der Planung kommen wir zu der Erkenntnis, dass wir alles verkaufen müssen, um unseren Traum zu realisieren. Es tut schon weh, sich von seinem Haus, dem Motorrad, dem Auto und der eigenen Firma zu trennen, aber in Ermangelung von Sponsoren, Lottogewinnen und größeren Erbschaften bleibt uns gar keine andere Wahl. Den größten Teil des Geldes für die Weltumsegelung bringt der Hausverkauf. Das funktioniert allerdings nur, wenn das Objekt kein „Hypothekengrab" ist, wie es so schön in der Immobilienbranche heißt.

Gesagt, getan. Und ein halbes Jahr später wissen wir, dass unser Schiff maximal 150.000 Mark kosten darf. Schließlich muss das Schiff noch für eine Weltumsegelung ausgerüstet werden. Es sind Versicherungen für das Schiff und für uns zu bezahlen, es fallen ständige Wartungs- und Reparaturkosten an und das Essen können wir auch nicht ganz unter den Tisch fallen lassen. Die Suche nach dem passenden Schiff beginnt. Ich nehme das Internet, Schiffsmakler, Charterfirmen und alle möglichen Illustrierten zu Hilfe.

Das Probesegeln in Griechenland erweist sich als Flop – die Charterfirma will auf einmal das für uns interessante Schiff nicht mehr verkaufen, sondern ein anderes und natürlich 80.000 Mark teurer. Schließlich finde ich im Dezember 1999 in der Illustrierten „Yacht" das Inserat eines Privateigners. Einen Anruf und zwei Tage später, genau am 4. Advent, bin ich mit dem Auto und Fähre unterwegs nach Elba.

In der Marina von Portoferraio stehe ich vor der SUMMERTIME, einer französischen GFK-Serienyacht aus dem Jahr 1988 vom Typ Jeanneau-

Voyage 12.50, und bin begeistert. Aber nur im Stillen, denn der Verkäufer will natürlich einen höheren Preis als ich bereit und in der Lage bin zu bezahlen. So großräumig sind nur wenige Yachten in dieser Größe und dass die SUMMERTIME fünf Jahre als Charterboot gelaufen ist, muss nicht immer ein Nachteil sein. Sicherlich hat so ein Schiff mehr Gebrauchsspuren als eine geschonte Eigneryacht, aber viele Schwachstellen, wie zum Beispiel die elektrische Ankerwinsch, sind ausgemerzt. Ich habe mir als Trumpf-Ass noch meinen letzten Kontoauszug als Nachweis meiner Liquidität eingesteckt. Immer nach der Devise: „Step by step.“ Was nichts anderes heißt, als dass ich erst das Geld vom Hausverkauf in den Händen haben muss, bevor ich ernsthaft ein Schiff kaufen und einen Vertrag unterschreiben kann. Schließlich werden wir uns beim Abendessen nach dem dritten Glas Wein einig und am 2. Weihnachtsfeiertag kommt es zum Kaufvertrag. Das Schiff wird bis auf 20.000 Mark bezahlt, denn wir können den Motor nicht testen, da das Schiff an Land steht.

Parallel zu den Vorbereitungen der Weltumsegelung, von der Schiffssuche bis zur Routenplanung, sind wir beim Tropenmedizinischen Institut in Dresden und lassen uns die notwendigen Impfungen (Hepatitis A+B, Gelbfieber, Tetanus, Diphtherie, Polio und Typhus) verpassen. Der Besuch bei den verschiedenen Ärzten hilft auch, unsere Reiseapotheke zu vervollständigen, da einige Medikamente rezeptpflichtig sind. Der Befund meiner Artrose durch das langjährige „Niederknien“ vor den Kunden als Parkett- und Fußleger kommt nicht ganz überraschend und ist schon gar kein Hindernis. Schließlich wollen wir auf der „Barfußroute“ um die Welt segeln und Wärme ist gut für die Gelenke. Das ist eher noch eine Bestätigung dafür, jetzt loszusegeln und nicht erst als Rentner mit 70, wenn ich das überhaupt erlebe.

Der Berg der zusätzlichen Ausrüstungsgegenstände wie Seekarten, Hafenhandbücher, Fotoausrüstung, Ersatzteile, Werkzeuge … wird immer größer. Glücklicherweise hat mein Freund und ehemaliger Firmenpartner Klaus ein großes Auto und bringt mich Anfang März 2000 mit Sack und Pack nach Elba. Die SUMMERTIME ist seit Februar schon im kalten Wasser und der Motor hat ebenfalls seinen Probelauf gut bestanden.

Eine Woche später laufen wir, vier Segelfreunde und ich, zum „Seebärentörn“ rund um Italien in die Adria aus. Dabei machen wir auf Ischia,

Capri und Sizilien halt. Ein U-Boot begegnet uns in der Strasse von Messina. Während der Überquerung des Golfes von Taranto nach Brindisi kreist fast eine Stunde lang ein Militärhubschrauber über uns. Sicherlich kommen wir den Grenzschützern im kalten März als einziges Segelboot weit und breit doch etwas verdächtig vor. Direkt vor der Einfahrt in Brindisi überrascht uns einer der berüchtigten Frühjahrsnebel. Eine Stunde lang „tasten" wir uns mit Scheinwerfern in den Hafen. Neben uns tönen die Nebelhörner der am Pier liegenden Frachtschiffe. Ich sehe fast nichts. Und schon wird der nächste Ausrüstungsgegenstand, ein Radar, mit auf die Liste gesetzt.

Auf dem Weg in die nördliche Adria erleben wir vor Zadar einen ausgewachsenen Sirocco – Südwind in der Adria – mit bis zu 46 Knoten Windgeschwindigkeit (Windstärke neun). Wir fahren Nordkurs, das heißt der Wind kommt von achtern und wir sausen ohne Segel mit acht Knoten Fahrt dahin. Ende März erreichen wir nach über 1.100 Seemeilen Umag in Kroatien und die SUMMERTIME hat damit ihre erste Bewährungsprobe gut überstanden.

Nun kommt Sabine mit an Bord und in den nächsten zwei Wochen bereitet sie sich gemeinsam mit zwei jungen Dresdner Nachwuchsseglern, Friedrich und Sven, auf die praktische Prüfung zum Sportküstenschifferschein (SKS) vor. Alle sind furchtbar aufgeregt, als der Prüfer an Bord kommt. Ich weiß nicht warum, aber seine schlechte Laune lässt er, eine nach der anderen rauchend, an den schweißgebadeten Prüflingen aus. Die Frage, ob mich als Eigner sein Rauchen an Bord stört, stellt er erst gar nicht. Dafür verteilt er seine Zigarettenasche gleichmäßig im gesamten Cockpit. Abends werde ich eingeladen – alle haben geradeso bestanden. Der Prüfer hat noch ein Auge zugedrückt und Gnade vor Recht ergehen lassen. Schließlich sind sie nicht von einem richtigen Segellehrer und einer richtigen Segelschule, sondern nur von einem Sachsen unterrichtet und ausgebildet worden. Dafür können ja die armen Prüflinge nichts. Dabei habe ich mir schon auf die Zunge gebissen, als der „große Segelprüfer" bei Windstärke eins bis zwei die Segel reffen lässt, um sich dann daran zu erfreuen, dass die Segelneulinge natürlich bei den Rettungsmanövern unter Segeln buchstäblich beim Aufschießer „verhungern".

Während unseres Probejahres im Mittelmeer vervollständigen wir ständig die Ausrüstung unserer SUMMERTIME. Bimini und Sprayhood werden bestellt und angepasst – ganz wichtig, denn die Sonne ist auf dem Wasser noch aggressiver als an Land und in Australien wird noch das Ozonloch dazukommen.

In Tagesetappen geht es langsam gen Süden, Richtung Korfu. Nach Dubrovnik habe ich noch einen Stopp in Montenegro in der Bucht von Kotor, mit dem eindrucksvollsten Gebirgspanorama in der Adria, auf dem Plan. Die erste Überraschung in Herzegnovi ist die Landeswährung: Deutsche Mark! Und die zweite: der niedrige Dieselpreis (70 Pfennig pro Liter). Die SUMMERTIME ist die einzige Yacht im Hafen. Nach dem Tanken kommt ganz aufgeregt der Hafenkapitän mit seinem Jeep an. Ich könne hier nicht einklarieren, sondern nur im fünf Seemeilen entfernten Militärstützpunkt Zelenika. Kein Problem und den Motor wieder angeworfen. Wir werden schon erwartet. Neben einem Kriegsschiff machen wir längsseits fest, vier Soldaten halten sich an ihren Maschinenpistolen fest und schauen interessiert zu, ohne beim Anlegen zu helfen. Vier Uniformierte und der Hafenkapitän kommen an Bord und wollen doch allen Ernstes satte 265 Mark an Gebühren für einen Tag in Montenegro. Das nimmt uns doch etwas die Lust an dem weiteren Aufenthalt. Ich bedanke mich für den „freundlichen" Empfang und sage, dass wir uns das weitere Ausfüllen der Formulare sparen können. Anschließend lasse ich mir die Pässe sowie die Schiffspapiere zurückgeben und verabschiede mich bei den etwas verdutzten Beamten. Die Einreisestempel sind bereits in den Pässen. Das nächste Kommando lautet: „Klar zum Ablegen!"

Durch das Ionische Meer mit seinen vielen schönen Inseln und herrlichen Ankerplätzen segeln wir weiter bis Kreta auf den Spuren von Odysseus und einmal rund um Peloponnes. Damit unsere beiden Töchter einschließlich Emily, unsere Enkelin, auch für eine Woche an Bord kommen können, fahren wir zum zweiten Mal in die Nordadria. In Sibenik sind dann bereits 5.000 Seemeilen für das Jahr 2000 auf der Logge der SUMMERTIME.

Im Oktober verlassen wir endgültig Kroatien. Von Dubrovnik aus laufen wir über Brindisi in Italien und Syrakus auf Sizilien eine Woche später in den Msida-Creek auf Malta ein. Die Hafenaufsicht in Valletta will schon zehn Seemeilen vor der Einfahrt über Funk informiert werden. Es wird als Erstes nach Tieren an Bord gefragt. Zum Glück haben wir keine Tiere an Bord, denn Tiere ohne Impfzeugnis werden getötet und Segler mit geimpften Bordtieren dürfen nirgends festmachen, sondern müssen im Hafenbecken ankern. Die Tiere dürfen prinzipiell das Schiff nicht verlassen. Die vielen streunenden Hunde an Land sind offensichtlich kein Problem.

Kurz vor dem Einlaufen in den einmaligen Naturhafen zieht plötzlich starker Nebel auf und ich muss erklären, dass die Fahrt in den Hafen auf eigene Gefahr erfolgt. Wo will ich sonst auch hin? Wieder zurück nach Sizilien geht schlecht! Nach der Aufregung beim Einlaufen – noch ohne Radar – sind wir heilfroh, als wir den Einklarierungspier erreichen. Grund genug abends die Schiffsgaststätte „Black Pearl", einen klassischen Großsegler (allerdings an Land), zum Dinner aufzusuchen.

Glücklicherweise ist Ende Oktober die richtig heiße Zeit auf Malta schon vorüber. Wir fahren mit den bunten alten Bedford-Bussen aus England aus den fünfziger Jahren preiswert über die Inseln Gozo und Malta. Die Hauptstadt Valletta mit den historischen Festungsanlagen der Malteser ist schon etwas Besonderes. Vermutlich stammt aus diesen kriegerischen Zeiten noch der verwunderlich anmutende Hang zahlreicher Malteser auf alles, was fliegen kann, zu schießen. Es sind richtige große Schießstände zu sehen, wo gefangene Lockvögel in ganz kleinen Käfigen aufgestellt werden. Andere Singvögel, die auf dem Flug nach Afrika hier erschöpft Zwischenstopp machen, werden so angelockt. Da sitzen dann die „Großwildjäger" mit ihren Schrotflinten und ballern die kleinen Vögel ab. Vor einiger Zeit soll sogar ein Vogelschützer dabei erschossen worden sein. Proteste von anderen Staaten gegen diese Vogeljagd verhallen ungehört. Die Lobby der Jäger ist einfach zu groß und ihre Wählerstimmen sind sozusagen das Zünglein an der Waage.

Unseren ursprünglichen Plan, hier zu überwintern und die SUMMERTIME für die große Fahrt um die Welt „frisch" zu machen, werfen wir über Bord, obwohl in Malta die Schiffsausrüster gut sortiert sind. Im Gespräch mit anderen Seglern, die hier nur einen kurzen Stopp einlegen, wird uns Tunesien empfohlen. Das Aus- und Einkranen zum Beispiel kostet dort nur ein Viertel des hiesigen Preises. Ohne Reservierung soll allerdings kein

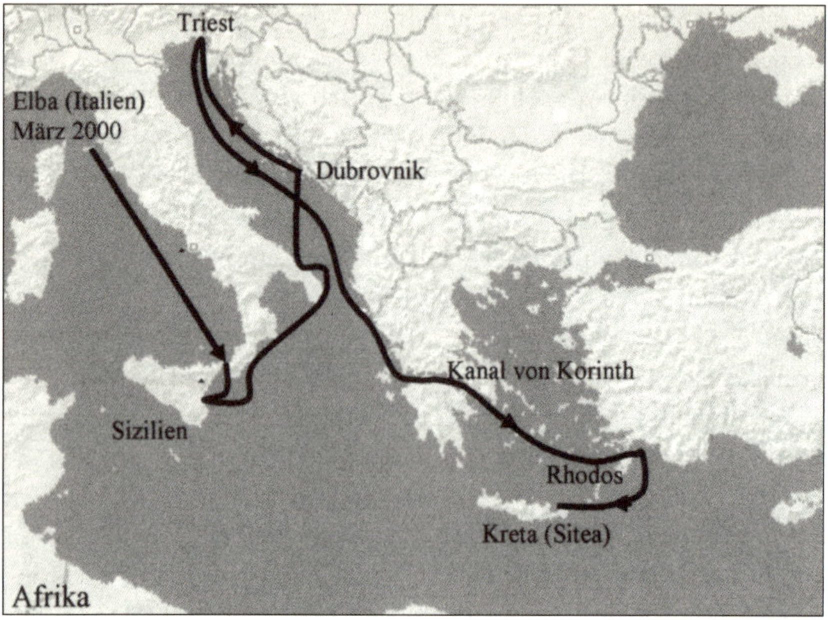

1. Halbjahr 2000 im Mittelmeer

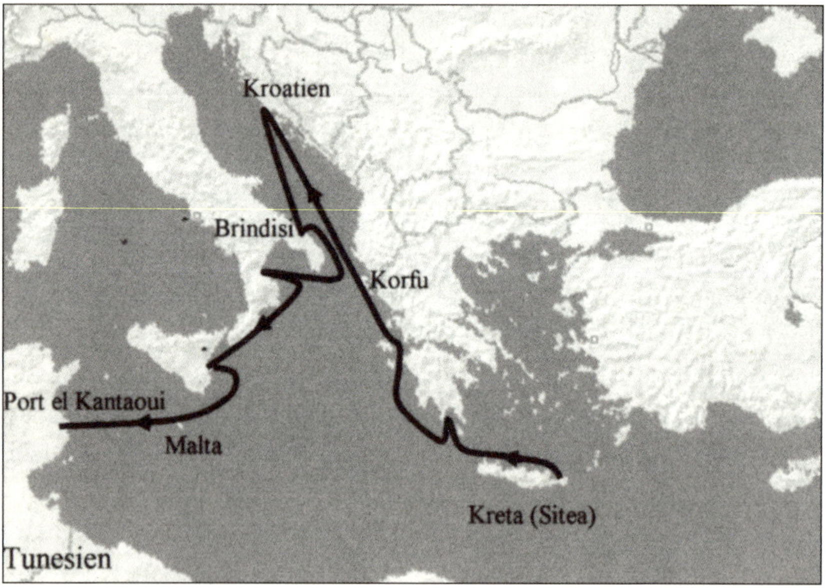

2. Halbjahr 2000 im Mittelmeer

Liegplatz mehr frei sein, hören wir. Ich erspare mir eine eventuelle Absage bei dem Versuch der Reservierung und fahre also Ende Oktober kurz entschlossen weiter gen Westen, vorbei an der Insel Lampedusa (Italien) nach Tunesien. Port-el-Kantaoui ist der Zielhafen. Unser Motor, ein Perkins Diesel mit 50 PS, bringt uns die 210 Seemeilen bei absoluter Flaute zügig voran.

Genau am 30.10.2000 betreten wir das erste Mal in unserem Leben Afrika! Eigentlich ist der Hafen schon voll belegt und ausgebucht, aber der nette Hafenkapitän, Chafik Rziga, kann doch meinen Argumenten nicht widerstehen. Ich organisiere noch das Auskranen der SUMMERTIME und die weiteren Arbeiten. Schließlich soll nicht nur ein neuer Unterwasseranstrich erfolgen, sondern auch der gesamte Rumpf neu lackiert werden. Alles außer Alkohol ist deutlich billiger als in den europäischen Mittelmeerländern. Das tunesische Antifouling kostet zum Beispiel nur ein Viertel der Deutschen Qualitätsprodukte. Es erfüllt sicher nicht die EU-Richtlinien, aber es hält den Rumpf auf langen Fahrten frei von Bewuchs. Mit dem Flugzeug geht es zurück nach Dresden, denn vieles muss noch für die große Fahrt organisiert werden.

3. Von Tunesien durch das Mittelmeer nach Gibraltar

Tunesien – Sardinien – Balearen – Spanisches Festland

Die Vorbereitungszeit während des Winters vergeht wie im Fluge. Ich muss mich für eine Windfahnensteuerung entscheiden – es ist die ROYAL PERFEKT aus Berlin – eine gute Entscheidung. Ein Yachtradar mit geringem Stromverbrauch von FURUNO wird gekauft. Zwischendurch entwickelt sich auch unsere Internetseite immer weiter. Segelfreund Alf von „NEXT.4“ unterstützt uns dabei großzügig und kompetent.

Der exakte Routenplan wird erstellt. Unser Konzept: das Segeln mit Freunden, die Erfahrungen in der Praxis sammeln oder einfach an Bord relaxen wollen. Das ist gut für die Bordkasse und bringt uns viel Freude und Abwechslung – nicht jeder ist für das Einhandsegeln geschaffen.

Bei den Vorbereitungen kommt es auch zu einem Sponsoring durch die „Sächsische Zeitung“, der auflagenstärksten Tageszeitung in Sachsen. Ich soll Artikel und Fotos per E-Mail aus aller Welt senden und als „Vergütung“ wird eine digitale Videokamera mit Fotofunktion von SONY zum großen Teil bezahlt. Ein anderer Sponsor ist mein Klassenkamerad Matthias, für dessen Firma „DMM.COM“ ich nun am Schiff werbe – genau wie für die „Sächsische Zeitung“. Beide Sponsoren sind über Links mit unserer Internetseite verbunden.

Weitere Kontakte ergeben sich mit Redakteurinnen vom MDR-Sachsenspiegel und dem ZDF-Sachsenstudio. Für die mühsame und kostenaufwendige Suche von anderen Sponsoren bleibt einfach keine Zeit und das ist auch nicht unser Konzept. Wir wären auch ohne einen Sponsor zur Weltumsegelung gestartet.

Zwischendurch bringe ich die Beamten beim Einwohnermeldeamt noch etwas durcheinander. Sich ordnungsgemäß abzumelden, ohne dass eine neue Adresse angegeben werden kann, dafür gibt es kein Formular – für die Beamten keine einfache Aufgabe. Am Vorabend des Abfluges werden Bett und andere Möbel auseinandergebaut und eingelagert. Die

Schränke sind bereits ausgeräumt. Unsere Tochter Susanne wird die Wohnung in der Zwischenzeit als Wohngemeinschaft (WG) mit Studenten nutzen und so einen Teil der laufenden Miete samt Nebenkosten decken. Alles natürlich ganz offiziell – das steckt irgendwie so drin. Glücklicherweise wird auch mit der „Überlassungsgenehmigung für Wohnraum" bei unserer Wohnungsgenossenschaft eine Ausnahme von der „Normalität" gemacht.

15.03.2001 – Abflug aus Dresden

Früh halb vier klingelt der Wecker und wir sind ruck zuck munter. Mein Vater (74), steht pünktlich halb fünf mit seinem Auto vor unserer Haustür in Dresden-Plauen. Am Flughafen in Klotzsche werden wir mit Blitzlicht empfangen. Der Fotograf von der „Sächsischen Zeitung" und der „Morgenpost" hat bei uns schon viele Filme während eines wunderschönen Segelurlaubes in Kroatien belichtet. Der „MDR" und das „ZDF" sind live mit Kameratechnik dabei; dazu das „MDR Morgenradio". In diesem ganzen Trubel kommen wir nicht einmal zum Kaffeetrinken. Auch die nette Kollegin bei der Abfertigung des Fluggepäckes ist ganz aufgeregt und so brauchen wir für unser schweres Zusatzgepäck von 160 Kilogramm keine Extragebühr bezahlen. Wir sind eben Glückspilze!

Etwas müde landen wir in Monastir, Tunesien, das uns mit herrlichem Sonnenschein und 25 Grad empfängt. Unsere zehn Gepäckstücke mit insgesamt 200 Kilogramm verladen wir auf drei Kofferkulis und kommen damit auch gut durch den Zoll. Am meisten staunen die Uniformierten über den kleinen Benzingenerator in der Aluminiumkiste. Alles wird in den Pass eingetragen, damit diese Gegenstände nicht im Land bleiben können und weil sonst die Einfuhrsteuer zu zahlen wäre. Mit zwei Taxen fahren wir nach Port-el-Kantaoui zur SUMMERTIME. Sie steht noch an Ort und Stelle und sofort fühlen wir uns wie Zuhause. Schließlich soll sie ja auch in den nächsten Jahren unser schwimmendes Zuhause sein. Das Schiff steht noch in der Werft im Trockenen auf Böcken, was das Leben ein wenig unbequem macht. Hoch und runter geht es über eine lange Leiter. Inzwischen haben sich auch einige Sachsen bis zur SUMMERTIME durchgefragt und uns viel Glück und eine Handbreit Wasser unterm Kiel gewünscht. Sie haben die „Sächsische Zeitung" gelesen oder im Fernsehen etwas über uns gesehen.

Während ich die Windfahnensteuerung anbaue, hat auch Sabine viel im Schiff zu tun. Es müssen alle Dinge am richtigen Ort verstaut sein, wobei schon zu bedenken ist, welche Sachen immer schnell greifbar sein müssen (Rettungswesten und Sicherheitsgurte, allgemein als Lifebelts bezeichnet) und welche man irgendwo im Bauch des Schiffes unterbringen könnte (wie unsere schweren Wanderschuhe). Außerdem gibt es unendlich viel Staub zu wischen, denn der teilweise starke Wind bringt ständig den ganz feinen Sand aus der Sahara mit, der sich über das ganze Schiff und natürlich auch innen ausbreitet.

Unser größtes Problem ist die Genuarollanlage – sie muss komplett überholt werden. Dafür werden neue Kugellager organisiert und eingebaut – in einer Dreherei bestelle ich 32 kleine Spezialschrauben aus Edelstahl als Sonderanfertigung. Vieles in Tunesien erinnert mich an die Mangelwirtschaft der ehemaligen DDR. Ohne Vitamin „B" (sprich: Beziehungen) läuft hier nichts – dazu kommt noch das Sprachproblem. In Tunesien als einer ehemaligen französischen Kolonie sprechen die gebildeten Einheimischen natürlich französisch. Das Touristendeutsch der Kellner und Souvenirverkäufer ist etwas ganz anderes. Insgesamt hat die Reparatur mit Hilfe von zwei freundlichen Tunesiern nur 185 Mark gekostet. Das sind fünf Prozent einer neuen Rollanlage. Chafik Rziga ist in Port-el-Kantaoui der Hafenkapitän. Ich darf sogar seinen Internetanschluss nutzen und revanchiere mich dafür mit digitalen Bildern vom schönen Hafen-el-Kantaoui für seinen neuen Prospekt und die Homepage. So kann er aktuelle Informationen und Bilder an Touristen weitergeben und wir haben unsere Verbindung zur Welt.

Zwei Tage Arbeit bedeutet es, die Rollanlage wieder zusammenzubauen. Mit Hilfe von Skipper Albrecht aus Oberstaufen, der mit seiner in sieben Jahren selbstgebauten TABALUGA neben uns am Steg lag, bekomme ich schließlich den letzten Sicherungsbolzen im Ankerkasten „eingefädelt". Zur Endmontage der 16 Meter langen Rollanlage muss ich noch ganz nach oben in den 15 Meter hohen Mast, an dem es in dem so genannten Bootsmannsstuhl über die Winsch hochgeht. Sabine als meine „schwache" Bordfrau nimmt gern die Hilfe von Albrecht beim Hochkurbeln an. Bei dieser Gelegenheit wird der Saharastaub vom Mast mit abgewischt und alles durchgecheckt, das heißt alle Beleuchtungseinrichtungen, Stagen, Wanten, Rollen und Splinte werden kontrolliert. Abends sind natürlich Albrecht und Erika von der TABLUGA bei uns eingeladen.

Einkaufen und Ausflüge werden von Port-el-Kantaoui mit der „Louage", dem öffentlichen Nahverkehrsmittel, unternommen. Diese älteren Renault Kombi PKW haben drei Sitzbänke für insgesamt acht Personen. In Deutschland würde sicherlich keines dieser Autos die Technische Überprüfung überstehen. Auf geht es also zu einem Ausflug nach Sousse in die Medina (Altstadt) zum Einkaufen und auf den Markt. Eingekauft werden neben Gemüse (Fenchel, Zwiebeln – gut gegen Skorbut, Möhren, Weißkohl und Zucchini) auch ein reichliches Kilo Dornhai (das reicht für zwei Mahlzeiten). Auf die frischen großen Erdbeeren verzichten wir – zu riskant.

Es gilt beim Essen in Afrika und anderen heißen Ländern der Grundsatz: „Cook it, peal it or leave it!" Abkochen, schälen oder die Hände davonlassen! – Auch wenn es noch so lecker aussieht! Das Einhalten dieser goldenen Grundregel kann darüber entscheiden, ob aus der Reise oder dem Urlaub ein Alptraum wird!

Alles ist durchgecheckt und beim Probesegeln geht es nur einige Seemeilen aufs Meer. Frischer Nordostwind der Stärke vier bis fünf bläst die Wellen hier draußen schon mal übers Vorschiff. Der Wind ist gerade richtig und wir setzen die Genua und das Großsegel. Es ist ein herrliches Gefühl, so durch die Wellen zu gleiten und den Wind zu hören. Zurück im Hafen sind wir überzeugt, dass unser Schiff für die große Reise um die Welt gerüstet ist.

Anfang April 2001 kommen die ersten Mitsegler an Bord – das Team vom „ZDF". Wir sind schon ganz aufgeregt. Ich habe einiges geplant. Abseits der Touristenströme und in die Sahara soll die kurze Reise gehen.

Das Schiff ist klar. So fahren wir mit dem Zug nach Monastir zum Flughafen – als einzige Ausländer im vollbesetzten Zug. Trotz der vielen

Schulkinder bleiben die Zugtüren weit offen – die wartungsfreie „Klimaanlage“ der tunesischen Eisenbahn. In Deutschland undenkbar.

Das Flugzeug mit dem „ZDF“-Team landet mit einer Stunde Verspätung. Nach einer weiteren Stunde kommt die Redakteurin, Sabine, hochrot und leicht genervt aus dem Zollbüro. Die Filmkamera wird vom Zoll eingezogen. Der angekündigte offizielle „Betreuer“ mit den entsprechenden Papieren, der uns am Flughafen empfangen und uns während des Drehs begleiten soll, ist nicht da. Alle vorgelegten Schreiben, Werbegeschenke, Aufkleber und Telefonate mit der Tunesischen Botschaft in Berlin und dem „ZDF“ in Mainz nützen nichts; die Filmkamera kommt nicht durch den Zoll. Dafür gibt es eine Quittung mit mehreren Stempeln auf der drei Beamte unterschreiben, bevor dieselbe im großen Panzerschrank verschwindet. Irgendjemand hat die offizielle Drehgenehmigung nicht weitergeleitet.

Christoph, der Kameramann, früher beim Trickfilmstudio in Dresden, freut sich schon auf eine Woche „Arbeitsurlaub“. Nur Bernd, der Techniker und Assistent stöhnt etwas über die schweren Kisten und das viele Gepäck, was gebraucht wird. Alles Jammern nützt nichts und so fahren wir zur SUMMERTIME und „stürmen“ nach dem Gepäckumladen in die nächste Pizzeria. Schließlich haben wir alle Hunger und Frust. Gegen den Hunger gibt es Pizza und Fisch – gegen den Frust Rotwein. Dazu Livemusik – nicht schlecht. Nur der Bauchtanz fehlt noch, aber ich habe heute echt keine Lust.

Nach dem gemütlichen Frühstück am nächsten Morgen im Cockpit bei Sonne und 20 Grad hat sich die hektische Unruhe etwas gelegt und wir fahren wieder die 35 Kilometer bis zum Flughafen von Monastir. Dort ist alles beim Alten, jeder hat was zu sagen und keiner weiß was. Alles ist weggefaxt und nichts ist angekommen. Das Diensthandy vom „ZDF“ läuft „heiß“ – auf diesen Gebühren möchte ich nicht sitzen bleiben. Drei Stunden später kommt endlich die offizielle Dreherlaubnis und wir fahren glücklich mit der Kamera im Gepäck zurück. Ich hoffe nur, dass unser Kameramann, auch seine Frau so liebevoll in den Armen hält. Damit ist der Beitrag über das Segeln mit uns in Tunesien gesichert. Ich melde uns sofort bei der Nationalgarde und bei dem Hafenkapitän ab. In Tunesien muss jedes Verlassen des Hafens gemeldet werden, Einheimische dürfen nicht an Bord (Fluchtgefahr) und im Ankunftshafen warten bereits die Offiziellen. Dieser „Sicherheitsservice" ist gratis – kommt mir aber irgendwie bekannt vor.

Endlich, bei wunderschönem Wetter und Windstille, ist Ablegen nach Monastir angesagt. Die 16 Seemeilen tuckert der Perkins Dieselmotor (50 PS) in zweieinhalb Stunden weg. Als wir dann am Liegeplatz festgemacht haben, ist es schließlich 18.50 Uhr und die Sonne macht Feierabend. Der Flughafen leider nicht. Verkehrgünstig gelegen! Unweit von uns entdecke ich den bekannten Weltumsegler und Segelbuchautor Bobby Schenk mit seinem Katamaran THALASSA.

Am nächsten Tag ist unser Ziel der Fischereihafen Mahdia, Entfernung 35 Seemeilen. Mitten beim schönsten Mittagessen im Cockpit kommt ein Schiff der tunesischen Küstenwache näher und fragt über Funk nach unserem Zielhafen, Starthafen, Personenanzahl, Nationalität des Schiffes und der Crew, alles in sehr gebrochenem Englisch. Glücklicherweise kommen sie nicht längsseits, denn die Spaghettis hätten sowieso nicht für mehr Leute gereicht, obwohl Christoph freiwillig auf seine Portion verzichtet hat. Vielleicht ist ihm der Flug vorgestern nicht ganz bekommen. Irgendwie sieht er auch etwas blass aus. Das ist genau die Chance für den Assistenten, sich an der Kamera zu „vergreifen", sonst gäbe es von dieser Überfahrt keine Bilder. Alle sind glücklich, als wir 17.00 Uhr in Mahdia direkt vor der Polizeiwache als einzige Segelyacht weit und breit festmachen. Die SUMMERTIME wird wie gehabt schon sehnsüchtig von mehreren Uniformierten erwartet.

Der abendliche Stadtbummel durch die Altstadt und über den farbenprächtigen Zuk, den traditionellen Kamelmarkt, bringt noch schöne Szenen in die „Kiste", wie die Fernsehleute sagen. Nach dem Mittag fahren wir 45 Kilometer mit der Louage nach EL Djem, zum größten römischen Amphitheater in Nordafrika und dem drittgrößten in der Welt – nach dem Kolosseum in Rom und der Arena von Pozzuoli. El Djem ist heute nur noch ein Dorf. Früher sollen hier bis zu 500 Gladiatoren gleichzeitig gegeneinander und gegen wilde Tiere vor 35.000 Zuschauern gekämpft haben. Ein beeindruckendes Bauwerk mitten in der Wüste – leider gilt hier die offizielle Dreherlaubnis nicht. Bürokratie ist eben doch keine rein deutsche „Erfindung".

Vom Segelschiff zum „Wüstenschiff" lautet die Devise. Wir starten früh Richtung Süden erneut mit der Louage. Für 25 Mark fahren wir mit fünf Personen über Sfax und Gabes die 400 Kilometer nach Douz und damit an den Rand der Sahara. Dort befindet sich der schon von Karl May in seinem Buch „Durch die Wüste" beschriebene Schott-el-Djerid – ein riesiger Salzsee beziehungsweise Salzsumpf. Die Landschaft geht langsam von endlosen Olivenplantagen in eine Steppen-und Wüstenlandschaft über. Sabine sagt: „Das sieht hier aus wie in Arizona."

Wir hoffen, auch ohne Reiseagentur, Anmeldung und Vorbestellung noch mindestens fünf Dromedare samt Führer zu finden. Alles klappt und vom 12 Kilometer entfernten Dorf Zaafrane reiten wir für umgerechnet 50 Mark mit Mohammed eine Nacht in die Sahara. Da die Familie unseres 19-jährigen Führers nur drei Dromedare (in Tunesien gibt es keine Kamele) besitzt, werden noch zwei vom Nachbarn ausgeliehen. Wir erleben einen phantastischen Sonnenuntergang. Niemand fragt nach der Drehgenehmigung für die Sahara und so gibt es tolle Kamerasequenzen (das neue Wort vom Fernsehen!). Am Wüstencamp sind wir heilfroh, vom harten Rücken der „Wüstenschiffe" herunterzukommen. Außerhalb der Saison haben wir das Zeltcamp fast alleine. Das Dinner aus Tomatensuppe und Couscous mit Hühnerbeinen ist im Preis inbegriffen. Für uns als Touristen und Nichtmoslems wird auch Bier und Wein angeboten. Die islamische Religion verbietet den Gläubigen Alkohol. Die Trommeln werden herausgeholt und es erklingen bei traumhaftem Vollmond die alten Berbergesänge am Lagerfeuer. Der Mond ist so hell, dass ganz deutliche Schatten zu sehen sind – richtig gespenstig. Ab und zu huscht eine Wüstenspringmaus vorbei.

Am nächsten Morgen würden unsere zwei Sabinen lieber zu Fuß gehen, aber die Dromedare warten bereits mit laufenden „Motoren". Vom Wüstenschiff zum Bus ist heute unser Plan. Einmal am Tag soll ein Linienbus fahren und den erwischen wir geradeso. Eine Haltestelle gibt es nicht und die Abfahrtszeit liegt so zwischen 10.00 und 12.00 Uhr. Als Individualreisende ohne Touristenbus und Reiseleiter erfahren wir das alles von den Einheimischen. Unser Ziel ist das 220 Kilometer entfernte Matmata, wo sich die berühmten Höhlenwohnungen der Berber befinden, die auch heute noch benutzt werden. Außerdem war diese karge, hügelige und einmalige Wüstenlandschaft der Drehort für „Krieg der Sterne“ und „Der Englische Patient“. Dort treffen wir den 75-jährigen Jonas, der uns bereitwillig ein Interview gibt. Er wurde hier geboren und lebt in so einer Höhlenwohnung, die auch im Sommer bei 50 Grad im Schatten angenehm kühl ist – relativ gesehen. Die weiteste Reise seines Lebens führte ihn bis nach Tunis.

Plötzlich stehen vier unauffällige Herren in Zivil neben uns und wollen die Dreherlaubnis sehen. Nach einigem Hin und Her zeigen sie uns erst einmal ihre Ausweise (Nationalgarde) und nach einer halbstündigen Diskussion darf der Kameramann weiterfilmen. Vorher hat Christoph sicherheitshalber die bespielte Kassette noch schnell gegen eine leere in der Kamera ausgetauscht, man weiß ja nie. Einiges kommt uns allen als gelernte „Ossis“ doch bekannt vor. Die Aufnahmen sind im Kasten und abends ist bei Rotwein Fernsehen angesagt. Auf einem Monitor können wir das Rohmaterial anschauen. Es wird spät, weil Sabine dem ZDF-Team noch das Würfelspiel „Kniffel“ beibringt. Die Revanche verschieben wir.

Mahdia lässt uns nicht los. Der Wind pfeift mit sechs bis sieben Windstärken aus Nordosten, aber das ZDF-Team will unbedingt richtige Segelfotos. Also segeln wir mit gereffter Genua und über sieben Knoten Fahrt vor dem Wind, das heißt für Landratten und Nichtsegler: der Wind kommt von hinten. Redakteurin und Assistent sind begeistert; nur bei Christoph, dem Kameramann, hält sich die Begeisterung auf der Rückfahrt, wo wir gegen Wind und Wellen ankämpfen müssen, doch etwas in Grenzen. Offensichtlich hat er immer noch nicht den Flug von Leipzig überwunden. So übernimmt Bernd die teure Filmkamera mit dem wasserdichten Gehäuse, denn die Wellen kommen über das Deck. Ein frischer Nordostwind bringt uns zurück nach Monastir, wo das Fernsehteam wieder gen Heimat fliegt. In Dresden wollen alle gleich mit dem Chef sprechen, um weitere Etappen auf der SUMMERTIME zu filmen. Hoffentlich ist der Chef beim „ZDF“ auf dem Ohr nicht taub!

Ostersonntag 2001 in Port-el-Kantaoui

09.00 Uhr früh fahren wir nach Sousse, um in die Katholische Kirche „Saint Felix“, erbaut 1913, zu gehen. Sie ist innen ganz schlicht in weiß gehalten, ganz im Gegensatz zu vielen anderen Katholischen Gotteshäusern. Glücklicherweise sind wir eine halbe Stunde vor dem Gottesdienst da und bekommen noch zwei der letzten Sitzplätze. Obwohl weitere Bänke herbeigeschafft werden, müssen die letzten der 350 Besucher stehen. Neben uns sitzen Italiener und Kanadier. Sogar zwei Japaner, diesmal ohne den allgegenwärtigen Fotoapparat, sind hier. Für die internationale Ostergemeinde liegen am Eingang die Lesungstexte in französisch, italienisch und englisch bereit. Gesungen wird lateinisch, allerdings ohne Orgelbegleitung. Entweder ist sie kaputt oder es hat sich kein Orgelspieler gefunden. Es ist schon beeindruckend, hier in einem islamischen Land mit 95 Prozent Moslems, so eine internationale Christengemeinschaft zu erleben.

Sabine hat ausgeblasene Eier bemalt und im Salon aufgehängt. Mit den Eiern wurde ein Kuchen gebacken und nachmittags sind dann die anderen Segler zum Kaffeetrinken bei 25 °C und Sonnenschein eingeladen. Für jeden gibt es noch einen kleinen Schokoladenosterhasen und andere Näschereien. Alle sind begeistert, denn hier in Tunesien gibt es weder Österliches zu sehen noch zu kaufen.

Beim Besuch von Sousse entdecke ich überraschend noch eine Reparaturwerkstatt für Kühlschränke. Offensichtlich ist über den Winter die Kühlflüssigkeit verdunstet und so bleibt der Kühlschrank warm. Ein Monteur fährt mit zur SUMMERTIME, um sich unseren „Icemaster“ anzuschauen, der mittels Kompressor und Keilriemen vom Motor direkt angetrieben wird. Zum Glück übersetzt die Schweizerin Sylviane von der BOHEME, da ich kaum französisch und schon gar nicht arabisch kann. Jedenfalls wird für nachmittags sofort ein Reparaturtermin festgelegt, da noch Ersatzteile zu besorgen sind. Eine Stunde später ruft Sylviane in der

Werkstatt an und wir einigen uns auf einen Preis für die Reparatur. Es kommen also 15.00 Uhr zwei Monteure, überprüfen nochmals alles, ein zusätzliches Ersatzteil muss auch noch geholt werden, und gegen 19.00 Uhr kühlt der Kühlschrank wieder. Auf einem Schiff sollte ein Monteur besonders elastisch sein, denn er muss fast in den Kühlschrank von 175 Litern Fassungsvermögen reinkriechen, der auf Booten oft von oben geöffnet wird. Am Ende kostet die Reparatur mit 180 Mark weniger als vereinbart, was in Deutschland sehr selten vorkommt. Ich habe mit einer höheren Summe gerechnet.

Zwischendurch sitze ich noch einen Tag in sechs Meter Höhe auf der ersten Saling im Mast, um die Halterung für das neue Furuno – Yachtradar zu befestigen. Gleichzeitig erfolgt der letzte Check für Schiff und Technik. Gerade noch rechtzeitig bringt der Segelmacher die reparierte Genua und erhält dafür die vorher ausgehandelten 80 Dinar (130 Mark) Arbeitslohn. Eine ähnliche Reparatur des Großsegels letztes Jahr in Gouvia (Korfu) war dreimal so teuer.

Mittwoch, 18.04.2001 – Start unserer Weltumsegelung

06.00 Uhr klingelt der Wecker – nun geht es richtig los. Die Genua muss noch angeschlagen werde, weil am Vorabend zu starker Wind war. Ich komme früh meiner Meldepflicht bei der Garde National nach und gebe unseren nächsten Hafen an. Es ist in Tunesien nicht möglich, eine Nacht vor Anker in einer Bucht zu liegen oder einfach ohne konkretes Ziel abzulegen.

Pünktlich 08.00 Uhr heißt es: „Leinen Los!"

Es werden noch Abschiedsfotos gemacht und acht Segler stehen „weinend" am Pier und winken. Horst fährt mit seinem Schlauchboot mit, bis wir die Ansteuerungstonnen passieren. So ist es eben beim Segeln – Abschied nehmen, nachdem man sich gerade erst kennen gelernt und gegenseitig geholfen hat. Auf zu neuen Horizonten!

Erstes Ziel ist der Fischereihafen Beni-Khiar. Polizei und Garde National stehen schon am Pier. Gefolgt vom Hafenkommandanten, der noch seine Hafengebühr von 12 Dinar, gültig für eine Woche in allen Fischereihäfen, einfordert. Weitere Stopps sind dann Richtung Norden um das Kap-Rass-Maamoura, Kelibia und Bizerte. Im größten Handelshafen von Tunesien machen wir im Yachthafen „Sport Nautique“ am einzigen Schwimmsteg, der wirklich bald auseinander fällt, fest. Mit etwas Geschick können wir die Höhenunterschiede des Schwimmsteges kletternd überwinden. Die üblichen Herren vom Zoll und der Polizei erwarten uns bereits. Dabei treten sie stets freundlich auf und können teilweise ein paar Brocken deutsch – wir haben ja auch mit dem Arabischen und Französischen so unsere Probleme.

Das Barometer fällt auf 993 Hektopascal. Das Wetter wird zunehmend schlechter und kalt (10 Grad). Heftige Gewitter schütteln den Schwimmsteg und uns kräftig durch. Es soll auch noch so bleiben, so dass unser Besuch der Künstlerstadt Tabarka ins Wasser fällt und wir auf besseres Wetter für die Überfahrt nach Cagliari (Sardinien) warten. Nach drei Tagen verspricht uns der Wetterbericht von „Wetteronline“ im Internet ein Wetterfenster von 48 Stunden für die Überfahrt nach Cagliari. Mein alter Schulfreund Dietmar und seine Tochter Mandy sind für den Törn „Rund um Sardinien“ fest eingeplant und erwarten uns, so dass wir auf jeden Fall pünktlich da sein müssen.

Tatsächlich ist das Wetter nach den drei Tagen wie ausgewechselt und wir finden unser Vertrauen zu den Wetterfröschen wieder. Die Herren von Zoll und der Polizei kommen 12.30 Uhr an Bord und kontrollieren die Papiere. Unsere eingeführten Ausrüstungsgegenstände sind in meinen Pass eingetragen, weil ich sonst Einfuhrzoll hätte bezahlen müssen. Bei der Kontrolle bittet mich der etwas deutsch sprechende Polizeibeamte in die Achterkabine und fragt, ob ich nicht für seinen Freund, den Zöllner, noch etwas Schnaps (Whisky oder Wodka) übrig hätte, da dieser demnächst heiraten wolle und Alkohol hier sehr teuer wäre. Um die Kontrolle abzukürzen, gebe ich ihm die letzte nur noch dreiviertel volle Flasche Obstler. Diese wird schnell unter die Uniformjacke gesteckt und so steht der x-ten Hochzeit des Zöllners hoffentlich nichts mehr im Wege. Wir sind fertig!

Sabine hat inzwischen Tee gekocht, Brötchen geschmiert und Nudelsalat vorbereitet. In den nächsten 24 Stunden auf See bleibt die Küche mit großer Wahrscheinlichkeit kalt. Leinen los und das Ölzeug an. Es wird nachts wirklich kalt (acht Grad) und feucht auf See bei Wind um die 20 Knoten. Mit gerefften Segeln sind wir hoch am Wind und heilfroh, dass wir warme Unterwäsche, Handschuhe und Mütze dabei haben. Die sternklare Nacht entschädigt uns für die Kälte. Aller zwei Stunden wechseln wir uns mit der Wache ab. Hier queren wir die Route der Frachtschifffahrt zum Suezkanal. Nachts müssen wir den „Jockel" anwerfen und motoren, da der Wind gedreht hat und die Welle nun genau gegen an steht. Der Wind lässt weiter nach, aber die Dünung steht immer noch – Sabine ist etwas bleich um die Nasenspitze.

Wir haben kein Problem, in Cagliari einen Liegeplatz längsseits vor der Hafenverwaltung mit Hafenkapitän und Coasta Guardia zu finden. Es ist noch keine Saison. Aufgrund der hohen Liegegebühren in den privaten Yachtclubs verzichten wir auf einen Platz im Italiano-Lega-Navale und nehmen lieber etwas Unruhe bei mehr Stadtnähe in Kauf. Schließlich muss auch die Bordkasse im Auge behalten werden. Cagliari begeistert uns. Wärme, Sonne und Palmen!

Schinken, Steaks und Wurst sind so die ersten Sachen, die wir uns beim Einkaufen in den Korb packen. Dazu eine Flasche Rotwein und eine Flasche Ramazzotti. Bummeln in einer Weltstadt mit Flair, Capuccino und die ersten Sprachversuche wieder in Italienisch. Hier telefoniert jeder mit seinem Handy und auf der Straße ist Chaos! Als Fußgänger fühle ich mich zeitweise wie ein Kaninchen auf der Flucht – also ist Schnelligkeit und Beweglichkeit angesagt.

Ein alter Sarde kommt zu uns ans Schiff und heißt uns in Sardinien herzlich willkommen. Er schenkt uns eine Tüte mit großen Apfelsinen und einen Jasminzweig. Nun kann ich endlich meine spärlichen italienischen Sprachkenntnisse zum Einsatz bringen und mich bedanken. Ein netter alter Kapitän von einem klassischen 40 Meter Motorschiff hilft uns mit 400 Litern Trinkwasser aus – natürlich kostenlos.

Hafentage – „Klar Schiff" ist angesagt. Dietmar und seine Tochter Mandy kommen mit der großen Autofähre ARBOREA aus Civitavecchia vom italienischen Festland nach Cagliari. Wir stehen am Anleger, leider ohne die versprochene Blaskapelle der Freiwilligen Feuerwehr. Da die Beiden das erste Mal an Bord einer Segelyacht sind, gibt es natürlich viel zu erklären und zu zeigen. Durch die große Entfernung von 720 Kilometer zwischen Dresden und Freiburg haben wir uns seit längerer Zeit nicht gesehen und damit natürlich auch viel zu erzählen. Glücklicherweise ist ausreichend Rotwein für den langen Abend an Bord.

Früh geht es uns nach einem zünftigen Seglerfrühstück mit Rühreiern viel besser. Das sonnige Wetter (24 Grad) und die schönen (noch leeren) Sandstrände laden zum Baden ein und so werfen wir nachmittags den Anker zum Anbaden. Das Wasser ist Ende April mit 16 Grad noch nicht für längere Aufenthalte geeignet. Sabine testet mit der großen Zehe die Wassertemperatur und verzichtet auf die Abkühlung. Entlang der Costa-Rej, der Königsküste, umrunden wir das Kap Carbonara auf dem Weg nach Arbatax. Das Capo-Bellavista und die roten Porphyrfelsen von Arbatax bieten einen einmaligen Anblick.

Am 1. Mai planen wir mit der Schmalspurbahn aus dem Zweiten Weltkrieg einen Ausflug in die Sardischen Berge nach Lanusei. Pech gehabt. Die Bahn fährt erst ab dem 15. Juni. Also stellen wir uns an die Bushaltestelle und warten und warten. Die Busse fahren am 1. Mai zum Feiertag nicht. Am „Kampftag der Arbeiterklasse" bleibt uns für den Landausflug am Ende nur der Daumen. Das erste Auto nimmt uns sofort mit. Auf der Rücktour aus den Bergen haben wir etwas weniger Glück und erst das dritte Auto mit Fabricio aus Sardinien hält an. Er erzählt uns, dass die Sarden ihre eigene Sprache haben. Die sardische Flagge, vier Mohrenköpfen durch ein rotes Kreuz geteilt auf weißem Grund, sehen wir an einigen Booten. Im Gegensatz zu der korsischen Flagge ist die Augenbinde bei den Mohren nicht hochgeschoben. Wir haben einen echten Glückstreffer mit unserem jungen Sarden gezogen, denn er fährt mit uns sogar noch zu den Nuraghen-Festungen besser gesagt den Resten davon. Die Nuraghier bewohnten Sardinien nachweislich ab 1800 vor Christus. Die Türme und Bauwerke sind also fast 4.000 Jahre alt. Wie wurden diese großen und schweren Felsblöcke wohl aufgeschichtet? Als Dankeschön wollen wir Fabricio zu einem Kaffee einladen, aber er besteht darauf, uns einzuladen.

Die einfache Freundlichkeit und Hilfsbereitschaft der stolzen Sarden empfinden wir als außergewöhnlich.

Beim täglichen Motorencheck (Sichtkontrolle, Keilriemen, Öl- und Kühlwasser) finde ich kleine schwarze Plastikstückchen und kann mir die Ursache nicht erklären. Ich nehme die Sichtklappe für den Steuerriemen ab und sehe die Bescherung. Der Steuerriemen muss gewechselt werden. Glücklicherweise habe ich vergangenes Jahr einen als Reserve gekauft. Da die gesamte Motorsteuerung von diesem Steuerriemen abhängt und nach einem Fehler der Motor eine mittlere Generalreparatur braucht, lasse ich die Finger davon. Ich beschließe, in Olbia einen Fachmann zu Hilfe zu holen. Bei den Fischern finde ich Luigi, den Motorenspezialisten. Ich habe mir vorher die italienischen Spezialvokabeln aufgeschrieben, da von den Fischern niemand deutsch spricht. Am nächsten Morgen soll es losgehen mit der Reparatur. Pünktlich 09.00 Uhr ist Luigi mit seinem Clio voller Werkzeug da und nach einer guten Stunde läuft der Motor wieder wie ein Uhrwerk. Dafür verlangt Luigi 25 Mark.

Die Costa-Smeralda empfängt uns mit viel Wolken und reichlich Wind. Ich habe so einiges gelesen über die Costa-Smeralda, die heute zu den exklusivsten Segelrevieren im Mittelmeer gehört. In den 60-iger Jahren kam der arabische Prinz Karim-Aga-Khan zu den hier lebenden Schafhirten und kaufte ihnen diesen 55 Kilometer langen wunderschönen Küstenstreifen ab. Die Hirten wurden allesamt Millionäre (allerdings nur Lire-Millionäre) und das internationale Consortio-Costa-Smeralda baute riesige Feriensiedlungen.

Hier treffen sich die „Schönen und Reichen“ mit ihren Yachten in den Yachtclubs. Der Hafen Portisco ist jetzt noch zu 90 Prozent leer, aber im Sommer kostet ein Liegeplatz für eine 30 Meter Yacht 1.000 Mark pro Nacht. Unser Schiff darf dann hier für „nur“ 260 Mark in der Hochsaison festmachen. Die Preise in den Restaurants schlagen uns auf den Magen und ich koche an Bord. Anfang April ist fast alles noch geschlossen, aber trotzdem erschrecken wir uns bei einer Liegegebühr von etwa 80 Mark pro Nacht (ohne Wasser und Strom!). Bisher haben wir zwischen 12 und 18 Mark bezahlt oder konnten in den Fischerhäfen häufig kostenlos liegen.

Der Wind heult die ganze Nacht mit fünf bis sechs Beaufort und dazu ständig Regenschauer. Wir legen trotzdem ab Richtung Isola-La- Maddalena und steuern das Boot in vollem Ölzeug. Sabine hat sogar ihre Mütze aufgesetzt – dafür erleben wir die schönsten Ausblicke bei unserer Einfahrt in das Inselparadies.

Leider müssen wir aufgrund des Wetters bei starken böigen Nord-West-Winden bis Windstärke sieben, auf eine Überfahrt in den traumhaften Naturhafen von Bonifacio verzichten. Die Straße von Bonifacio zwischen Korsika und Sardinien zählt mit zu den kritischen Gebieten im Mittelmeer, da hier starke Strömungen auftreten und der Wind durch den Düseneffekt der zwei Inseln etwa zwei Windstärken stärker weht, als es die Vorhersage des Wetterberichtes angibt.

Letzte Vorbereitungen um am nächsten Morgen 05.00 Uhr zu der großen Überfahrt Richtung Balearen (Menorca) zu starten. Der Wetterbericht verspricht noch einmal Ostwind und den wollen wir nutzen. Es sind immerhin 205 Seemeilen mit einer geplanten Fahrzeit von 36 bis 40 Stunden. Die Vorräte werden ergänzt und alles seefest verstaut. Voller Vorfreude auf Spanien lassen wir Italien zurück, wo es uns sehr gut gefallen hat. Die spanische Gastlandflagge liegt bereit. Mallorca – wir kommen!!!

Der Ostwind bleibt aus – die Meteorologen haben gelogen und so motoren wir die ersten zehn Stunden und sind schon ganz betäubt vom Motorlärm. Schließlich holen wir dann bei Nord-West zwei bis drei die Segel raus und segeln hoch am Wind immerhin mit vier Knoten. Das ist richtig gemütlich. Nachts macht der Wind Pause und der Motor muss wieder ran. Bei dieser Überfahrt begleitet uns eine Gruppe Delfine so lange, dass ich sie sogar filmen kann. Sie schwimmen mit unserem Boot um die Wette und sehen sogar manchmal zu uns herauf. Sie wollen natürlich unterhalten werden und Sabine ist zum Schluss schon heiser vom vielen Rufen und Juchzen, dann verabschieden sich die Delfine – sie müssen sicherlich zum Abendbrot. Manchmal habe ich die Delfine schon in Verdacht, dass sie einen Vertrag mit der Filmindustrie zu haben, weil alle Segler wie wild ganze Filme verknipsen – und die Delfine trotzdem nicht drauf sind. Unsere Überfahrt dauert 38 Stunden. Angekommen in Mahón auf Menorca genießen wir den ersten sommerlichen Tag seit langem! Sofort werden die kurzen Hosen hervorgeholt. Der erste Stadtgang am Morgen zeigt uns ein sehr hübsches Städtchen mit vielen Cafes und hübschen kleinen Läden. Zum Glück haben hier am Sonntagmorgen die Läden zu – das spart Taschengeld!

Am unruhigen Stadtpier kommen neben den angeheiterten Barbesuchern der Nacht noch die Fähren, die großen Containerfrachter, die Ausflugsboote, die spanische und amerikanische Marine, Motoryachten und Fischer vorbei. Der Schwell des regen Verkehrs zwingt uns zu überlegen, ob wir uns nicht für die nächste Nacht einen ruhigen Ankerplatz suchen wollen. Genau in diesem Moment kommt auch ein nicht ganz so freundlicher Hafenpolizist an die SUMMERTIME und gibt mir genau 30 Minuten Zeit, um abzulegen, sonst gäbe es eine Ordnungsstrafe für das Liegen am Pier der Ausflugsboote. Also legen wir 16.00 Uhr ab und fahren die drei Seemeilen in die traumhaften Cala-Teulera, in der wir neben drei anderen Seglern über Nacht wunderbar ankern.

Weiter geht es die gesamte Südküste entlang bis Capo-Dartuch und dann noch fünf Seemeilen nach Norden bis in den normalerweise gut geschützten Naturhafen von Ciudadela. Allerdings kann es hier bei Scirocco (Südwind) und beim Zusammentreffen von weiteren meteorlogischen Besonderheiten ein Steigen des Wasserstandes von einem Meter innerhalb einer Stunde in dem langen Hafenschlauch geben. Es gibt für dieses Phänomen keine Warnung. Das hatte 1984 dazu geführt, dass der Hafen trocken fiel und das Wasser anschließend als Flutwelle in den Hafen hereinstürzte. Damals war an vielen Booten enormer Schaden entstanden.

Nach einer total unruhigen Nacht durch den ständigen Schiffs- und Fährverkehr im „Päckchen“ – zwischen zwei anderen Segelyachten – sind wir froh, um 09.30 Uhr wieder loszusegeln. Schon beim Ablegen sehen wir die hohen Berge von Mallorca, so können wir uns nicht verfahren. Die Pollensa – Bucht mit ihrem eindrucksvollen Bergpanorama finden wir dann auch ohne GPS. Ganz so leicht wie den Ankerplatz entdecke ich die undichte Stelle in einem von unseren drei Trinkwassertanks nicht. Deshalb muss ich den Edelstahltank (160 Liter) in der Steuerbordachterkabine ausbauen, um den kleinen Haarriss, aus dem täglich etwa ein Liter Wasser herausläuft, zu finden. Mit Zweikomponentenharz repariere ich diese undichte Stelle. Während eines Stadtbummels hier in Pollensa entdecke ich sogar die „Sächsische Zeitung“ vom Vortage und wir erfahren die aktuellen Neuigkeiten aus Sachsen (Es gibt Stress mit „König“ Kurt!).

Den 27. Hochzeitstag feiern wir in Puerto-de-Sóller. Sabine hat dafür einen leckeren Schokoladenkuchen gebacken. Wir fahren mit der historischen Straßenbahn ins Stadtzentrum und stürmen hungrig zum Hochzeitstagsessen in ein kleines Familienrestaurant, wo es anstelle von Blumen hausgemachte Fischsuppe und Paella mit Rotwein des Hauses gibt. Es wird auf die nächsten 27 Jahre angestoßen!

Die Nordküste von Mallorca empfängt uns mit weißen Schaumkronen und Wind von sechs Beaufort aus Nordost. Ein Glück, dass wir an der Nordküste entlang segeln. Nur mit kleiner Genua geht die Rauschefahrt ab bis zur Isola-Dragonera. Nach einem Badestopp machen wir direkt an der Stadtpier von Palma de Mallorca nicht weit von der gewaltigen Kathedrale fest. Baubeginn 1230, Fertigstellung 1601. Sie gilt als eines der schönsten spätgotischen Bauwerke im westlichen Mittelmeerraum.

Da wir das erste Mal auf Mallorca sind, wollen wir auch im Nachtleben „live“ dabei sein. Die Strandkneipe des „Ballermann 6“ hat bereits zu und so geht es auf der „Saufmeile“ in eine der angrenzenden „Saufhallen“. „Jetzt in der Nebensaison ist es noch ruhig, aber Juli und August geht hier richtig die Post ab“, hören wir von einem trinkfesten Stammkunden. Der Sangria wird in Litergefäßen oder Waschschüsseln mit Strohhalmen ausgeteilt und es singen die Gäste am lautesten, die früher vermutlich eine vier oder fünf in Musik hatten. Die anspruchsvollen Texte laden förmlich dazu ein. Da wird es schon langsam peinlich, Deutscher zu sein. Wir schleichen uns heimlich davon, bevor man uns eventuell noch erkennt.

Nach mehreren erfolglosen Versuchen haben wir endlich eine Genehmigung der Naturschutzbehörde bekommen und dürfen nach Puerto-de-Cabrera. Die Cabrera-Inseln stehen seit 1991 unter Naturschutz, um die Fauna und Flora des Meeres und der Inseln nicht weiter zu schädigen. Der ständig wachsende Bootstourismus war einfach zuviel für diese wunderschöne Inselgruppe, so dass die spanische Regierung Maßnahmen zu deren Schutz ergreifen musste. Jetzt dürfen täglich nur eine bestimmte Anzahl von Booten an Bojen festmachen. Das Ankern ist gänzlich untersagt. Hier ist es wirklich einmalig schön. In herrlicher Umgebung bei glasklarem Wasser können wir ausgiebig baden, Fische beobachten (Angeln ist verboten!) und die Insel erkunden. Dabei gelingen mir sogar einige Unterwasseraufnahmen. Die nächsten Tage bringen schöne Buchten, Sonne pur inklusive Sonnenbrand und Urlaub vom Feinsten. Voller Schadenfreude hören unsere Mitsegler in den Nachrichten der Deutschen Welle von Regen und Kälte in Dresden und genießen das schöne Wetter.

Sabine zieht es nach Dresden, um nach unseren Töchtern und nach Emily, unserem Enkelkind, zu schauen. Typischer Fall von Mutterkomplex. Ich halte die Stellung auf der SUMMERTIME und treffe die weiteren Vorbereitungen für die Atlantiküberquerung. Ein Kurzwellenfunkgerät mit Langdrahtantenne und automatischem Antennentuner wird eingebaut. Durch dieses Gerät haben wir die Möglichkeit, mit anderen Seglern Kontakt zu halten und es ist eine Sicherheitsforderung für die ARC, Atlantic Rally for Cruisers, von Las Palmas nach St. Lucia (2.800 Seemeilen).

Meine schlimmsten Befürchtungen lösen sich in Luft auf – Sabine kommt nach 10 Tagen doch wieder. Sie hat sich davon überzeugt, dass Emily, unsere fast zweijährige Enkeltochter, sowie Anke und Susanne, unsere beiden Töchter, wohlauf sind und es ihnen gut geht. Mütter denken ja häufig, dass ihre Kinder allein nicht zurechtkommen. Es ist natürlich eine schöne Zeit mit Enkelkindern, aber da uns niemand vorher gefragt hat, konnten wir das eben nicht auch noch planen!

Mahón auf Menorca hat es uns angetan, also „Anker auf" und noch mal hin zum Einkaufen und zur Stadtbesichtigung. Die Ausflugsboote haben alle abgelegt und wir machen am Stadtpier fest. Im Hafenplanbuch ist dieser Pier als öffentlicher Stadtpier ausgewiesen und es steht auch sonst kein Schild, das etwas anderes mitzuteilen weiß. Das Schiff ist festgemacht, unsere Mitsegler gehen von Bord, da kommt nach 15 Minuten bereits die Portpolice und schickt uns gegenüber in die teure private Marina. Ich diskutiere, aber nach Androhung einer Ordnungsstrafe lege ich quasi freiwillig ab und darf nicht einmal eine Stunde bleiben bis die Crew wieder vollständig ist. Sabine und ich kurven also fast eine Stunde durch den fjordähnlichen Naturhafen. Irgendwann erkenne ich das verzweifelte Winken unserer Mitsegler am Pier. Das muss ein Schreck für sie gewesen sein: Kommen vom Landgang zurück und das Schiff ist weg. Ich gehe kurz am Pier längsseits und wir segeln direkt Richtung Westen zur Cala-Covas. In dieser Bucht mit den prähistorischen Wohnhöhlen in luftiger Höhe haben sich vor Jahren zahlreiche Hippies „eingenistet." Die kleine Bucht ist voll mit 10 Schiffen und von weitem sehen wir schon, dass die Inselregierung diese Höhleneingänge hat vergittern lassen, um die Hippies loszuwerden. Sicherlich brachten diese nicht genug ins „Staatssäckel" (keine Steuern und keine Miete), wie die Touristen oder die zahlreichen Immobilienkäufer aus dem Ausland.

Durch den starken Pfundkurs sind die Käufer Nummer eins auf den Balearen die Engländer und nicht die Deutschen. Die Zeit läuft und bald gibt es den uro, so dass manch einer vielleicht ein Problem mit dem „schwarzen" Geld bekommt? In Spanien müssen Grundstückskaufverträge nicht zwingend bei einem Notar unterzeichnet werden wie in Deutschland. Anders kann ich mir die irren Preise von 5.000 Mark pro Quadratmeter Wohnfläche für überwiegend billig gebaute Immobilien nicht erklären. Viele Häuser werden in Skelettbauweise auf frostfreiem Baugrund und 24-er Außenwänden ohne Wärmedämmung errichtet. Durch den Touristen- und Bauboom soll es speziell auf Mallorca Vollbeschäftigung geben. Jeder ungelernte Afrikaner bekommt also auf der Baustelle oder beim Straßenbau einen Job.

Auf der Überfahrt von Menorca nach Mallorca läuft die SUMMERTIME unter Spinnaker bei herrlichem Südwind wie eine Eins. Wir ziehen das Dingi hinterher und machen bei sieben bis acht Knoten Fahrt wunderschöne Foto- und Videoaufnahmen. Ein letzter Badestopp in San-Telmo, an dem westlichsten Punkt vom Mallorca, mit Blick auf die Insel Dragonera. Und wieder sind zwei Wochen weg, in denen wir mit 323 Seemeilen Mallorca und Menorca umrundet haben.

In Andraitx miete ich ein kleines preiswertes Auto. Direkt am Hafen vor einem gut besuchten Cafe stelle ich den weißen leicht angerosteten Opel Corsa ab. Zwei Stunden später schaue ich vom Boot Richtung Opel. Das Auto ist weg! Der erste Gedanke – abgeschleppt. Preis 300-450 Mark! Leider versagen meine geringen Spanischkenntnisse, aber ich finde eine nette Ladenbesitzerin zum Übersetzen. Die Taxifahrer haben keine Abschleppautos an diesem Nachmittag gesehen. Also doch geklaut! Mit einem Taxi fahren wir zur Polizeiwache und zwei Stunden sind ganz schnell weg für die Diebstahlanzeige. Der Polizist spricht so gut Deutsch wie ich Spanisch – es dauert also. Am Ende sind wir beide erleichtert, dass das Formular vollständig ausgefüllt ist. In der Aufregung mit dem Autodiebstahl habe ich glatt vergessen, die SUMMERTIME abzuschließen. Mir kommen schon leichte Bedenken – zum Glück ist aber alles unversehrt, als wir zurückkommen. Von unserem Schiff wurde uns übrigens die ganze Zeit nie etwas gestohlen. Ich rufe noch den Autovermieter an, um ihm die Hiobsbotschaft zu melden, aber der will nicht einmal eine Kopie der Diebstahlanzeige. Ich gebe also nur den Schlüssel zurück und er sieht nicht direkt unglücklich aus – klarer Versicherungsfall.

Auf dem Weg Richtung Atlantik soll es nun von Mallorca weiter mit kurzem Zwischenstopp in Ibiza zum spanischen Festland gehen. Punta-Grossa-Bucht – kein guter Ankerplatz. San-Vincente-Bucht – Unterseekabel. In Santa-Eulalia-del-Rio ist der Schwell so stark, dass wir nicht einmal frühstücken können und 07.00 Uhr losfahren.

Als Glückskinder erhalten wir im Puerto-Deportivo-Santa-Eulalia nach Eintragung in die Wartliste noch nachmittags einen Liegplatz für ein 16 Meter Boot (unseres ist nur 12,50 Meter lang) ohne Strom für 150 Mark pro Nacht. Dies ist bisher die höchste Hafengebühr unserer gesamten Seglerlaufbahn. Also wird an anderer Stelle gespart und es geht mit einem Moped nach Ibiza-Stadt und über die Insel. Auf dieser Tour finden wir noch einige alternde Hippies in Sant-Joan, die sich hier mit kleinen Läden niedergelassen haben und ihren „Lebensabend“ genießen.

Rund Ibiza segeln wir weiter nach Norden bis Punta-Grossa Schmetterling, das heißt: ein Segel ist auf der Backbordseite und eines auf der

Steuerbordseite. Der Wind macht Feierabend und wir ankern in einer wunderschönen Bucht im Norden von Ibiza. Er macht aber nur eine Pause, dreht dann nach Nord und legt ordentlich zu – Windstärke acht. Nun steht schon richtig Schwell in der nach Norden offenen Bucht und unser Anker slippt (rutscht) auf dem Seegras in acht Meter Wassertiefe. Also nix wie weg hier. Nur mit der Genua läuft die SUMMERTIME rund sieben Knoten bei richtig hohen Wellen. Die Crew hält sich tapfer, die Fische bekommen auch ihren Teil und alle machen „drei Kreuze", als wir um das Leuchtfeuer Punta-de-Ses-Briades in die Bahia-de-San-Anton einlaufen. Durch den Starkwind sind alle Plätze im Club Nautico in Puerto-San-Antonio-Abad belegt, wir müssen ankern und stehen auf der Warteliste des Clubs. 17.00 Uhr erfahre ich: „Alles voll belegt!" Wir machen längsseits am städtischen Fischerpier neben den Fähren fest. An Land geht es allen wieder gut. Wir sind in der Stadt unterwegs, die voll ist mit leicht bekleideten überwiegend jugendlichen, tätowierten Engländern. Ibiza ist bekannt und berüchtigt für sein Nachtleben. Überall sind Fastfood-Lokale, aber wir finden doch noch ein Restaurant, wo richtig gekocht wird. Der nächste Tag weckt uns mit starkem Gewitter und stundenlangem Dauerregen. Wir beschließen, zu bleiben und schauen uns abends die Langustenhöhle im Aquarium Cap-Blank an. In dieser uralten natürlichen Meeresgrotte wurde der Fang der Fischer über mehrere Tage wie in einem Aquarium gehalten, so dass auch bei Sturm frischer Fisch zum Verkauf da war.

Die Zeit läuft. Über den Golf von Valencia bis zum Festland nach Denia an der Costa-del-Alzahar sind es nur 57 Seemeilen. Unter Maschine geht es westwärts, wobei die Isla-Conejera backbord liegen bleibt. Thunfische springen hoch aus dem Wasser. Gegen Mittag ist endlich auch der Wind munter und die Thermik durch das sich erwärmende Festland setzt ein. Der Süd-West beginnt mit zwei Beaufort und hat bei der Ankunft in Denia Windstärke sechs und in Böen sieben Beaufort erreicht. Von weitem sehen wir schon den 761 Meter hohen Mongo Pillar als markantes Ansteuerungszeichen. Die Marina in Denia ist noch im Bau, deshalb nur halb voll und nicht so teuer, wie in Ibiza. Nach einer Superüberfahrt mit einem Schnitt von 6 Knoten über 10 Stunden sind alle glücklich, dass wir nicht in der Rettungsinsel sitzen. Wir beschließen, essen zu gehen. Abends wird demokratisch (einfache Stimmenmehrheit) das Chinarestaurant „SHANGHAI“ besucht. Alle sind zufrieden.

Mein Vater ruft mich abends noch ganz aufgeregt an und will wissen, ob wir den Sturm im Gebiet der Balearen gut überstanden haben. Es wurde darüber in den Medien berichtet. Wir waren aber bereits weg, als ein Tief dort für kräftigen Wind sorgte und eine Yacht zum Kentern brachte.

Immer auf Entdeckungsreise wird auch das Kulturprogramm abgearbeitet, das heißt wir kraxeln auch bei gnadenloser Windstille und Hitze von 33 Grad in Denia auf das Kastell. Hochrot und außer Atem gehen wir zur Kasse. Zur Belohnung für unsere Anstrengungen wird von uns kein Eintritt kassiert. Der Mann am Einlass winkt uns mitleidig durch. Niemand kommt hier zu Fuß hoch – alle fahren mit der „Hummelbahn“ oder dem Auto.

Nach einer kurzen Tagesetappe erreichen wir Moraira. Es ist kein Platz im Hafen, wir machen also längsseits an der 15 Meter Motoryacht SYMPHONIE aus Antwerpen fest. Die Musik im Hafen lässt auf ein Fest schließen und tatsächlich ist heute zu Ehren der Virgin-los- Desparados (Jungfrau der Schutzlosen) eine Stierkampfarena am Fischerpier aufgebaut. Der Stier wird mit Böllern, sowie durch die meist jugendlichen „Toreros“ gereizt, bis dieser den Jungen unter dem Beifall der Menge in das Hafenbecken hinterher springt. An den Hörnern gepackt wird der Kopf von zwei „Toreros“ halb unter Wasser gedrückt. Ich habe den Eindruck, dass dem Stier das Salzwasser nicht besonders schmeckt. Er kämpft gegen das Ersäufen. Mit Seilen wird er wieder auf einer Art Rampe herausgezogen und das Spiel beginnt von neuem. Die Zuschauer haben ganz offensichtlich „tierischen“ Spaß und kein Mitleid mit den Tieren. Wir finden das alles nicht wirklich vergnüglich und suchen uns andere „Sehenswürdigkeiten“.

Nach knapp 2.000 Seemeilen in diesem Jahr überqueren wir am 21. Juli 2001 den Null-Meridian (Greenwich). Von diesem Meridian werden jeweils nach Osten und nach Westen die Längengrade bis 180 Grad zur Datumsgrenze gezählt. Unsere Positionsangabe ändert sich also jetzt von E für (East) in W für West. Wir rufen laut „Juchhuuh“ und stoßen zur Feier des Tages mit Orangensaft an.

Weiter geht es entlang der teilweise katastrophal verbauten Mittelmeerküste von Spanien, besonders in Benedorm oder Calve, erinnern uns die vielen Hochhäuser sehr an die Skyline von New York, obwohl wir noch nicht dort gewesen sind. Dagegen sieht Alicante vom Hafen mit der angestrahlten Burg sehr schön aus. Abends sitzen die Spanier bis nach Mitternacht unter den Bäumen draußen und unterhalten sich – so als hätte niemand einen Fernseher.

Mit schönstem Segelwind sausen wir vorbei an der Insel Tabarca. Dort überschreiten wir in diesem Jahr die 2.000-Seemeilen-Marke mit der SUMMERTIME. Abends Torrevieja: der Hafen liegt abseits und die Stadt selbst ist das Unattraktivste, was wir bisher erlebt haben. Die Stadtplaner von Dresden-Gorbitz hätten hier alle Architektenpreise geholt.

Ein Abstecher ins Mar-Menor fällt aus. Die Brücke zum Kleinen Meer nördlich von Kap-Palos öffnet nicht wie im nautischen Führer versprochen und so ankern wir zwischen Kap-de-Estacion und der Isola-Grosa. Hubert aus Bordeaux erzählte uns später in Malaga, dass das Mar-Menor „umgekippt“ und nun voller Medusen ist. Wir haben also nicht viel versäumt. Nach der Wetterscheide Kap-Palos gibt es eine herrliche Felsküste, die Costa-Calida, ohne Hochhäuser und Hotels, aber auch ohne Wind zum Segeln. Da bestätigt sich wieder der alte Seglerspruch, dass man Wind nicht buchen kann und er häufig anders weht als von den Meteorologen versprochen. Unter Motor erreichen wir Cartagena, eine früher strategisch wichtige alte Stadt mit fünf Festungen. Als militärischer Stützpunkt hat die Stadt offensichtlich noch nichts eingebüßt, denn ich zähle genau 30 Kriegsschiffe und ein U-Boot. Jetzt fehlt nur noch der Feind!!

Am nächsten Morgen denke ich, jetzt geht es wohl los mit dem Sturmangriff – aber es ist nur der Trompeter der Marineschule in Cartagena mit dem Morgensignal. Dichter Morgennebel mit 400 Meter Sichtweite. Wir nutzen die Zeit also für einen Stadtbummel durch die geschichtsträchtigen Gassen.

Die spanische Festlandküste bietet kaum idyllische Ankerbuchten, wie Griechenland, Kroatien oder die Balearen. Uns zeigt sich eine ziemlich eintönige Küste mit „toller" Bebauung. Wir fahren von einem Kap zum anderen (Punta-del-Ray, Carbonera, Media-del-Naranja, Polacra). Hier sind nur Motorbootfahrer mit Angelruten unterwegs und ein paar wenige Segler auf der Durchreise von oder nach Gibraltar. Almeria ist allerdings ein Muss: dort befindet sich die 1.000 Jahre alte maurische Burg, die Alcazaba. Für uns als EU-Bürger heißt es „Eintritt frei", sonst kostet es drei Mark. Da sind die Spanier als Hauptempfänger von EU-Fördermitteln also auch nicht so.

Das Wasser wird langsam kälter durch den ständigen Zufluss aus dem Atlantik durch die Straße von Gibraltar. Im Sommer ist die Verdunstung des Mittelmeeres größer als der Zufluss durch die Flüsse, deshalb ist der Salzgehalt auch höher als im Atlantik.

Grosse Sensation im Hafen von Adra. Zwei Angler haben einen Riesenbarsch von 150 Zentimeter Länge und exakt 64 Kilogramm gefangen! Der hat wirklich ein Riesenmaul. Übermorgen am Stammtisch ist der Barsch nach drei Bier bestimmt in den Erzählungen der Angler zwei Meter lang und 100 Kilo schwer! Es wird eine Sturmwarnung im Club ausgehängt, also Landausflug und Mietauto. Nachdem das letzte Auto in Mallorca geklaut worden ist, entscheide ich mich für einen Renault Clio und hoffe, dass diese Automarke nicht so viele Liebhaber hat. Das Auto wird in den Hafen gebracht und so starten wir zur größten Maurischen Festung in Europa, der Alhambra, nach Granada, um uns die am meisten besuchte Sehenswürdigkeit von Spanien anzuschauen. Die tägliche Besucheranzahl wird von der Stadtverwaltung Granadas limitiert. Glückspilze wie wir bekommen auch ohne Vorbestellung Karten und können sogar die Paläste aus der Maurenzeit besuchen. Bis 1492 herrschten hier die Mauren und übergaben die Festung mit ihren prächtigen Palästen kampflos an die Christen; genau in diesem Jahr entdeckte übrigens Kolumbus die Neue Welt.

Auf dem Rückweg quält sich der Clio (teilweise im 1. Gang, weil mit fünf Personen besetzt) in die Sierra Nevada bis auf 2.500 Meter hoch. Hier gibt es zwei Lifte, denn auch die Spanier fahren im Winter Ski. Die Berge gehen fast bis auf 3.500 Meter hoch und wir können auch im Sommer einzelne Schneefelder entdecken. Da es total neblig ist, bleiben wir nicht lange und fahren lieber noch nach Salobrena zum arabischen Castell. Zurück in Motril werden wir mit Windstärke acht im Hafen empfangen. Das Boot schlägt so stark durch den Schwell an die Pier, dass ich Angst um das Schiff habe und lieber ablege, um über Nacht im Hafen besser zu ankern.

Am 31. Juli 2001 erreichen wir Malaga. Die neue große Außenmole ist fertig. Hier endete auch die „Sachsen – Sail" der drei Großsegler mit Seglern aus Dresden, Chemnitz und Leipzig vor zwei Monaten. Wir werden im Club mit „No, no – kompletto" abgewiesen und dürfen als Transityacht an der Außenmole des Fischerhafens festmachen. Dort helfen wir einem Alleinsegler aus Bordeaux beim Festmachen und er hilft uns abends beim Gin-Tonic. Da werden Erfahrungen und Informationen ausgetauscht. Die Fischermole erweist sich jedoch als sehr unruhiger Liegeplatz. Jedes Fischerboot, das natürlich immer mit Vollgas raus- oder hereinfährt, wirft uns fast aus der Koje. Sehr früh schon steht ein Beamter von der Guardia Civil auf dem Schiff an Deck, was normalerweise nicht üblich ist, und will meinen Pass und die Crewlisten sehen. Alles in Ordnung!

Es sind nur noch wenige Seemeilen bis Gibraltar. Am Ende des vorletzten Segeltages im Mittelmeer wird die Crew durch die hohen Wellen sehr ruhig und die Marina in Estephona bietet uns nur einen Liegplatz für eine Schiffslänge von 25 Meter, natürlich zum doppelten Preis (90 Mark) unserer tatsächlichen Schiffsgröße. Ich ignoriere das Angebot und fahre noch fünf Seemeilen weiter nach Duquesa, dort brauchen wir „nur" für einen 15 Meter Liegeplatz zu bezahlen. Nachdem ich im Marinabüro meinem Herzen über diese recht eigenartigen Sitten Luft gemacht habe, entschuldigt sich die Dame im Büro mit einer Flasche Rotwein bei mir, aber das wäre eine Anweisung vom Chef und sie könne da leider nichts machen. Damit ist Duquesa für uns der letzte spanische Mittelmeerhafen.

Schon beim Ablegen sehen wir den 425 Meter hohen hellen Felsen von Gibraltar. Die letzten Seemeilen unter Maschine um den Europa Point mit Fallböen von sieben Beaufort und hohem Seegang machen uns zu schaffen. Wir kommen kaum voran. Ich hätte wohl besser einen großen Bogen um diesen steilen Felsen machen sollen. Wir sind alle gespannt auf dieses kleine Stück Großbritannien. Die gelbe Flagge wird zum Einklarieren gesetzt und die spanische Gastlandflagge eingeholt. Über Funk melde ich uns in der Marina an, ein Marinero weist uns einen Liegeplatz zu und hilft beim Festmachen. Das Einklarieren geht erstaunlich unkompliziert und wird vom Marinabüro mit erledigt. Es kommt niemand an Bord. Nun sind wir in Gibraltar in der Queensway-Quay-Marina und haben planmäßig nach 2.326 Seemeilen seit unserem Start im März in Tunesien das Ende des Mittelmeeres erreicht. Es geht in den Nordatlantik und wir müssen die Gezeiten bei unserer Navigation mit einbeziehen. Im Mittelmeer konnten wir Ebbe und Flut bei einem Tidenhub von maximal 50 Zentimetern fast vernachlässigen.

Natürlich fahren wir mit der Kabinenbahn auf den Affenfelsen, um die Berbermakaken zu besuchen. Ein englischer Admiral hat einmal gesagt: „Die Engländer werden so lange hier sein, solange es die Affen gibt!“ Seitdem sind die Affen hier so etwas wie die heiligen Kühe in Indien. Einmal mussten sogar Affen nach einer Epidemie importiert werden.

Leider kann man hier durch das zur Zeit starke Pfund nicht billig einkaufen oder essen gehen – so wie teilweise geworben wird – aber die alten Festungen mit den tollen Ausblicken sind auf jeden Fall ein lohnenswertes Erlebnis.

4. Über den Atlantik in die Karibik

Gibraltar – Spanien – Portugal – Madeira – Kanarische Inseln – mit der ARC nach St. Lucia – Martinique – ABC Inseln – Panama

05.30 Uhr in der Frühe, vier Stunden nach Hochwasser Gibraltar, müssen wir ablegen. Der Mond verursacht ja bekanntlich die Gezeiten, Ebbe und Flut. Die Flut kommt und das Wasser steigt bis zum Hochwasserstand, dann fließt das Wasser in der Ebbe wieder ab und das Wasser sinkt bis zum Niedrigwasserstand. Ohne Gezeitenkalender geht nichts. Dort sind die exakten Angaben zu Ebbe, Flut, Hoch- und Niedrigwasserstand enthalten. Der erste Zielhafen ist Barbate an der spanischen Atlantikküste in Andalusien. Der Wetterbericht verspricht den benötigten Ostwind. Bei westlichen Winden jedoch ist die Straße von Gibraltar mit einer Gegenströmung von bis zu fünf Knoten für uns nicht passierbar. Die ganze Nacht tönt das Nebelhorn vom Leuchtturm Europa-Point und früh liegt der Felsen total im Nebel. Gleich nach der Ausfahrt aus dem Hafengebiet von Gibraltar können wir segeln und der Ostwind steigert sich drei Stunden später bei Tarifa auf Windstärke acht,

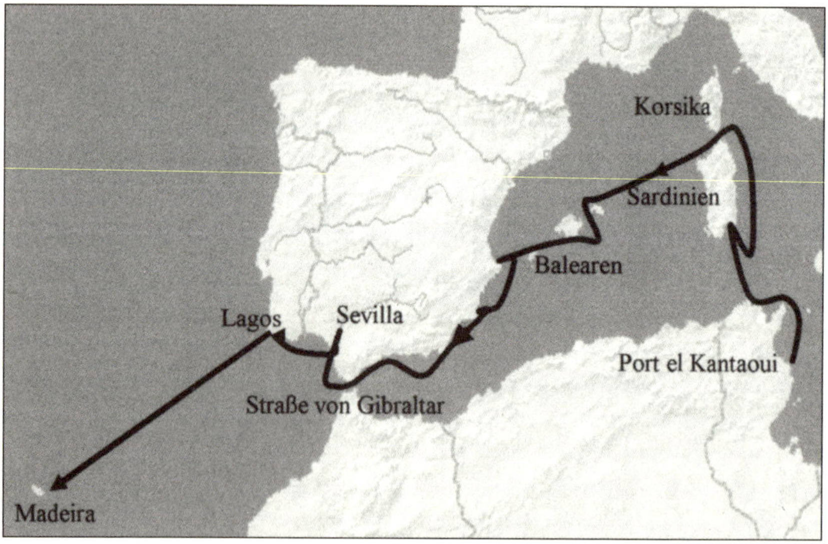

Vom Mittelmeer in den Atlantik

so dass wir nur mit der gerefften Genua gut vor dem Wind vorankommen. Beim Reffen rauscht Sabine die Schot so durch die Hand, dass sie Brandblasen bekommt. Die werden gleich von mir mit Panthenol-Spray gekühlt. Sabine hält sich sehr tapfer und ich melde mich freiwillig zum Abwaschen.

Auf dem Weg nach Cadiz verhakt sich unser CQR – Anker bei einem Badestopp in der Bucht von Cadiz so fest unter einem Stein, dass er während des Aufholens bei dem großen Schwell zerbricht. Zum Glück haben wir noch einen Danfort- und einen Stockanker mit an Bord.

Gegen Mittag rette ich ein herrenloses Waveboard vor dem „Ertrinken" im Atlantik. Gleichzeitig ist das natürlich wieder eine Gelegenheit, um spontan das Quick-Stopp-Manöver zu trainieren. Sabine übt dabei immer mit. Es gab mehrere tragische Fälle in der Vergangenheit, bei denen die Mitsegelnden nicht in der Lage waren, das Schiff zu manövrieren, nachdem der Skipper über Bord gegangen war. So etwas passiert nicht beim Kaffeesegeln oder bei Flaute, sondern immer wenn auf See der „Bär tobt". Für mich ist der „Quick-Stopp" das beste „Mann-über-Bord-Manöver", weil das Schiff sich kaum vom Überbordgefallenen entfernt. Bei hohem Seegang und kleiner Crew ist nach fünf Schiffslängen (Rettungsmanöver laut Lehrbuch) der Kopf eines Schwimmers im Wasser kaum noch zu entdecken und bei kaltem Wasser ist die Gefahr der Unterkühlung sehr groß. Leider ist dieses Rettungsmanöver nicht Prüfungsbestandteil für den Küstensegelschein in Deutschland.

Der große Grenzfluss zwischen Spanien und Portugal, der Rio Guadiana, hat einen Hafen in Ayamonte (Spanien). Der ist voll und so ankern wir mit noch fünf anderen Segelyachten im Fluss auf der portugiesischen Seite, um am nächsten Tag in Real-de-Santo-Antonio einen Liegeplatz zu bekommen. Am Wartepier bin ich etwas verunsichert. Wird außer uns noch hoher Besuch erwartet? Es sind Fender befestigt und ein roter Teppich ist auf dem Pier ausgelegt. Zum Anmelden laufe ich mit den üblichen Schiffspapieren in das Büro. Das soll um 10.00 Uhr öffnen und ich warte und warte … Irgendwann fällt der Groschen. Ich habe vollkommen übersehen, dass Portugal keine Sommerzeit hat und die Uhr eine Stunde zurückgestellt werden muss.

Das Landesinnere können wir nur mit einem Mietauto unsicher machen. Zuerst fahren wir in der Nähe des Rio-Guadiana vorbei an der alten maurischen Festung Castro-Marin 30 Kilometer hoch bis nach Alcutim und sind erstaunt über die herrlichen Ankerplätze im trüben Flusswasser, die von 15 Yachten genutzt werden. Unterwegs – reife Feigen und Weintrauben. Weiter über Mértola durch die heißen Berge. Unser Auto hat keine Klimaanlage, aber die herrliche hüglige Landschaft bis 500 Meter hoch entschädigt uns für die vergossenen Schweißtropfen. In der Serra-Alcaria-do-Cume entdecken wir ausgedehnte Korkeichenwälder. Nach dem Vergnügen des Landausfluges müssen wir natürlich auch an den Proviant an Bord denken und gehen abends noch in den LIDL-Supermarkt, der hier übrigens täglich, sogar sonntags, von 08.00–22.00 Uhr geöffnet hat.

Beim standardmäßigen Rundgang im Hafen entdecke ich an unserem Steg die Aluyacht AVENTURA TROIS von Jimmy Cornell. Das ist der bekannte englische Weltumsegler und Journalist, der die ARC (Atlantic Rallye for Cruiser) als größte Fahrtenseglerregatta der Welt 1984 ins Leben gerufen hat. Mit der ARC werden wir am 25. November gemeinsam mit 225 Yachten von Las Palmas (Kanarischen Inseln) in die kleine Inselrepublik St. Lucia über den Atlantik in die Karibik starten.

Gleichzeitig lernen wir Steward Smith aus Newport (Wales) mit seiner ELEONORE ROSE kennen, der bereits beim Global-Challenge („The world´s toughest yacht race!") auf einer 67 Fuß-Rennyacht (25.000 Seemeilen in 150 Tagen!) um den Erdball gerast ist. Eine Koje auf so einer Yacht kostet 28.000 Pfund, aber Steward ist als einfacher Stahlwerker von seiner Firma gesponsert worden. Er leiht uns noch die fehlenden Seekarten und das Hafenhandbuch für die Fahrt nach Sevilla, da ich diese bisher nirgends kaufen konnte.

Zwei Tage später fahren wir den Rio-de-Huelva hoch bis nach Huelva und ankern vor dem 29 Meter hohen Kolumbusdenkmal, das übrigens von den USA in den 30-iger Jahren gestiftet wurde. Dort heißt es umsteigen ins Dingi, damit wir das letzte Stück unter einer Brücke hindurch den Rio Tinto zu den Karavellen von Kolumbus hochfahren können. Die drei Schiffe SANTA MARIA, PINTA und NINA sind hier in Originalgröße zu bewundern. Es ist schon ein beeindruckendes Gefühl, auf der nur 13 Meter langen NINA zu stehen und daran zu denken, dass vor über 500 Jahren Christoph Kolumbus damit zu unbekannten Küsten aufbrach. (Ohne genaue Seekarten und GPS!). Natürlich besuchen wir noch das Kloster, in dem Kolumbus mit seinem Sohn Diego Zuflucht gefunden haben soll, als er von den Portugiesen verfolgt wurde.

Unter Segeln rauscht die SUMMERTIME in den Rio Guadaliquivir, auf dem wir bis nach Sevilla wollen. Das bedeutet 105 Kilometer Flussfahrt. Wir kommen mit der Genua bei prächtigem achterlichen Wind sogar gegen den Strom von zwei Knoten mit sechs bis sieben Knoten durch das Wasser gut voran. In den Flusswindungen wird die Genua geschiftet, das heißt: das Segel wird während einer Halse (das Heck geht durch den Wind) auf die andere Seite vom Schiff übergeholt. Beim Dunkelwerden suchen wir uns nach 40 Kilometer Flussfahrt einen Ankerplatz außerhalb des markierten Fahrwassers. Entgegen dem aktuellen Reiseführer von „Marco Polo“ fahren große Frachtschiffe den Rio Guadaliquivir nach Sevilla hoch. Außer sechs großen Frachtern begegnen uns auf dieser einmaligen Flussfahrt durch den Nationalpark Donana keine anderen Yachten. Dafür sehen wir jede Menge Störche, Reiher und andere Wasservögel – ein echtes Tierparadies. Die Fische springen ständig aus dem trüben Flusswasser, um nach uns zu schauen. Der durch die Flut entgegen dem Fluss laufende Strom nimmt uns mit bis zu zwei Knoten mit. Dabei sind wir mehr als 60 Kilometer vom Atlantik entfernt.

An der Schleuse vor Sevilla müssen wir zwei Stunden warten. Also ankern und Kaffee trinken. Per UKW-Funk habe ich uns im Club Nautica angemeldet. Außer einer Klappbrücke, die erst 20.00 Uhr öffnet, gibt es kein Problem. Wohin bis dahin? Wir können doch nicht zwei Stunden hier im Hafen Kreise fahren. Es ist absolut nichts zum Festmachen da. So frage ich am Lebensmitteltanker WINETRADER aus Madeira nach. Wir dürfen längsseits festmachen. Die Mannschaft mit Farbigen aus Nigeria und Benin hilft uns und ich bedanke mich mit vier Büchsen Bier aus dem Kühlschrank. Wir haben Zeit und unterhalten uns fast eine Stunde lang in Englisch. Anschließend gibt uns der tiefschwarze Ernest aus Benin acht

Liter bestes Olivenöl rüber. Der Tanker hat gerade Olivenöl für Gallipoli in Italien geladen. Ich will den Männern noch etwas als Dankeschön rüberreichen, da winkt Ernest ab und sagt: „No, thanks! Friendship is better than money!“ Dabei werden die Mannschaften auf solchen Frachtschiffen bestimmt nicht überbezahlt.

Die Klappbrücke „klappt“ und wir rein in den Club-Nautico. Direkt im Zentrum sehen wir die drittgrößte Kathedrale der Welt vom Schiff aus – am Abend noch toll angestrahlt. Natürlich zieht es uns sofort in die Stadt und wir sind von der Hauptstadt Andalusiens begeistert! Abends geht hier in der heißesten Stadt Europas das Leben erst richtig los. Sevilla ist durch Kolumbus, der seine geraubten Gold- und Silberschätze hier in der Stadt vom Schiff lud, zu ungeheurem Reichtum gekommen. Da die Schiffe vor 500 Jahren keine Maschinen hatten, war mit den schwerfälligen Karavellen das Segeln gegen den Strom und mit der Tide schon ein Meisterstück. In der Kathedrale stehen wir ehrfürchtig an der Gruft des Christoph Kolumbus.

Bei der Ausfahrt aus El-Rompido kommen wir nicht mehr über eine versandete Barre und stecken im Sand beinahe fest. Ich kehre um und warte vier Stunden, bis das Wasser wieder steigt. Durch die Gezeitenströme werden große Mengen von Sand mitgenommen, die sich natürlich irgendwo wieder ablagern und dann passiert so etwas, obwohl laut Hafenhandbuch alles im „grünen Bereich“ ist.

Jetzt wird es langsam ernst. Die Vorbereitungen für den ersten großen Schlag über den Atlantik nach Madeira laufen auf vollen Touren. Dorthin segeln unsere Tochter Susanne; Ralph und Manuela mit. Es gibt natürlich viel zu erzählen. Am ersten Tag beschäftigen wir uns beim Aufkreuzen intensiv mit der Sicherheit an Bord (Feuer, Sicherheits- und Rettungsmittel, Gefahren an Bord). Am nächsten Morgen dichter Nebel – und das Ende August. Ich hätte ohne Radar unseren Ankerplatz nicht verlassen. Ralph sitzt am Radarschirm und Manuela tutet mindestens aller zwei Minuten das Nebelhorn. Das ist gut für die Kräftigung der Lungen! Innerhalb von wenigen Minuten reißt gegen Mittag der Himmel auf und die Sonne lacht. Wir können endlich wieder segeln.

Am Donnerstag, 30. August 2001, ist es soweit. Auf nach Porto-Santo im Madeira-Archipel! In Lagos, unserem letzten Hafen von Portugal, informiere ich mich über das Wetter. 16.00 Uhr geht es los Richtung Madeira. Wir haben 472 Seemeilen vor uns und ich rechne mit drei Tagen und vier Nächten Fahrzeit. Der Wind bläst mit vier bis fünf Beaufort und der Seegang ist noch mäßig bewegt (zwei Meter hohe Wellen.) Wir segeln gerefft. Ich habe zwei Wachen eingeteilt. Eine Frauen- und eine Männerwache. Nachts wird nach drei Stunden und tagsüber wird aller vier Stunden gewechselt. Das Schiff macht mit sieben Knoten gute Fahrt. Der Wind nimmt zu bis auf sieben Beaufort und die Wellen werden zunehmend höher (rauer Seegang, vier Meter Wellen). Ab Mitternacht segeln wir zweimal gerefft. Bei diesem Seegang und dem Wind holen wir abends Handschuhe, Mütze und das Ölzeug raus. Im Cockpit sind natürlich alle mit dem Lifebelt angegurtet, denn wer nachts über Bord geht, ist mit 99 Prozent tot. Die Crew wird ganz ruhig und außer mir hat niemand Appetit oder Hunger.

Es läuft das volle Diätprogramm (Getränke und Zwieback oder Müsli). An Kochen ist in den nächsten Tagen überhaupt nicht zu denken, so stark wird unsere SUMMERTIME bei halbem Wind von den quer laufenden Wellen gebeutelt. Es sind entweder die Backbord- oder die Steuerbordfenster unter Wasser – immer schön abwechselnd. An vielen Stellen wird Wasser ins Schiff gedrückt. Obwohl ich nicht seekrank werde, denke ich mit Schrecken: „Hoffentlich geht das nicht um die ganze Welt so weiter!“, denn Spaß ist auch etwas anderes. Manuela vergleicht das sehr treffend mit Achterbahn fahren.

In den vier Vollmondnächten ist der Atlantik wunderbar hell. Wir segeln, wie fast alle anderen auch, ohne Positionslampen nur mit dem weißen Ankerlicht im Topp, da unsere Batterien sonst nach einer halben Nacht leer wären. Früh 06.00 Uhr geht der Mond unter und bis zum Sonnenaufgang 07.30 Uhr ist es stockfinster. Morgens liegt ein kleiner Tintenfisch an Deck, das muss wohl eine von den größeren Wellen gewesen sein. Alle sind nach der Wache froh, wenn sie wieder schlafen können. Sabine und ich können die Vorschiffkabine überhaupt nicht zum Schlafen benutzen. Wir liegen im Salon und schlafen mehr schlecht als recht.

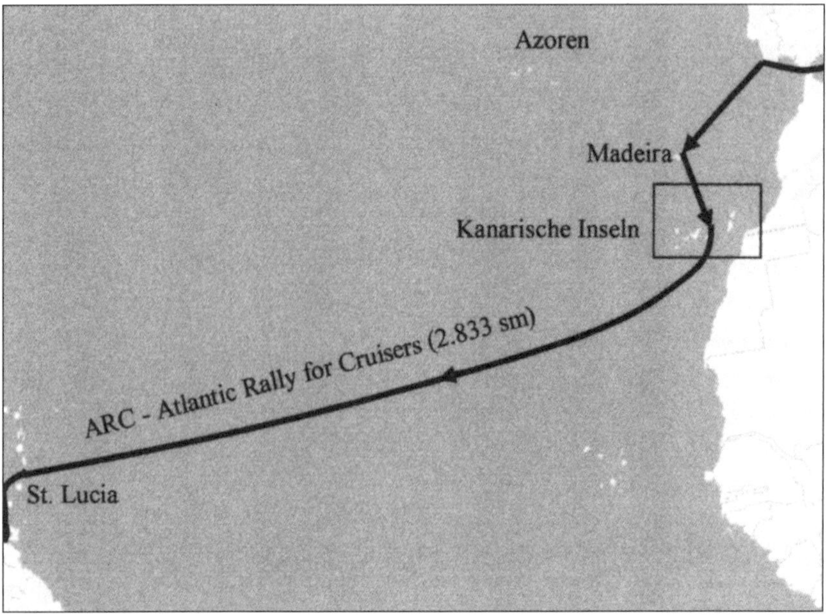

Atlantischer Ozean

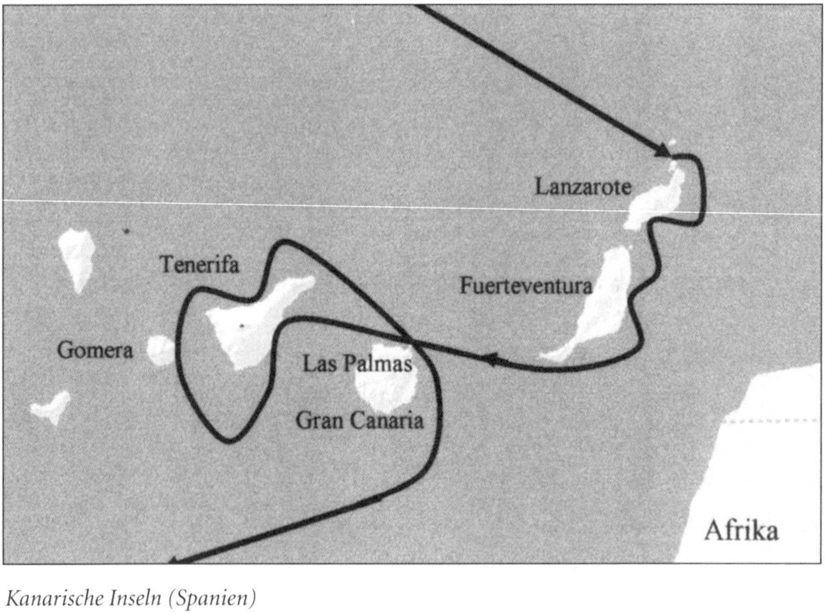

Kanarische Inseln (Spanien)

Der elektrische Autopilot arbeitet an der „Schmerzgrenze" und schaltet sich ständig ab. Die Windpilotanlage bekommt beim Halbwindkurs den großen Seegang nicht in den Griff und läuft ständig aus dem Ruder. Ich finde den Stein der Weisen nicht, um die Anlage optimal einzustellen. Das bringt mir mindestens ein Dutzend graue Haare. Mir kommt die Idee mit dem größeren Radadapter. Von hart Backbord zu hart Steuerbord hat das Ruder nur eine Umdrehung. Ich plane einen Umbau spätestens in Las Palmas und danach steuert die ROYAL PERFEKT wirklich endlose Meilen absolut super – auch bei schwerer See.

Natürlich kommt, was kommen musste, nach gut zwei Tagen gibt die elektrische Selbststeueranlage knirschend den Geist auf. Die Plastikkonstruktion ist vermutlich im Eimer. Unverdrossen heißt es jetzt, von Hand zu steuern. Der Rudergänger wechselt alle 30 Minuten, so merken wir erst mal, wie schwer das Schiff überhaupt bei diesen vier Meter hohen kabbeligen Wellen auf Kurs zu halten ist. Am dritten Tag lässt der Wind nach (nur noch fünf Beaufort) und ich koche für die abgemagerte Crew. Würstchen, Suppe und Rührei. Nach der langen Diät freuen sich alle auf die leichte Kost.

Die Vorschiffkabine kann für ganz müde nun auch zum Schlafen genutzt werden. In der vierten Nacht erkennt Sabine das Leuchtfeuer auf der Ilheu-de-Cima bei Porto Santo. Sie kann den Dreier-Blitz auf 25 Seemeilen sehen. Ich höre die Freudenrufe der starken Frauenwache. Die letzten sechs Stunden sind nun nur noch Spaß.

Aus dem Tagebuch von Sabine:

Montag, 3. Sepember 2001, Porto Santo – Madeira Archipel

Langsam lässt die Anspannung nach. Nach dreieinhalb Tagen – 84 Stunden – kamen wir heute Morgen um 07.30 Uhr in dieser wunderschönen Bucht an. Uns allen ist die Erleichterung anzusehen, endlich angekommen zu sein, denn das waren harte Tage.

Ich hatte ja schon vor der Überfahrt mächtiges Herzklopfen, aber die drei anderen Mitsegler ahnten noch nicht, was sie erwartet und waren demzufol-

ge freudig erregt. Der Atlantik empfing uns mit Riesenwellen und gutem Wind. Wir wurden zwei Tage und Nächte durchgeschüttelt und dachten voller Schrecken, das würde nun immer so bleiben. Unser Schiff sauste dahin, machte zeitweise sieben Knoten und wir kamen gut voran. Dafür gab es nichts zu essen, weil es keiner schaffte, irgendetwas Essbares hervorzuholen.

Unsere Susi sinnierte ziemlich oft über einen möglichen Aufenthalt in der Rettungsinsel. Aber wir alle ließen uns den Schrecken nicht anmerken. Wenn das der Atlantik war – na dann: Prost Mahlzeit!!!

Die Nachtwachen von drei Stunden schlauchten unheimlich und in der Freiwache konnte man wegen des wilden Seeganges nicht schlafen. Zwei Tage und Nächte waren wir ständig mit Lifebelts im Cockpit eingepickt und das Ölzeug wurde nicht kalt. Endlich wurde der Seegang gemütlicher und Gerhard erbarmte sich, zu kochen: Tütensuppe, Rührei und Würstchen. Danach war ihm erst mal schlecht und er aß nur einen kleinen Happen seines heiß geliebten Rühreies. Unsere ganzen Vorüberlegungen wegen der Vorräte und des Mülls waren gegenstandslos geworden, da wir kaum etwas essen konnten und wenig Müll produzierten. Das war eine gute Probe für die große Atlantiküberfahrt. Wir können uns jetzt vorstellen, was uns in etwa erwartet.

Geschafft!! Im Morgengrauen fällt unser Anker vor dem Hafen in Porto Santo in den hellen Sandgrund. 472 Seemeilen in 84 Stunden bei dem Seegang – die Crew hat allen Grund stolz zu sein!!

Wir schlafen aus, baden bei glasklarem Wasser und frühstücken ausgiebig. Einklarieren. Da Madeira die Zollaußengrenze der EU ist muss der Zoll, die Einwanderungsbehörde und die Polizei besucht werden. Die Polizei wird von der Marina informiert. Wir haben auch das nach zwei Stunden erledigt. Niemand kommt an Bord.

Nachmittags – 10 Kilometer herrliche Strandwanderung durch den gelben Sand. Die ersten Schritte sind noch etwas unsicher. Einmalig – die bunt bemalte Molenmauer im Hafen von Porto Santo. Zahlreiche Weltumsegler haben sich hier mit kleinen Kunstwerken verewigt. Die Inselrundfahrt mit einem Cabrio-Bus zeigt tolle Ausblicke des teilweise schon versteppten sehr trockenen Eilandes.

Von hier sind es noch 43 Seemeilen bis nach Funchal, der Hauptstadt von Madeira. Wir passieren noch einmal den schönen Sandstrand von Porto Santo. Das 1.850 Meter hohe Madeira ist im Nebel auf 20 Seemeilen nicht zu erkennen. Wir lassen das Leuchtfeuer auf der kleinen Ilhéu-de-Farol im Osten von Madeira steuerbord liegen. Vorbei an der Flugplatzlandebahn, die auf vielen Betonstelzen steht, und der riesengroßen Jesusstatue am Ponta-de-Garaju, erreichen wir den überfüllten Hafen. Da eine Segelregatta von den Kanarischen Inseln nach Funchal hier endet, wird auch der letzte Platz für die Teilnehmer freigehalten. Wir ankern also wie 20 andere Yachten an der Hafeneinfahrt.

Madeira empfängt uns mit prächtigen Parkanlagen, an den Bäumen sind Schilder mit den botanischen Namen angebracht. Vieles blüht. Die neu gebaute Kabinenbahn bringt uns in das Bergdorf Monte und auf geht es auf Schusters Rappen entlang der Levadas. Das sind künstlich angelegte Kanäle, die das Wasser vom regenreichen Norden in den trockenen Süden der Insel leiten. Auf Madeira gibt es über 2.100 Kilometer dieser Kanäle. Beim Fahren mit dem öffentlichen Bus in die Berge brauchen wir als Mitfahrer gute Nerven in diesen engen Serpentinen. Mit einem lauten Hupen fährt der Bus zügig durch die nicht einsehbaren Kurven – immer in der Hoffnung, dass der Gegenverkehr anhält oder niemand kommt. Es liegt eben alles in Gottes Hand.

Wie immer gibt es an Bord einiges zu tun und in der guten Woche, die wir auf unsere nächsten Mitsegler hier warten, kann ich den elektrischen Steuermann (Autopiloten) reparieren. Der Zahnriemen wird gewechselt. Der nagelneue 220 Volt Benzin-Generator läuft nun auch störungsfrei, nachdem ich den Schmutz im Benzinhahn entfernt habe. Die Langdrahtantenne für den KW-Funk wird im Top wieder befestigt. Bretter, an denen Dieselkanister festgezurrt werden konnten, werden ebenfalls an der Seereling montiert. Mit unseren 300 Litern Diesel an Bord können wir nun etwa 100 Stunden den Motor laufen lassen, was einer Distanz von etwa 600 Seemeilen bei glatter See entspricht. Damit kommen wir gegebenenfalls durch größere Flautenzonen.

Die Überfahrt von Madeira zu der Nördlichsten der Kanarischen Inseln, der Isla-la-Graziosa, ist 274 Seemeilen lang. Aus dem Windschatten von

Madeira kommen wir mit Hilfe unseres „Flautenschiebers", bis wir die unter Naturschutz stehenden Desertas- Inseln backbord querab haben. Die See ist viel ruhiger als bei unserer Überfahrt nach Madeira und der Wind schläft nach einem Tag ein. Der Himmel – total bewölkt und Neumond, so dass die zwei Nächte finster aber mild sind. Zuerst sehen wir in der letzten Dämmerung die Isla-de- Alegranza (289 Meter) und später die Vulkankegel von Isla-la-Graziosa, wo die Francesca-Bucht mit 12 anderen Yachten unser Anker- und Badeplatz wird. Mit dem Suchscheinwerfer finden wir unseren Ankerplatz im Dunkeln zwischen den teilweise unbeleuchteten Yachten.

Es gibt Grund zum Feiern. Seit dem vergangenen Jahr haben wir 10.000 Seemeilen mit der SUMMERTIME zurückgelegt; alles ohne größere Probleme. Darauf stoßen wir mit einer Flasche Vino-Verde an.

Tagesetappen führen uns nach Lanzarote. Herrliches Kaffee-Segeln Richtung Süden. Die rotbraunen heißen Berge vulkanischen Ursprungs machen einen abweisenden, aber faszinierenden Eindruck. Keine Vegetation – Bäume nur an Hotelanlagen. Die nächste Insel ist Fuerteventura. Im Stadthafen können wir an der Mole nur mit langen Leinen wegen des Tidenhubes von über zwei Metern festmachen. Eine Aluleiter zum Hochklettern habe ich schon seit Portugal mit, ohne diese kämen wir gar nicht die hohe Pier hoch und müssten an Bord bleiben. Fliegende Fische begleiten unsere Fahrt an der Ostküste von Fuerteventura mit dem goldgelben feinen Sand der Sahara, die nur 55 Seemeilen entfernt ist.

Ende September erreichen wir Las Palmas auf Gran Canaria! Für mich ist hier der Zettel voll – Kühlschrankreparatur, Wartung der Rettungsinsel und Feuerlöscher, Ergänzung der Seenotsignale (Vorschrift der ARC) und Anbau einer Solaranlage. Außerdem muss ich den Radadapter für die Windpilotanlage umbauen lassen. Es gibt auf einem Schiff wirklich immer etwas zu tun und zu basteln.

Zur Abwechslung geht Sabine beim Übersteigen auf den Schwimmsteg am Bugkorb (ohne Leiter ist das eine ziemlich akrobatische Übung) samt Kleid in das Hafenbecken baden. Gleich sind zwei hilfsbereite Segler zur Stelle und „retten" Sabine, bevor ich zu Hilfe kommen kann. Ein blauer Fleck bleibt allerdings zurück. Alle haben was zu erzählen. Sabine fährt zum Glück trotzdem weiter mit um die Welt.

Hier wollen wir jetzt einige Wochen bleiben und verschiedene Törns mit Freunden und Bekannten rund um die Kanarischen Inseln machen. Guter Wind verspricht schönes Segeln. Der Geheimtipp ist für uns La Gomera! Bei der Überfahrt von Teneriffa dorthin erleben wir eine Stunde lang Pilotwale. Es ist ein überwältigendes Gefühl, diese großen Meerestiere im freien Lebensraum hautnah zu erleben. Nach La Gomera kommen überwiegend Tagestouristen und Rucksackreisende mit den Fähren herüber. Auf dieser ursprünglichen Insel erleben wir eine Hochzeit in der alten Pfarrkirche aus dem 15. Jahrhundert, in der schon Kolumbus um den Segen für seine Fahrten gebeten haben soll.

Regen und dichter Nebel lassen den Wald in der Höhe aussehen wie den Herbst in Deutschland. Zu Fuß erreichen wir den 1.487 Meter hohen Garajonay und nehmen von den zahlreichen Lorbeerbäumen, die den Wald hier prägen, ein paar Blätter als Gewürz mit. In der berüchtigten Winddüse zwischen Teneriffa und Gran Canaria pfeift es ordentlich, dazu kommen noch große Wellen. Dieses Revier ist schon etwas anspruchsvoller als die Adria.

Von der kanadischen Yacht PAPA II, die auf der Heimreise nach ihrer Weltumsegelung ist, erwerbe ich 59 Seekarten und nautische Reiseführer (Indonesien, Rotes Meer, Sumatra, Malaysia) für 20 Prozent des Neupreises. Kaum ein Weltumsegler kauft sich die kompletten nautischen Unterlagen, Reiseführer und Seekarten neu. Schon allein 250 bis 300 Seekarten neu gekauft sind 15.000 Mark. Also wird getauscht, gehandelt und kopiert (was natürlich in Deutschland verboten ist); schöne Ankerbuchten oder Probleme (Abwassereinleitungen oder Steine) sind dann auch bereits in die gebrauchten Seekarten eingetragen.

Die Zeit der Atlantiküberquerung kommt näher und näher. Es gibt kaum noch andere Gedanken. Wir – total aufgeregt und voller Vorfreude. Die lange Zeit des Segelns hat uns ganz gespannt gemacht auf die große Fahrt. Es ist immer noch etwas Besonderes, über den großen Atlantik zu segeln und auf diese Art neue Welten zu erreichen. Wenn ich daran denke, dass wir in einem Monat in der Karibik sein werden, kommt mir das wie ein kleines Wunder vor.

Am 18. November reisen unsere vier Mitsegler an. Alle haben Segelerfahrung und Segelscheine, aber keiner hat bisher den Atlantik überquert. Annette (26) ist für Funk und Proviant verantwortlich, Andreas (29) – Navigator und Sicherheit, Peter (49) – Co-Skipper und „Wetterfrosch" und unser Moses, Friedrich (21), ist zweiter Funker und für die Sicherheit zuständig. Sabine wird unsere „Medizinfrau" sein und kümmert sich mit Annette um die Vorräte. Ich bin nur Skipper und Navigator und für das Ankommen zuständig. Jetzt heißt es eine Woche lang – Vorbereitung auf die Atlantiküberquerung. Wir sind gespannt auf die Veranstaltungen der ARC-Organisatoren während der Vorbereitungswoche. Es gibt Vorträge über den Umgang mit dem Sextanten, Wetter, der Einstieg in eine Rettungsinsel (das ist gar nicht so einfach in der Wirklichkeit!) und eine Hubschrauberrettung wird gezeigt. Daneben noch viel Gaudi, wie Piratenparty und internationales Dingirennen.

Vorbereitung bedeutet natürlich auch, Proviant zu ordern und im Schiff unterzubringen, ohne dass Kakerlaken mit an Bord kommen. Für alle Fälle haben wir Kakerlakenfallen dabei und sämtliche Vorräte werden ausgepackt und abgewaschen. Und Trinken ist ganz wichtig!!! Jeder soll drei Liter Flüssigkeit am Tag zu sich nehmen. Wie viel Bier wird benötigt und wie viel kriegen wir unter? Wir segeln zu sechst, das Schiff ist voll und sechs Leute wollen verpflegt sein. Dazu muss noch eine Reserve von 25 Prozent eingeplant werden. Die Proviantliste wird laufend ergänzt.

Unser Schiff wird von einem ARC-Sicherheitsbeauftragten überprüft und für gut befunden. Wer die Sicherheitskriterien nicht erfüllt, darf nicht an der ARC teilnehmen. Einhandsegler sind ebenfalls ausgeschlossen. Wobei sich niemand der trügerischen Hoffnung hingeben sollte, dass die Teilnahme an einer Regatta das Risiko einer Atlantiküberquerung verringert oder den Skipper aus seiner alleinigen Verantwortung für Schiff und Mannschaft entlässt. Natürlich überprüfe ich auch noch das gesamte Rigg mit dem stehenden und laufenden Gut. Alles in Ordnung – mehr kann ich nicht machen. Es gibt ja schon lange den Spruch: „Vor Gericht und auf hoher See liegt alles in Gottes Hand!"

2.800 Seemeilen liegen vor uns. Nur Wasser! Vielleicht werden wir endlich mal einen Fisch fangen. Bisher hatte ich noch kein Anglerglück. Ich teile drei Wachen ein. Tagsüber wechseln wir aller vier und nachts aller drei Stunden. Navigieren, Ausguck halten, Ruder gehen, Segelmanöver, Backschaft (kochen und abwaschen) – das alles muss von der Wache gemacht werden. Die Freiwache kann dann maximal fünf Stunden zusammenhängend schlafen.

Der Hafen in Las Palmas ist mit den ARC-Teilnehmern überfüllt. Alle Schiffe sind über die Toppen geflaggt und die ARC-Flaggen wehen an den Yachten. Es ist eine tolle Atmosphäre und keiner bedauert die zusätzliche Startgebühr von 300 Mark pro Teilnehmer. Die SUMMERTIME hat die Startnummer 171.

Aus Sabines Tagebuch:
Sonntag, 25.11.2001, ARC-Start in Las Palmas, Gran Canaria.

Seit 10.00 Uhr morgens begeben sich die 225 Schiffe in aller Ruhe zur Startlinie außerhalb des Hafens. Wir haben gut gefrühstückt und lassen uns Zeit mit dem rausfahren, denn es sind immer noch letzte Vorbereitungen zu treffen. Der Spinnaker wird noch oben an Deck festgebunden, die Fender schon verstaut, denn nun wird auch der Steg frei. Gegen 12.00 Uhr legen wir ab.

Die Stimmung an Bord ist voller Spannung. Schließlich liegen drei Wochen vor uns, von denen wir nicht wissen, was uns erwartet. Alle sind ziemlich ruhig, während auf anderen Schiffen gejohlt und gesungen wird. Das holen wir dann bei der Ankunft nach, denken wir im Stillen.

Draußen empfängt uns ein frischer Wind mit hohem Wellengang und ein großes Getümmel von Schiffen, die alle auf den Startschuss um 13.00 Uhr warten. Um 13.05 Uhr überqueren wir die Startlinie und von jetzt an sind wir für 21 Tage auf uns allein gestellt. Nur über Funk haben wir täglich mit anderen Yachten Kontakt. Es ist ein grandioser Anblick – so viele Yachten und unter Segeln.

Bereits um 14.00 Uhr zeigen sich bei drei Crewmitgliedern erste Anzeichen von Seekrankheit. Der erste füttert bereits die Fische und schwört, nie mehr Bier zu trinken. Alle gehen dennoch tapfer Wache und stehen ihren „Mann“. Gegen Mitternacht steigt die erste Riesenwelle ins Boot. Wir sind alle nass. Nun ist für die nächsten Tage Ölzeug angesagt.

12.00 Uhr am nächsten Morgen haben wir die erste Funkverbindung und bekommen nun auch täglich als ARC-Teilnehmer den neuesten Wetterbericht. Nach einem Tag ist keine einzige andere Yacht mehr zu sehen, soweit hat sich das Regattafeld verteilt. Die Yacht PERULAN nimmt unsere Position auf und sendet sie weiter an den ARC-Stützpunkt in England. Von dort wird sie dann ins Internet gestellt. Wie wir später hören, haben viele unsere Tour im Internet mitverfolgt.

Wir gewöhnen uns langsam an den ständigen Seegang auf dem Atlantik, der nun drei Wochen lang unser Schiff „rollen“ lässt. Zähne putzen und waschen (mit Salzwasser…) wird zum Balanceakt.

Wache gehen, schlafen, essen – der Bordalltag zieht ein. Kochen ist eine Kunst unter diesen erschwerten Bedingungen und mit viel Enthusiasmus verbunden. Es kann immer nur auf einer Flamme gekocht werden, man muss aufpassen, dass nichts Heißes überschwappt, der Topf wird zusätzlich zur Topfhalterung mit zwei Tampen festgebunden. Derjenige, der kocht, muss die ganze Zeit beim Herd bleiben und alles drum herum festhalten. Dabei schmort er unter Deck leicht vor sich hin. Kochen ist Schwerstarbeit!!!! Ohne unsere rutschfesten Unterlagen wäre unser Geschirr schon längst in Scherben, denn seit dem ersten Tag haben wir kräftigen Wellengang und das Schiff schlingert hin und her.

Bei herrlichem Sonnenschein kann die Stimmung an Bord nicht besser sein. Andreas spielte Gitarre und wir singen dazu – vielleicht ist es ganz gut, dass wir allein auf hoher See sind. Wir kämpfen um jede Seemeile und hören im Funk voller Neid von großen Yachten, die nach fünf Tagen schon 1.000 Seemeilen hinter sich haben. Wir haben gerade 700 weg. Tägliche Diskussionen über das Wetter und die Geschwindigkeit des Schiffes wiederholen sich.

Als ich den Motor anlasse (für unsere Stromerzeugung und für den Kühlschrank) kracht es plötzlich und ich stoppe sofort den Motor. Auch das noch!! Während wir unter vollen Segeln gute Fahrt machen, beginnen Andreas und Friedrich am Getriebe zu bauen. Am nächsten Tag sind Getriebe und Schraubenwelle wieder fest verbunden und alles repariert. Zwei Kontermuttern hatten sich gelöst. Strom wird aber von jetzt an vorsichtshalber mit dem Generator erzeugt, wir verzichten auf den Kühlschrank.

Warme Getränke wären allein nicht so schlimm gewesen, aber ich quäle mich mit einem Hexenschuss herum. Von Ruhigstellen kann keine Rede sein. Die Schmerztabletten sind aufgebraucht – geholfen haben sie nicht viel. Das Lachen fällt mir schwer. Zwei Tage lang vor der Abfahrt in Las Palmas hatte ich noch eine Dreifarbenlaterne im Masttopp montiert, ein zusätzliches Kabel durch den Mast gefädelt und das hat gedauert. Dabei muss ich mich wohl etwas verspannt oder verzerrt haben (ich bin ja auch nicht mehr der Jüngste!). Das drückt leider die Stimmung der Crew. Von der Mannschaft bekomme ich einen Ruhetag verordnet. Die Anderen machen meine Wache mit. Da zeigt sich echter Teamgeist, denn wir sitzen ja wirklich alle in einem Boot. Auch später kann ich nur im Sitzen Ruder gehen. Trotzdem haben wir nach reichlich sieben Tagen 1.000 Seemeilen geschafft und begießen das abends mit Sekt.

Spruch des Tages: *Ist der Motor auch kaputt*
und unserm Skipper geht's nicht gut
ist doch Optimismus da:
Wir schaffen's bis St. Lucia!!!

Während einer Funkverbindung mit der PERULAN wird über das Netz eine Schweigeminute auf allen ARC-Schiffen für einen neuseeländischen Segler eingelegt, der vor der brasilianischen Küste von Piraten überfallen und getötet wurde. Wir sind geschockt und entsetzt. Gleichzeitig wird diskutiert, wie wir uns gegen Piraten zur Wehr setzen können. Leider gibt es dafür keine Patentlösung und man kann nur auf sein Glück hoffen und darf natürlich nicht leichtsinnig sein.

In seiner Freiwache hat Friedrich einen Riesenfisch an der Angel. Er braucht dazu Verstärkung. Anette und Andreas waren gerade beim Kochen. An diesem Tag sollte es Reis mit ungeliebten Fleischklösschen aus der Büchse geben. Nun haben wir Aussicht auf frisches Fischfilet. Die ganze Crew ist an Deck. Hektik. Alle wollen filmen und fotografieren, einer muss am Ruder stehen und drei „kämpfen" mit dem Fisch. Es ist eine blau-gelb schimmernde Goldmakrele von 1,25 Meter Länge, ein richtiger großer Raubfisch mit spitzen Zähnen. Es kostet viel Mühe, die Mahlzeit an Bord zu holen. Dann wird geschlachtet – eine blutige Angelegenheit, deren Spuren nur mit viel Salzwasser wieder beseitigt werden können. Wir lösen nur die Filets und damit höchstens die Hälfte des Riesenfisches aus. Der Rest kommt wieder ins Meer. Eine Stunde später gibt es herrliches Fischfilet und für den nächsten Tag wird gleich noch welches gebraten, weil ja unser Kühlschrank nicht funktioniert. Andreas steht dafür stundenlang am Herd. Peter kriegt nach der Schlachtaktion keinen Bissen runter. Allen anderen schmeckt es ausgezeichnet.

Aus Sabines Tagebuch:

Montag, 10.12.2001, 16. Tag auf See

Was sehen wir heute? Das Meer! Alles wie immer, aber immer noch keine Langeweile an Bord. 21.25 Uhr: 2.000 Seemeilen sind geschafft. Darauf hebt die Crew das halbvolle Glas.

Seit gestern wälzen wir die Reiseführer von St. Lucia und überlegen, was wir dort machen werden. Jeder Gedanke dreht sich um unsere Ankunft. Wir schließen Wetten ab, wann wir ankommen werden. Ich tippe auf Montag 18.00 Uhr UTC.

Die Sternenkarte ist jede Nacht im Einsatz. Am klaren Nachthimmel stehen immer so viele Sterne, dass man sie einfach bestimmen muss. Wir können schön schlafen. Es ist viel gemütlicher geworden als am Beginn unserer Reise. Die Nächte sind voller Sternschnuppen und das Plankton im Meer glitzert richtig weihnachtlich.

Mittwoch, 12.12.2001, 18. Tag auf See

Während des Vormittages singen wir Weihnachtslieder. Das Meer wird immer blauer; das tiefe Grau von Gran Canaria ist verschwunden. Wir zäh-

len die Tage bis zur Ankunft und hören voller Neid von Schiffen, die es schon geschafft haben, wappnen uns aber mit Geduld. Unser Schiff ist nun mal keine Rennyacht, sondern ein langsames und gemütliches Fahrtenschiff. Sicher Ankommen ist alles!

Donnerstag, 13.12.2001, 19. Tag auf See

Funkspruch empfangen von der ARC-Yacht HEYA, Position: 15 Grad 50 Minuten Nord, 055 Grad 06 Minuten West. Die HEYA hat ihre „EPIRB“ (Seenotfunkbake) ausgelöst – das Ruderblatt ist abgebrochen. Mehrere Schiffe sind in der Nähe und der Katamaran CHELLERS kommt zu Hilfe.

Noch 3 Tage bis St. Lucia !

Sonntag, 16.12.2001, 22. Tag auf See

Der letzte Tag der Überfahrt bricht an. In der Nacht sind wir sehr langsam. Der Wind schläft fast ein und die Segel schlagen stark durch den Seegang. Deshalb wird gerefft – nur vier Knoten Fahrt. Also kommen wir vermutlich erst in der Nacht zum Montag an. Dennoch sind wir ganz ruhig.

18.00 Uhr – wir setzen die Flaggen, bereiten die Fender und den Anker vor, starten den Motor – er funktioniert. Die Nacht wird lang, der Wind ist schwach. Wir schleichen mit 4 kn dahin. Jeder versucht noch ein bisschen zu schlafen.

09.14 Uhr UTC (Weltzeit) Zieleinfahrt, also 05.14 Uhr Ortszeit – es ist noch stockfinster! Wir sind überglücklich. Ein herrliches Gefühl, angekommen zu sein!!! Bei strömendem herrlich warmen Karibikregen werden wir am Steg mit einem riesigen Korb voller Früchte, einer Flasche Rum und sechs Drinks begrüßt. Ein gelungener Empfang! Alle waren wir die letzte Nacht auf – aber keiner ist jetzt müde und verkriecht sich in die Koje zum Schlafen. Nach dem Duschen geht es nahtlos zum Frühstück über.

Genau 21 Tage, 20 Stunden und 14 Minuten für 2.833 Seemeilen von Gran Canaria bis St. Lucia. Unsere Durchschnittsgeschwindigkeit betrug 5,4 Knoten. Nicht schlecht! Ein großes Lob an die Crew der SUMMERTIME!!!!

Wir sind nicht die schnellste Yacht gewesen, aber wir haben die gesamte Strecke ausschließlich unter Segeln bewältigt. So sind wir ohne Schaden oder Havarie glücklich bis in die Karibik gekommen. Die Ankommensparty steigt zwei Tage nach unserer Ankunft mit live Reggaemusik und Heinecken-Bier.

Die HEYA aus der Schweiz wird drei Tage später von der Coastguard in die Rodney Bay geschleppt. Sie ist mit ihrem Spinnakerbaum als Notruder bis hierher gekommen. Eine großartige Leistung. Die ganze Marina jubelt und freut sich – einigen stehen Tränen in den Augen. Vermutlich denkt der eine oder andere daran, wenn ihm das passiert wäre. Eine sehr beeindruckende Szene.

Einen Tag vor Heilig Abend legen wir ab. Ziel Martinique, Port-de-Plaisance (Le Marin) und Abschied für die Atlantikcrew. Unser Moses, Friedrich, kann bis zu seinem Rückflug noch zwei Tage bei Felix und Monika von der MAKANI bleiben. Annette und Andreas fahren gleich mit dem Schweizer Skipper Bernd nach Venezuela und wollen dort mit dem Rucksack in die Berge. Peters Frau Uschi und seine Tochter Julia, die als sächsische Fangemeinde zu unserer Begrüßung extra nach St. Lucia eingeflogen sind, segeln nun mit uns nach Martinique. Nach einer Verabschiedungsrunde von den anderen ARC – Mitseglern am Steg heißt es 10.00 Uhr „Leinen los!“ zu einer herrlichen Überfahrt ohne Regen und große Wellen.

Heilig Abend 2001!

Die richtige Weihnachtsstimmung unter Palmen will allerdings nicht aufkommen. Dafür ist einfach zu vieles anders, obwohl Sabine das Schiff geschmückt und sogar Weihnachts – CDs eingepackt hat. Heilig Abend sind wir allein. Nach dem Frühstück humple ich in das Hospital, um endlich den verschleppten Hexenschuss und das gezerrte rechte Fußgelenk behandeln zu lassen. Spritzen in den „Allerwertesten“, Röntgen und Verbinden – nichts ist gebrochen und keine Schmerzen mehr. Mein schönstes Weihnachtsgeschenk!! Eine Rechnung über die Behandlung habe ich nicht bekommen.

22.00 Uhr besuchen wir in der vollen katholischen Kirche die Weihnachtsmesse. Es ist zwar eine Krippe aufgebaut, aber sonst nichts weihnachtlich geschmückt. Wir kennen keines der Lieder, die vor dem Gottesdienst vom Kantor mit der Gemeinde einstudiert werden. Am Telefon erfahren wir, dass in Dresden weiße Weihnacht ist.

Aus Sabines Tagebuch:

24. Dezember 2001

Heiligabend war ziemlich ernüchternd für uns. Ganz alleine in der Fremde (die Mitsegler sind abgereist) – ein scheußliches Gefühl! Zum Kerzen anzünden war es viel zu heiß, die Weihnachtsmusik wirkte irgendwie fehl am Platze und wir dachten an Stollen und Gemütlichkeit zu Hause mit unserer Familie. Ich hätte heulen können, musste dringend unter Leute und so landeten wir schließlich in einer Pizzeria mit einem Alleinunterhalter. Außer den ganz besonders teuren Preisen für das Weihnachtsessen erinnerte uns nicht viel an Weihnachten.

Am 2. Weihnachtsfeiertag holen wir uns ein Mietauto, mit dem es über die grüne Insel Martinique gehen soll. Bei solchen Gelegenheiten werden ständig die Vorräte ergänzt. Der günstige „Leaderprice" – Supermarkt ist 12 Kilometer entfernt und den finde ich ohne GPS. Ansonsten kostet hier in der Karibik alles etwa doppelt soviel wie bei uns.

Wie viele andere Segler ankern wir in der schönen Bucht Grand-Anse d´Arlet. Hier bietet sich die Gelegenheit, mit dem Dingi zum Schnorcheln an das Riff zu fahren. Beim Landgang im sehr touristischen Anse-Mitan setzen wir dann unsere letzten Francs in Daiquiri, Pina Colada und Kiwi Punsch um. Schließlich wird es bald den Euro geben. In Martinique als einem französischen Überseedepartment sind bereits alle Waren in den Geschäften in Euro ausgepreist.

Am Silvestertag haben wir nur 33 Seemeilen bis nach St. Lucia. Nach einer „spritzigen" Überfahrt komme ich zur letzten Minute in das Büro zum Einklarieren. Ich erzähle, dass wir am Neujahrstag sehr früh weiter wollen und so stellt der Beamte sein Silvesterbier noch mal weg, nimmt den Stempel aus der Schublade und lässt Gnade vor Recht ergehen.

Ein kurzer Besuch bei Peter von der AKUTIRI aus Toronto, um ihm und seiner Frau Pat aus Jamaika einen guten Rutsch ins Neue Jahr zu wünschen. Er fragte mich vor fünf Tagen am Steg, ob wir aus Sachsen kämen. Sein Vater wäre Dresdner, er selbst käme aber aus Leipzig – nun können wir uns sächsisch unterhalten. Peter wurde Ende der Fünfziger Jahre zweimal bei der Republikflucht erwischt, aber beim dritten Mal hat es eben geklappt. Seitdem lebt er in Toronto, Kanada, wo 300.000 Deutsche sind, deutsche Fleischer, Bäcker, Kneipen und sogar einen deutschen Rundfunksender. Sicherlich kommen wir irgendwann nach Toronto, um Peters Einladung anzunehmen. Hoffentlich erschreckt er sich dann nicht!

Am Silvesterabend machen wir uns auf die Suche nach einem „Kneipchen". Die Silvestermenüs liegen zwischen 50 und 180 Mark. Die große Stimmung können wir in keinem der halbleeren Restaurants erkennen. Zum Neujahrsfeuerwerk will ich aus Sicherheitsgründen auf jeden Fall an Bord sein, falls sich doch eine Rakete „verirren" sollte. Wir haben an Bord Sekt kaltgestellt und prosten den anderen Yachten zum Neuen Jahr zu. Das Feuerwerk der umliegenden Hotels unterstützen wir Segler mit überlagerten Seenotsignalen.

Damit ist das Jahr 2001 mit fast 7.500 Seemeilen nun Vergangenheit. Es gab keine ernsten Probleme mit der SUMMERTIME oder der Crew und das hoffen wir auch für das Neue Jahr!

Das Jahr 2002

Unsere ersten Stationen im neuen Jahr sind die karibischen Inseln von St. Lucia bis Grenada. Wir beginnen mit einer der schönsten Ankerbuchten in der Karibik – der Marigot-Bay in St. Lucia. In dieser großen Bucht mit der üppigen Tropenvegetation versteckte sich einst der britische Admiral Barrington mit seiner Flotte vor den Franzosen. Er ließ damals die Masten und Rahen mit Palmwedeln tarnen. Die Bucht gilt als sicherer Ankerplatz bei Hurrikangefahr.

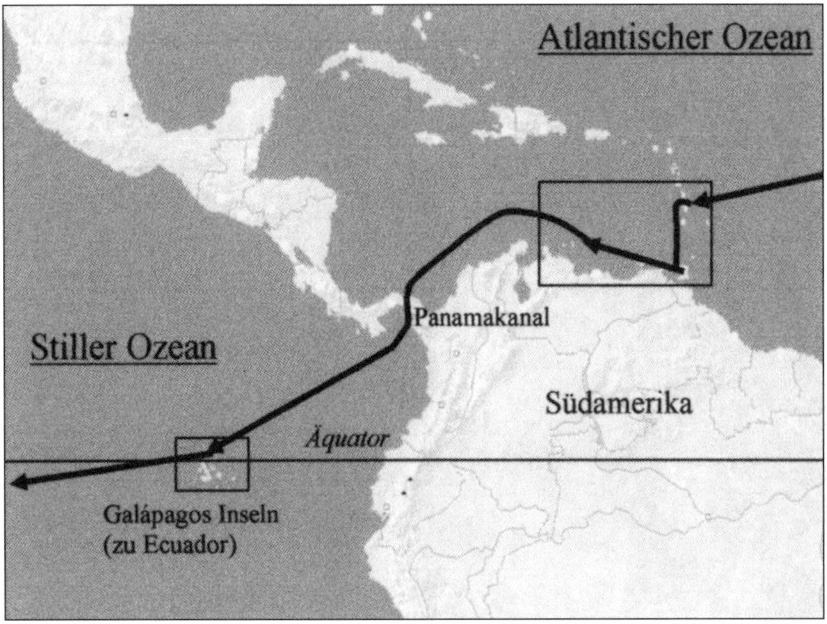

Mittelamerika

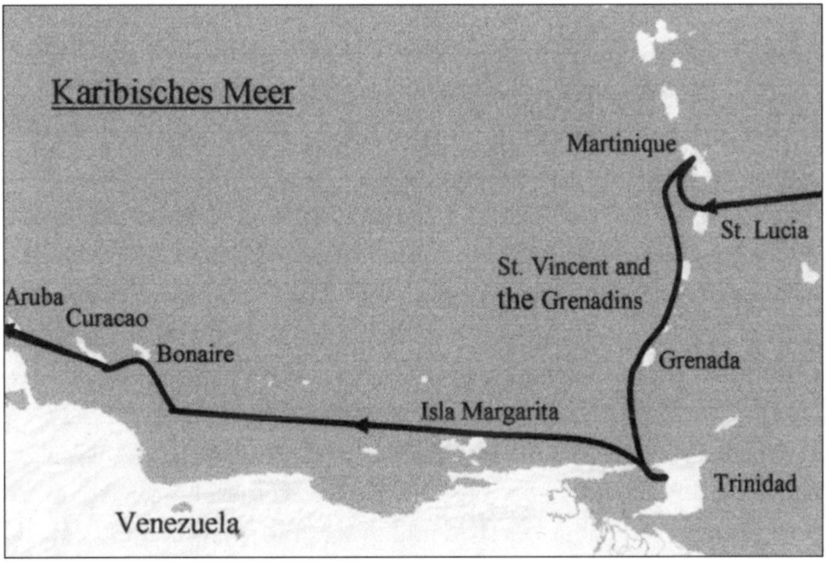

Karibik

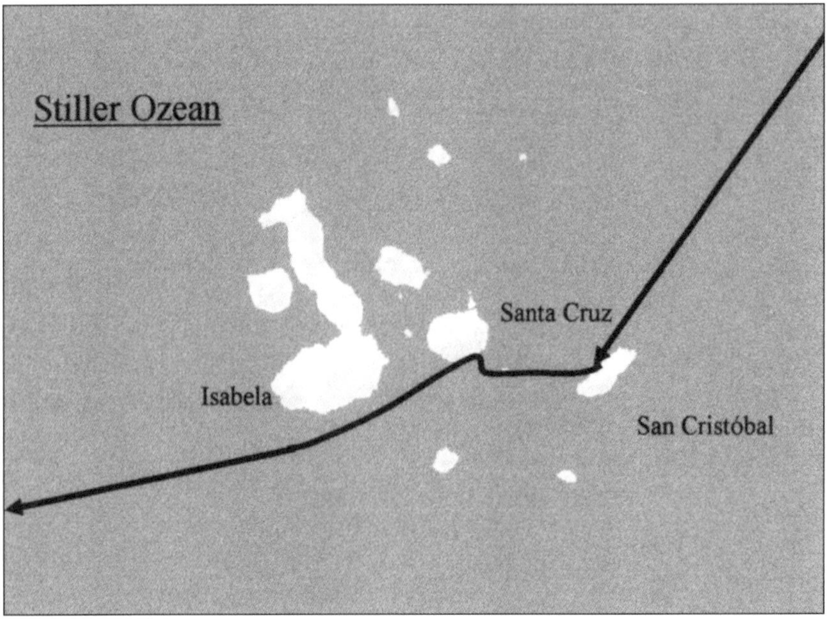

Galápaogos Inseln (Ecuador)

An jedem neuen Ankerplatz kommen geschäftstüchtige Einheimische als „fliegende“ Händler und bringen mit ihren recht armseligen Ruderbooten oder ausgedienten Surfbrettern alles an, was hier wächst. Sie machen sich gegenseitig richtig Konkurrenz. Da wir nicht von jedem etwas kaufen verlangen sie Zigaretten, Cola, Sonnenbrillen, Drinks, Batterien und mehr. Das kann schon leicht nervig werden. Glücklicherweise hört der Händleransturm mit dem Dunkelwerden und dem gleichzeitigen starken Regen auf. Der Passat bringt regenreiche Wolken mit, die sich an den hohen Inseln der Karibik abregnen. Dadurch kommt es jeden Tag mehrmals zu heftigen Regengüssen mit kräftigen Böen und anschließend zu den tollsten Regenbögen. Ohne die vielen Niederschläge gäbe es hier natürlich nicht diese tropische Vegetation und den Regenwald.

Die bekannte Admiralty-Bay der kleinen Insel Bequia ist Ankerplatz für viele Weltumsegler mit guter und teurer Infrastruktur. Der Ankergrund ist festes korallines Gestein und so verkatte ich nach drei erfolglosen Ankerversuchen zwei Anker hintereinander und das hält. Es werden auch Ankerbojen für 20 Dollar pro Nacht angeboten. Was unten an der Kette hängt weiß allerdings keiner so genau. Vor zwei Jahren rammte uns eine Yacht, weil die Crew zu großes Vertrauen in die Haltekraft der Boje hatte. Mit dem Bootshaken weckte ich damals die schlafende Crew und mit Fendern konnte ich mitten in der Nacht größeren Schaden verhindern.

Hier klariere ich bei den Behörden mit den Pässen und den Schiffspapieren ein. Vor zwei Jahren war alles noch kostenlos und jetzt – oh Schreck – 95 Dollar für eine Woche Aufenthalt in den Grenadinen für Schiff und vier Personen. Der freundliche Beamte behält inzwischen meinen Pass, damit er nicht verloren geht und weil ich das Geld nicht dabei habe. Rein zufällig ist daneben eine Bank, ich kann den Geldautomaten bemühen.

Am nächsten Tag entdecken wir die ehemalige Walfangstation auf der unbewohnten Insel Petit-Nevis. Bis 1984 wurden hier noch Wale gejagt. Die Gebäude mit den großen Trankesseln sind noch vorhanden – auch die Winde samt Rampe zum Hochziehen der erlegten Tiere. Der Rundgang über die kleine Insel wird für uns lebendige Geschichte und die herumliegenden riesigen Walknochen flößen Ehrfurcht vor diesen Meeresriesen ein. Dazu klares Wasser vom Feinsten in dieser Ankerbucht.

Erwartungsvoll laufen wir die private Prominenteninsel Mystique an. Namen wie David Bowie, Robert de Niro, Raquell Welch sind die Magneten der kleinen Insel. Reporter dürfen die Insel nicht betreten und es gibt nur die Möglichkeit mit einem Privatflugzeug oder einer Segelyacht hierher zu kommen. Vor zwei Jahren saß Mick Jagger in „Basils Bar“ neben uns am Nachbartisch. Leider treffen wir heute niemanden von den Reichen und Berühmten oder erkennen keinen in der halbvollen Bar. Für sechs Dollar gibt es schon einen Daiquiri-Drink. Das Rumpsteak mit Backofenkartoffel kostet 40 Dollar. Wir haben allerdings vorher an Bord gegessen. Beim Kauf von zwei französischen Baguettes und zwei süßen Kringeln am nächsten Morgen beim Inselbäcker muss ich mich allerdings auf den bereitstehenden kleinen Hocker setzen. Die Verkäuferin will „nur“ 12 Dollar dafür haben. Auf meine Äußerung, dass dies mein bisher teuerster Brotkauf ist, entgegnet sie schlagfertig, dass auf Mystique alle „rich and famous" sind. Wir machen dennoch einen gemütlichen Schnorcheltag und spazieren über die Insel. An jedem Weg, der von der Straße abgeht steht „Privat property – Keep out". Es sind die tollsten Häuser von weitem zu sehen. Es gibt sogar ein Hotel (1.000 Dollar pro Nacht).

Eigentlich wollten wir weiter als nur neun Seemeilen, aber in der deutschen Funkrunde (ab 09.00 Uhr jeden morgen mit Hugo auf 8.140 kHz, es wird über das Wetter und alles was sonst so passiert gesprochen) kommt die Mitteilung, dass die Cruising Gebühr nur für Charterboote und nicht für Privatyachten fällig ist. Ich habe schließlich 95 Dollar bezahlt und denke, einen Versuch ist es wert, das Geld wieder zurück zubekommen. So geht es nur zurück nach Bequia. 14.00 Uhr nix wie hin zu den Beamten von „Costums and Emigration" und gleich ist die Chefsache wieder perfekt und Chefsachen dauern. Ich bin nicht der einzige Segler, der sein Geld zurück haben will. Aber das Warten lohnt sich und ich erhalte von einem leicht zähneknirschenden Uniformierten nach einer guten Stunde 80 Dollar wieder zurück. Der Rest wird einbehalten ist für das Ausklarieren. In der „Franqipani-Bar" kann ich nun Sabine beruhigt zum Sundowner einladen.

Tobago-Cays – wir liegen im „Traumland" gemeinsam mit etwa 60 Yachten. Unbewohnte Inseln mit Palmen und das Horseshoe – Riff vor der Nase. Mit dem Dingi fahre ich zu den ausgelegten Bojen, um auf keinen Fall mit dem Anker die Korallen zu zerstören. Ich versuche mit der Kamera im Unterwassergehäuse ein paar Fische „einzufangen". Sie warten einfach nicht, bis ich fertig bin und schwimmen immer wieder weg. Abends ist Bordparty bei Ernst und Marlies auf der ANJA K aus Holland angesagt. Es gibt viel zu erzählen, da wir uns das letzte Mal auf Gomera (Kanarische Inseln) getroffen haben. Sie überquerten als Crew den Atlantik mit einem reichen Amerikaner und wollen nun die ANJA K für den australischen Eigner nach Fidschi überführen.

Nur ein Katzensprung nach Hillsborough, Grenada. 09.00 Uhr gehe ich mit den Bootspapieren zu den Behörden und muss natürlich wieder bezahlen. Hafengebühr 20 Dollar, Fahrgenehmigung für einen Monat 35

Dollar. Neun Dollar Überstundengebühr (Overtime) sind auch noch fällig, weil wir gestern Nachmittag eingelaufen sind und da war das Büro bereits geschlossen, also ein klarer Fall von Überstundengebühr. Der Einfallsreichtum der kleinen „Inselkönige" in Uniform kennt keine Grenzen. Da könnte sich sogar ein deutscher Finanzminister noch manche Anregung holen.

Andere Segler sind gleich in die viel schönere Tyrell-Bay gefahren und kommen anschließend mit dem Taxi zum Einklarieren. Sie müssen als erstes 200 Dollar Strafe bezahlen, da der Port of Entry, also der offizielle Einreisehafen, Hillsborough ist und nicht die Tyrell-Bay. Die „Begeisterung" der Segler kennt keine Grenzen.

Sandy – Island, Zwischenstopp zum Fototermin. Dieser Ankerplatz gilt als einer der fotogensten der Grenadinen. Leider ist die kleine Sandinsel mit dem Dutzend Palmen durch den letzten Hurrikan leicht in Mitleidenschaft gezogen worden. Wir erfreuen uns an den lustigen Pelikanen und fahren mit dem Dingi in die geschützte Mangrovenlagune im Norden der Bay.

Weiter Richtung Süden vorbei an Kick´em-Jenny, einem aktiven Unterwasservulkan, nahe des Diamond-Rocks. Die letzte Eruption war am 04.12.2001. Wir wurden gewarnt, dieses Gebiet zu passieren. Durch ausströmende Gasmengen bilden sich große Gasblasen und das kann Schiffen schon gefährlich werden, genau wie die berüchtigten Tsunamis, die bei Seebeben entstehen und sich mit 300 – 400 Meilen pro Tag ausbreiten. Sie sind die größten Wellen, die je beobachtet worden sind. Leider hat es keiner von den Offiziellen für notwendig befunden, uns darauf hinzuweisen. Wir lesen es später in der Zeitung.

Angekommen in Grenada suchen wir die Botschaft von Venezuela auf, denn wir wollen hier unsere Visa beantragen, um dann später bei unserer Einreise nach Venezuela keine Probleme zu kriegen. Also geht es mit dem Dingi in die Stadt und von da aus zu Fuß zur Botschaft. Die Leute, die uns Auskunft geben, beteuern alle, dass es sehr, sehr weit ist, aber wir meinen, ein kleiner Fußmarsch kann uns nach der vielen Segelei nicht schaden. Vorbei an der Zollverwaltung. Genau davor bieten Einheimische Conches zum Kauf an, denn es hat gerade wieder mal ein „Traumschiff" angelegt und verspricht gute Geschäfte. Conches sind eine besonders geschützte Meeresschneckenart (Fechterschnecke), die vom Aussterben bedroht ist. Die Einfuhr dieser schönen rosafarbenen Schneckengehäuse nach Europa oder in die USA ist strengstens verboten und wird mit Geldstrafe geahndet. Ich finde es ziemlich verwunderlich, dass diese genau vor dem Zollgebäude feilgeboten werden. Hier in der Karibik werden auch Conch und Lambi als Suppe oder gebraten auf der Speisekarte angeboten. Mittlerweile müssen die Schnecken schon aus großer Tiefe hoch geholt werden und in Mystique liegen bergeweise leere Gehäuse von geschlachteten Schnecken am Strand.

Nach einer Stunde Fußmarsch bei 30 Grad Hitze und immer bergauf kommen wir endlich in der Botschaft von Venezuela an. Andauernd hupt ein Auto und scheucht uns zur Seite. Hier gibt es keine Fußwege und als Fußgänger lebt man ziemlich gefährlich. Das Visum zu bekommen ist kein Problem, in drei Tagen können wir es abholen, nachdem wir pro Person 31 Dollar im Voraus bezahlt haben. Allerdings müssen wir dazu erst zurück in die Stadt auf eine Bank und dann mit dem Einzahlungsbeleg wieder zur Botschaft. Segler haben ja viel Zeit!

Mit der Crew von der MAKANI machen wir eine Inselrundfahrt mit dem Großraumtaxi. Zu sechst ist das nicht teuer und kurzweilig. Da das ein gutes Geschäft für den Taxifahrer ist, erklärt er uns die einheimische Flora und Fauna. Wir sehen das Wahrzeichen von Grenada – die „Nutmeg" (Muskatnuss) am Baum hängen. 50 Prozent des Weltbedarfes wächst hier. Aus der weichen Schale gewinnt man süßes Gelee und das rote Innere der Schale kann man als Gewürz für Fisch nehmen. Dann kommt eine harte Schale, mit der man hier die Wege bestreut, wie bei uns zu Hause mit Kies, und erst danach findet man die eigentliche Nuss. Ich glaube, zu Hause würde niemand diesen Baum als Muskatnussbaum erkennen. Dann bewundern wir noch viele reife Kakaofrüchte (es ist gerade Erntezeit) und eine Menge Grapefruitbäume und Bananenstauden. Die Häuser der Einheimischen stehen häufig auf Pfählen und sind aus Holz gebaut. In einem Dorf halten wir noch an und kaufen für einen guten Preis Früchte. Sabine ersteht eine Brotbaumfrucht, die wollen wir heute mal probieren. Sie soll gekocht wie Kartoffel schmecken. Diese Bäume sind von den Sklavenhaltern eingeführt worden, um die Sklaven zu ernähren.

St. Georges, vor Anker, Einbrecher im Schiff !!

Nacht. 01.35 Uhr höre ich ein leichtes Knarren der Bodenbretter beim Schlafen in der Achterkabine. „Hallo, Sabine?", rufe ich schlaftrunken. Da springt ein schwarzer Schatten zum Glück nicht mir ins Gesicht, sondern ins Cockpit und ein kleines Ruderboot wird schnell an das Ufer gerudert. Mein Scheinwerfer verfolgt sie noch. War doch tatsächlich ein junger Schwarzer bis zu uns ins Boot an den Kartentisch vorgedrungen!! Der Schreck sitzt mir noch in den Gliedern, zum Glück ist nichts gestohlen worden und uns ist nichts passiert. Der Einbrecher hat sicher den Schlüssel für das Dingi einschließlich Außenborder gesucht, denn das sind hier sehr gefragte Dinge. Am nächsten Morgen zeigen wir den Vorfall bei der Coast Guard an und warnen andere Segler in der Lagune. Ab heute geben wir mehr Acht auf unsere Sicherheit. Die Alarmanlage, die wir schon die ganze Zeit mithaben, kommt jetzt zum Einsatz. Natürlich wird der „Überfall" auf unser Schiff mit den anderen Seglern gründlich ausgewertet und alle alten Geschichten über ähnliche Ereignisse werden wieder hervorgekramt.

Weiter nach Trinidad. Der Wetterbericht ist nicht ganz so gut, aber wir haben es eilig, müssen weiter! Kaum sind wir aus der geschützten Bucht, empfängt uns stürmische See und Wind aus einer ungünstigen Richtung. 16 Stunden hart am Wind und dieser Wellengang. Darauf haben wir nun doch keine Lust und kehren um. Die Hartmann Bay wollten wir uns schließlich sowieso noch ansehen. Die Einfahrt ist schwierig. Es gibt zahlreiche Riffe und von den in der Seekarte eingezeichneten acht Ansteuerungstonnen fehlen fünf Stück! Hier sollte man entgegen der Angaben im Hafenhandbuch wirklich nur bei Tag einfahren. Wir werden nur eine Nacht bleiben und liegen dicht am Mangrovenwald. Dabei schlafen wir sehr unruhig und ich springe laufend ins Cockpit, um einen Rundblick zu machen. Gestern Abend wurden hier zwei Yachten ausgeräumt, als die

Eigner zwischen 19 und 20 Uhr zum Barbecue an Land waren. Also wieder zurück zu unserer kleinen Seglergemeinschaft in der Prickley-Bay. Der Wetterbericht sagt noch für die ganze nächste Woche schlechte Bedingungen voraus und so beschließen wir, uns erst am nächsten Sonntag auf den Weg zu machen und in dieser Woche kleinere Sachen am Schiff zu erledigen. Das Dingi wird durchgesehen und wo nötig geflickt.

Hier treffe ich Kevin aus Südafrika und der versteht doch tatsächlich etwas von kaputten Kühlschränken. Er hat sich für ein Jahr eine Arbeitserlaubnis für 1.000 Dollar gekauft. Damit darf er offiziell arbeiten und weitere Steuern fallen nicht an. Er repariert jetzt Kühl- und Klimaanlagen für Segler oder Motorboote (35 Dollar pro Stunde). Da Kevin mit seiner Familie per Segelschiff von Durban gekommen ist, erstehen wir noch günstig Seekarten von Madagaskar bis Namibia, denn zurück will er nicht. Er ist ein Glücksfall für uns, denn er kriegt unseren Kühlschrank wieder hin. Als das Ding nun wirklich wieder läuft, veranstalten wir eine Bordpartie für unsere Freunde und ich mixe für alle Piná Colada. An Bord sind alle begeistert und meinen, dass wäre die beste Piná, die sie seit langem getrunken haben. Vermutlich wollten sie nur noch mehr und so werden rund fünf Liter von diesem sehr süffigen Getränk „vernichtet". Am nächsten Morgen hat keiner Kopfschmerzen. Der Rum hatte also die richtige Qualität.

Wir sind froh, wieder zu segeln und freuen uns auf die nächsten 87 Seemeilen bis Trinidad. Die Windfahnensteuerung tut ihren Dienst auch bei den ziemlich hohen Wellen. Es ist Vollmond und reger Schiffsverkehr, viele Segler sind unterwegs und wir müssen echt aufmerksam sein. 03.40 Uhr – wir beobachten schon seit zwei Stunden ein sehr helles Licht, ohne es einordnen zu können. Jetzt erkennen wir, dass es sich um eine Ölplattform handelt. Sie ist in unserer Seekarte überhaupt nicht eingetragen. Trinidad hat große Erdölvorkommen und zählt nicht zuletzt deswegen zu den reichen karibischen Inseln. Nach der Einfahrt im Boco de Monos hört schlagartig der Wellengang auf und es wird gemütlich. Wir beobachten Pelikane, die sich gerade ihr Frühstück fangen und freuen uns auf die Insel.

Hier in der Chaguaramas-Bay gibt es sechs Bootswerften, in denen viele Yachteigner vor der nächsten großen Tour etwas machen lassen. Wir melden uns gleich im Büro der Power-Boat-Marina an, weil wir von einem Sonderangebot in der Zeitung gelesen haben. 250 Dollar für das Ein- und Auskranen, Reinigen des Unterwasserschiffes und fünf Tage Stellplatz an Land. Das ist ein Superpreis. An der Tankstelle fülle ich die 70 Liter Diesel auf, die wir in gut zwei Monaten verbraucht haben. Das Schiff hängt in den Gurten und es ist immer wieder eine spannende Angelegenheit. Den Antifoulinganstrich mache ich selber, schließlich brauchen wir das Geld noch für den Rest der Welt. Es gibt mehrere Bootsausstatter und es sind praktisch alle Ersatzteile erhältlich.

Wir lernen hier unseren dänischen Nachbarn von der BLAATUNGE (Blauzunge) kennen. Torben, ein pensionierter Professor für Seerecht aus Aarhus segelt allein fast die gleiche Strecke wie wir. Von Torben leihen wir uns die Seekarten zum Kopieren für den Panamakanal über die Südsee bis nach Australien. Er ist hier im Pazifik schon vor über acht Jahren als Skipper auf einem Greenpeace-Schiff unterwegs gewesen, um gegen die französischen Atomtests auf dem Mururoa-Atoll zu demonstrieren. Glücklicherweise spricht er besser deutsch als wir dänisch. Torben wurde bei einem Treff von Seglern aus Dänemark und Skandinavien gewarnt, nicht an der Küste von Venezuela entlang zu segeln. Die Gefahr eines Piratenüberfalles ist ihm zu groß und er macht lieber einen großen Bogen um Venezuela und Kolumbien.

Die Arbeiten sind fertig und so fahren wir zum „Steelband-Meeting" nach Port of Spain (150.000 Einwohner). Das sind die in der Sklavenzeit aus Fässern und Töpfen entstanden Blechtrommeln. Da wird schon für den Karneval in der nächsten Woche geprobt. Karneval ist der Höhepunkt des Jahres, leider müssen wir weiter. Der Kran setzt uns ins Wasser und es geht sofort los Richtung Westen nach Venezuela. Der beständige Passatwind bringt uns gut voran. Windstille gibt es praktisch nicht, so dass der Motor nur für das Einfahren in einen Hafen oder Ankerplatz, zum Kühlen des Kühlschrankes und zum Laden der Bordbatterien gebraucht wird. In der Nacht begegnen uns sehr viele Fischerboote, die alle nur ein weißes Topplicht führen und nicht wie international üblich rot oder grün über weiß. Zwei Fischerboote zeigen gegen 23.00 Uhr gelbes Rundumblinklicht.

Im ersten Moment denke ich, dass es sich um zwei Zollboote handelt, weil sie direkt auf uns zukommen, aber nachdem sich auf unseren Anruf über Funk keiner meldet, gehe ich mit Vollgas auf Gegenkurs. Offensichtlich schleppen sie gemeinsam ein Netz und wollen verhindern, dass wir dazwischen durchfahren, denn das wäre schon eine mittlere Katastrophe oder ein klassischer Versicherungsfall. Die SUMMERTIME gefangen in einem Fischernetz mit Stahltrossen, die Schraube blockiert, manövrierunfähig, Schadenersatzansprüche der Fischer, Seegang ... Vielleicht auch das Ende der Weltumsegelung.

Die Silhouette von Porlamar auf der Ilsa Margarita erinnert nicht mehr an die Karibik, sondern an die furchtbar verbauten spanischen Küsten am Mittelmeer. Diese schöne Insel ist Freihandelszone und wurde leider dem schnellen Touristengeld zum Teil geopfert. Im Jahr 2000 waren nur noch 40.000 Touristen da (von vormals 1,5 Millionen im Jahre 1994) und genau so sieht es auch aus. Angefangene Hotels stehen als „Skelette" da und andere Riesenhotels wie das Concorde-Hotel stehen leer. Wir lassen uns nicht abschrecken. Mit dem Dingi geht es in der nur mäßig belegten Ankerbucht an den kleinen Steg von Marina Juan. Das Ein- und Ausklarieren ist in Venezuela sehr umständlich, da Zoll, Nationalgarde, Immigration und Hafenkapitän weit auseinander liegen. Nach dem Besuch beim Zoll müssen bei der Post die Gebühren in Briefmarken erworben werden und dann geht es erst weiter. Ohne Auto oder Taxi bei 32 Grad im Schatten kaum zu machen. Aus diesem Grunde sind wir der Empfehlung des Reiseführers gefolgt und haben Juan als Agent genommen. Allerdings steigt unser Blutdruck bereits leicht bei der ersten Nachricht, dass wir für einen Aufenthalt von bis zu 90 Tagen überhaupt kein wunderschönes Visum mit Passbild für 31 Dollar brauchen. Die kostenlose grüne Touristenkarte, die man bei der Einreise erhält, ist völlig ausreichend. Ein großes „Dankeschön" an die Botschaft der Republik von Venezuela in Grenada, die uns auf unser ausdrückliches Nachfragen eine falsche Auskunft gegeben hat und uns damit zwei Tage beschäftigt hat! Der Blutdruck steigt weiter, als uns Juan die neu festgesetzten Kosten für ein einmaliges internationales Ein- und Ausklarieren mit 110 Dollar beziffert

(750 Boliviar sind ein Dollar). Dabei muss in jedem Hafen auch innerhalb von Venezuela ein- und ausklariert werden. Das ist dann aber billiger und liegt nur jeweils bei 53 Dollar. Für den geplanten Besuch im Nationalpark von Los Roques sind bei unserem Schiff mit zwei Personen an Bord nochmals zusätzliche 114 Dollar fällig. Sicher sollen die wenigen Segler auch noch die Beamten finanzieren?

Bei einem längeren Segelaufenthalt entlang der Küste muss man offensichtlich erst einmal eine kleine Bank überfallen. Nur dumm, dass die Banken hier schwer bewacht werden. Motorradstreifen mit kugelsicheren Westen und Maschinenpistolen gehören zum Straßenbild. Ein junger Mann musste sich auf offener Straße vor einer Polizeistreife bei vorgehaltener Maschinenpistole ausziehen – offensichtlich wurde Rauschgift bei ihm gesucht. An unglaublich vielen Häusern und Grundstücken steht „se vende" – zu verkaufen. Mit dem wirtschaftlichen Niedergang nimmt natürlich die Kriminalität zu. Jetzt ist uns auch klar, warum viele Segler nicht mehr nach Venezuela zum billigen Einkaufen kommen. Da muss schon sehr viel zollfrei eingekauft werden, damit sich diese Gebühren halbwegs rechnen. Ich will selbst bei einem Preis von zwei Dollar für eine Literflasche Rum und 15 Dollar für eine Stange Marlboro weder zum Alkoholiker noch zum Raucher werden. Dabei könnte Venezuela mit seinen Inseln und der langen Festlandküste, außerhalb der Hurrikanzone gelegen, ein gefragtes Segelrevier sein.

Wir segeln die wunderschöne Südküste von Margarita entlang, um vor der Einfahrt in die Mangrovenlagune von Boca del Rio zu ankern. Viele Ausflugsboote liegen in der Hoffnung auf bessere touristische Zeiten an Land. Hier sehen und hören wir den schönen Teil von Margarita mit seinen kleinen farbenfrohen Häusern und dem Karnevalsumzug mit anschließender Disco.

Rosenmontag ankern wir an der Isla-Tortuga (Schildkröteninsel). Diese ganz flache Sandinsel ist offensichtlich unbewohnt. Es stehen acht kleine Flugzeuge an Land und mehrere Motoryachten liegen vor Anker. Über Rosenmontag und Fastnacht nutzen besser „betuchte" Venezuelaner die abgelegene Insel zu einem Ausflug, wo sie keine Angst vor Überfällen haben müssen. Es gibt ein kleines Air-Camp mit zehn Häuschen und einer Start- und Landebahn aus Sand. Zum Schnorcheln ist das Wasser zu trübe, aber zum Baden ist es wunderbar mit dem weißen Sandstrand. Wir „sausen“ weiter Richtung Los-Roques. Kurz vor Mitternacht fängt unser GPS an zu „spinnen“ und bringt falsche Informationen. Die neue Technik – einschalten und nach zehn Sekunden die Position ablesen – ist eben doch nicht unfehlbar. Mitternacht funktioniert alles wieder. Mit der Elektrik muss irgendwas nicht in Ordnung sein.

04.30 Uhr ist das Ansteuerungsfeuer Sebastopol für die Inselgruppe Los-Roques zu erkennen. Es regnet wie aus Gießkannen. Ich reffe die Genua, um langsamer zu segeln. Aufgrund der Korallenriffe bei der Einfahrt in die Lagune bei Sebastopol brauchen wir das Tageslicht. Kurz vor der Einfahrt hören wir in der beginnenden Morgendämmerung neben unserem Schiff das laute Ausatmen eines Wales, können ihn aber nur undeutlich erkennen. Nach 10 Minuten ist er weg. Kaum ist es hell, geht es unter Motor und mit Bluthochdruck in die Riffpassage. Die Sonne ist hinter dicken Wolken und fehlt uns zum Erkennen der Untiefen, daher machen wir am Außenriff einen Ankerstopp, um nach der durchwachten Nacht etwas zu schlafen. Aber der Wind ist zu stark, es ist sehr unruhig. Wir sind die einzige Yacht. Nach einem kurzen Nickerchen wollen wir weiter und können den Anker nicht mehr aufholen! Ich tauche und sehe, dass sich die Kette beim Schwojen des Schiffes um einen großen Hirnkorallenblock im 10 Meter tiefen Wasser gewickelt hat. Also zu tief für mich, um ohne Tauchausrüstung runter zu kommen. Wenn der Anker nicht freizubekommen ist, bleibt mir entweder das Kappen der Kette oder einen Taucher anzufordern. Beides ist kostenaufwendig, aber wir bekommen mit Angstschweiß auf der Stirn unseren Anker beim dritten Versuch wieder frei. Inzwischen steht die Sonne hoch und wir fahren drei Stunden die innere Riffpassage gen Norden. Ein herrlicher weißer Sandstrand und ein wunderbarer Ankerplatz lassen uns in Crasqui diese Aufregung schnell vergessen.

Am nächsten Mittag kommen vier Mann vom „Comando de Guardacostas Los Roques“ und wollen die Papiere sehen. Wir haben nur die internationale Einklarierung von Isla Margarita und so werden wir freundlich aber bestimmt aufgefordert, unverzüglich zum sechs Seemeilen entfernten Stützpunkt der Küstenwache zu fahren. Morgen sollte es sowieso weiter gehen und für zwei Nächte vor Anker ist uns der Preis zu hoch. Nachdem das kleine Coast-Guard-Boot nicht mehr zu sehen ist, nehmen wir unseren Mut zusammen und beschließen, keine weiteren Gebühren mehr zu zahlen und nach Norden auf die offene See zu entwischen. Entgegen der deutschen Korrektheit verzichten wir auf einen weiteren Aufenthalt in Venezuela. Die See ist rau und für ein kleines Motorboot zu gefährlich. So steuern wir zuerst nach Norden, um nach 12 Seemeilen die Grenze der Hoheitsgewässer zu erreichen, dann machen wir gegen Mitternacht einen großen Bogen um die Aves-Inseln (Venezuela) und gehen auf Kurs nach Bonaire, eine der ABC-Inseln (niederländische Antillen).

Die Elektrik macht mir Sorgen. Bei Sonne versorgt unsere Solarzelle das Schiff, aber bei Dunkelheit und Schiffsbeleuchtung sinkt die Bordspannung auf 11,5 Volt und das ist zu wenig. Ich habe bereits die Kontakte an den drei Bordbatterien gereinigt und gefettet, aber es wird wohl eine kaputt sein. Wir müssen aller zwei Stunden den Motor im Leerlauf eine Stunde mitlaufen lassen, um über die Lichtmaschine die Akkus zu laden. Nach Mitternacht geht es dann gar nicht mehr ohne die Lichtmaschine vom Motor. Das gesamte elektrische Netz bricht zusammen.

Seit 04.00 Uhr suchen wir das Leuchtfeuer von Lacre-Punt (13 Seemeilen Tragweite), denn das Licht auf der Insel sehen wir schon seit drei Stunden hinterm Horizont. 06.30 Uhr dämmert es langsam und wir können den Leuchtturm am Südkap von Bonaire erkennen, aber der hat offensichtlich „Urlaub.“ Dafür begrüßen uns rosafarbene Flamingos im Vorbeiflug. Zum Frühstück ist die SUMMERTIME in Kralendijk. Ein wunderschöner Anblick mit den bunten Häusern an der Wasserfront bietet sich uns im Morgenlicht. Wegen des starken Passatwindes liegen wir an zwei Mooringleinen. Bonaire ist als Marine Park geschützt und das Ankern wegen der Korallen strikt verboten. Hier ist im Hafen so klares Wasser, dass ich den Grund in acht Metern Tiefe mit vielen bunten Fischen sehen kann. Nach dem Frühstück gehe ich mit leichtem Herzklopfen zur Polizei, aber die Beamten kennen das Problem mit Venezuela und verlangen die international vorgeschriebene Ausklarierung nicht. In die Pässe werden die Stempel reingedrückt, ohne dass ich Strafe bezahlen muss. Auch ist hier sogar am Wochenende das Einklarieren kostenlos – eine angenehme Ausnahme. Da hat der „Buschfunk“ doch Recht gehabt, dass man in Bonaire beim Einklarieren ein Auge zudrückt!!

Das einzelne Ab- und Umklemmen der Bordbatterien hat nichts gebracht und ich suche eine Autowerkstatt, um mir einen Akkutester auszuleihen. Bei „Auto Parts“ kann ich mir zum Feierabend gegen eine Pfandgebühr dieses Gerät über Nacht ausleihen. Sofort geht es an Bord zum Prüfen. Schöne Bescherung!! Zwei Bordbatterien sind „fertig“! Es nützt nichts. Wir brauchen zwei neue und ich muss in den sauren Apfel beißen, schließlich wollen wir noch um die Welt.

Die nächsten zwei Tage geht es mit einem Pick Up über die Insel. Wir sehen alte Landhäuser im holländischen Stil und jede Menge Flamingos. Ein Schnorchelausflug zum Marine Park von Klein-Bonaire eröffnet uns eine zauberhafte Unterwasserwelt mit bunten Korallen, klarem Wasser und farbenprächtigen Fischen. Rund um diese kleine Sandinsel sind Bojen zum Festmachen ausgelegt, damit die Anker der Boote nicht die Korallen zerstören.

Hier treffen wir auch Ulf aus Berlin mit seiner hervorragend selbst ausgebauten Aluminiumyacht JOSEPHINE wieder. Er ist allein das dritte Mal über den Atlantik und gleich werden Erfahrungen ausgetauscht. Als Ulf in Isla-Margarita von den Gebühren in Venezuela hörte, hat er an nur einem Tag Proviant gebunkert und gar nicht ein- und ausklariert (so nach der Devise: Lass sie erst mal kommen!). Wir sind das nächste Mal auch klüger, obwohl es natürlich den internationalen Gesetzen widerspricht und schon zu Schwierigkeiten führen kann. Es fällt uns eben doch schwer, über den eigenen Schatten zu springen.

Abschied von Bonaire und auf nach Curacao. Die Einfahrt in das Spanische Wasser ist unbefeuert und die vereinzelten Untiefentonnen sind fast alle beschädigt und kaum zu erkennen. Das Spanische Wasser ist eine große Lagune. Hier kann man wirklich nur am Tage einfahren. In der Nähe von Sarifundys-Restaurant, genannt nach seinem Betreiber, ankern wir auf Sandgrund. Der Passat weht konstant mit 15 bis 20 Knoten und da sollte der Anker schon gut halten. Für viele Weltumsegler ist das hier der Absprung nach Panama oder Kolumbien. Sarifundy hat sich darauf eingerichtet und verkauft Gas und Wasser an die Segler. Er weiß genau, was die Segler brauchen – einen Internetanschluss (drei Dollar für 15 Minuten), Waschautomat, Dusche, täglicher Gratisbus zum Supermarkt, sowie Autovermietung. Jeden Montag und Donnerstag ist im Restaurant Happy Hour mit Video für die Kinder, damit die Eltern ungestört einen Drink nehmen können.

Es werden keine Wurzeln geschlagen, sondern es geht nach Klein-Curacao, einer unbewohnten Insel 12 Seemeilen entfernt von Curacao, zum Schnorcheln und Baden im klaren Wasser. Die ABC-Inseln sind ein Tauch- und Schnorchelparadies. Nirgends habe ich beim Schnorcheln bisher so klares Wasser und so einen Fischreichtum gesehen.

Die Tankstelle im Curacao Yacht Club hat gerade geöffnet und wir tanken den Liter Diesel für 18 Cent, so billig wie nirgendwo bisher. Beim Ablegen reagiert das Gas vom Motorschalthebel nicht mehr und ich stelle fest: Gasbowdenzug gerissen. Der Ersatz ist nach 30 Minuten eingebaut. Mit Vollgas geht es weiter zum Ankerplatz vor Sarifundys-Bar. Leider kommen wir drei Minuten zu spät zur Happy Hour und der geschäftstüchtige Chef drückt kein Auge zu, so dass wir den vollen Getränkepreis bezahlen müssen. Das Seglerleben kann auch hart sein!!

Sonntag, 03.03.2002, Westpuntbaai (Curacao). Heute gibt es zum 48. Skippergeburtstag ein Ständchen der Crew und Spiegelei zum Frühstück. Dazu einen wunderschönen bunten Papageien aus Holz. Wir ankern in der Bucht unterhalb des kleinen Ortes Westpunt am Leuchtturm. Von hier wandern wir zum Landhaus Knip aus der Kolonialzeit und per Anhalter geht es zurück. Tagsüber ist der kleine Ort richtig lebendig, aber abends liegt hier der Hund begraben. Die kleine Geburtstags-Party findet an Bord statt. Manfred hat aus Dresden die persönliche Geburtstagspost von den Kindern und Eltern mitgebracht. Das sind immer freudige Momente fern der Heimat. Als Skipper lege ich die Abfahrt nach Aruba für den nächsten Tag auf 06.00 Uhr fest, damit die Crew nicht dem Alkohol verfällt. Es hat nichts genützt!

Am Südkap ist die Erdölraffinerie, die Aruba nach der Eröffnung des Panamakanals zu der reichsten Insel in der Karibik gemacht hat. Wir müssen eine Stunde lang die schwefelhaltigen Abgase „genießen“ (fast alle Abgase werden auf das Meer geweht – zum Glück für die Touristen an Land), bevor uns anschließend die brennende Müllhalde einen weiteren Schock versetzt.

Ich mache mit der gehissten gelben Flagge in Oranjestad fest. Der Beamte hat uns schon gesehen und kommt sofort zum Schiff. Neben uns entladen Fischerboote aus dem nur 15 Seemeilen entfernten Venezuela Hartholz, Pflanzen, Obst, Pepsi-Cola …, nur keine Fische mehr. Allerdings steht der Zoll wachsam daneben.

Ein erster kurzer Stadtgang zeigt uns Klein-Disneyland. Es ist alles für die Touristen gebaut worden, denn heute ist Aruba stark vom amerikanischen Tourismus geprägt und der Dollar ist praktisch „die Währung“. Es gibt mindestens 20 Juweliere und zahlreiche Spielkasinos im Zentrum, aber kaum ein altes Haus in Oranjestad. Die Kreuzfahrtschiffe überschwemmen mit bis zu 3.000 Besuchern pro Tag nicht nur die Souvenirstände, sondern auch die Autovermietungen, Schnorchel- und Tauchfahrten. Die Preise sind dadurch entsprechend hoch und der Euro ist im Keller.

Nördlich von Oranjestad ist der mit 12 Kilometern längste Sandstrand der Karibik, natürlich mit zahlreichen Hotels „verschönt.“ Zwei Wracks sind die Attraktion für die Schnorchler und Taucher. Zahlreiche Tagesausflugsschiffe bevölkern die Küste. Das Geschäft scheint gut zu laufen. Ich mache uns an einer Boje fest und wir bestaunen die Unterwasserwelt.

Auf vielfachen Wunsch unserer Mitsegler aus Dresden wollen wir noch mal am Strand grillen. Dabei wird unser Dingi beinahe von einer Welle umgekippt. Die Grillutensilien und wir sind natürlich nass. Die Kamera habe ich zum Glück vorher in einen wasserdichten Packsack gesteckt (eine Vorsichtsmaßnahme bei jeder Dingifahrt!) und anstelle der feuchten Holzkohle müssen wir etwas richtiges Holz suchen. Da neben der Holzkohle auch die Streichhölzer nass geworden sind, frage ich einen Taxifahrer nach Feuer, habe aber Pech, denn auch er ist Nichtraucher. Er meint nur, wo ist das Problem, ich könne in jedem Haus klingeln und nach

Streichhölzern fragen, denn auf Aruba sind alle freundlich. Also gehe ich zu einer millionenschweren Luxusvilla, der teuersten in der Nähe. Die trockenen Streichhölzer bekomme ich anstandslos von dem Eigentümer dieser Villa, einem pensionierten Amerikaner, der leider auch nicht raucht und deshalb etwas länger zum Suchen braucht. Zwischenzeitlich plaudere ich nett mit seiner Frau.

Früh gehen wir alle schnorcheln und baden, denn die Ausflugsboote sind noch nicht da und wir müssen doch diese wunderbare Ruhe vor dem Sturm nutzen. Außerdem ist morgen für unsere Mitsegler aus Dresden der Spaß vorbei und das nutzen sie zum Abbaden. Die Zeit läuft und wir müssen weiter in die Seaport Marina. Ein Dogde Van ist reserviert, um die kleine Insel zu erforschen. Zuerst fahren wir zu „Charlies Bar", aber da uns das kleine 0,25 Liter Bier für drei Dollar zu teuer ist, landen wir bei einem Italiener. Natürlich darf bei der Sightseeingtour der California-Leuchtturm am Nordkap und der Arikok-Nationalpark nicht fehlen. Noch schnell zur eindrucksvollen Natural-Brigde, die vom Meer ausgespült wurde und zur Kirche in Paradera mit ihrer berühmten Madonna. Aruba als ehemalige niederländische Kolonie macht einen sehr gepflegten Eindruck.

Die Seekarten für den nächsten Schlag in das San-Blas-Archipel (Panama) sind herausgesucht. Wir sind nun wieder zu zweit. Es ist sehr schön, wenn Besuch kommt und es viel zu erzählen gibt, aber wir genießen auch die Einsamkeit und die Ruhe. Das Ziel ist 582 Seemeilen entfernt und vor der kolumbianischen Küste haben wir ein Gebiet mit hohem Seegang vor uns. Na vielleicht bleibt uns der ja erspart.

Die SUMMERTIME macht allein mit Genua bei fünf bis sechs Windstärken gute Fahrt. Am ersten Abend nimmt der Seegang merklich zu, wir reffen die Genua und legen unsere Lifebelts an. Es ist schon wahnsinnig toll, wie die „Windi", wie wir liebevoll unsere Windfahnensteuerung nennen, die bis zu drei Meter hohen Wellen aussteuert. Der abnehmende Mond ist kaum noch zu sehen, die Wolken verdecken die Sterne und die Nächte sind sehr dunkel. In der ersten Nacht umrunden wir mit 50 Seemeilen Abstand die kolumbianische Halbinsel Guajira. Kolumbien wird den Seglern nicht unbedingt als sicheres Revier empfohlen, doch die Frauen sollen ihre Reize haben, so dass mancher Einhandsegler länger als geplant hier geblieben ist. Hört man so vom „Buschfunk"!

Nun kann ich direkt den Kurs zu den Holandes-Cays anlegen. Der Seegang nimmt weiter zu und die Wellen sind jetzt vier Meter hoch. In diesem wilden Getöse beißt doch glatt bei voller Fahrt ein großer Thunfisch an der 30 Meter langen Schleppangel auf unseren Gummiköder! Ich schlachte den noch teilweise golden glänzenden Thun an Ort und Stelle. Er verliert vor Schreck sofort seine Farbe. Eine Stunde später brutzeln trotz der irren Schaukelei die Steaks in der Pfanne. Ein totales Gourmetessen. Kurze Zeit darauf ist die Hälfte der Strecke mit 290 Seemeilen geschafft. Am 4. Tag gegen Mittag erreicht der Wind mit 35 Knoten schon fast Sturmstärke. Die eingerollte Genua ist nun zur Sturmfock geworden und die See ist auch nicht mehr so lustig. Mehrfach steigen große Wellen von achtern in das Cockpit und dann laufen gluckernd viele Liter Wasser durch die beiden großen Lenzrohre (Öffnungen im Cockpit) wieder ab. Die „Windi" bekommt einige Male die See hart zu spüren, steuert aber dennoch tapfer ihren Generalkurs von 245 Grad. Die SUMMERTIME fährt sozusagen eine ständige Wellenlinie mit Kursen zwischen 230 und 260 Grad. Selbst von Hand könnte man bei diesen großen Wellen den Kurs nicht genau halten. Ich tröste Sabine, dass es nur noch besser werden kann.

20.00 Uhr kommt aus dem Dunkel wieder so eine große harte Welle angerauscht, knallt mit großer Wucht gegen das Schiff. Das war dann doch zuviel für die „Windi". Sie steuert nicht mehr richtig. Irgendetwas muss kaputtgegangen sein. Hoffentlich kann ich das mit Bordmitteln wieder reparieren, aber nachts bei dieser See geht gar nichts. Der nun eingesetzte elektrische Autopilot schaltet wegen des starken Ruderdruckes bei den großen Wellen ebenfalls regelmäßig ab. Wir denken mit Grausen daran, dass vielleicht im Pazifik die Selbststeuerung gar nicht mehr funktioniert und wir zu zweit tausende von Seemeilen mit der Hand steuern müssen. Irgendwann würde dann garantiert der wenige Schlaf zur Qual.

Am Morgen wird die See etwas ruhiger, es stürzen keine Wellen mehr ins Cockpit und der Wind geht auf 5 Beaufort zurück. Nach einem kurzen Müslifrühstück stelle ich fest, dass zum Glück nur eine Verschraubung an der „Windi“ locker geworden ist und das ist flugs repariert. Anschließend fällt mir ein Stein vom Herzen, denn alles funktioniert wieder und wir sind happy. Sabine kocht heute Mittag vom Thunfischfang – Spaghettis mit Thunfisch-Käse-Soße. Abends beim ersten Sundowner nach Tagen und Tangomusik von der CD sind wir nur noch 70 Seemeilen vom Ziel entfernt. Noch ist es stockfinster und Leuchtfeuer gibt es hier keine. Ich habe die Fahrt schon reduziert, weil wir in das San Blas Archipel (Panama) wegen der unzähligen Korallenriffe nur bei hohem Sonnenstand im Rücken, also ab 09.00 Uhr, einfahren können. Die GPS-Position ist auch sehr mit Vorsicht zu genießen, da die Riffe sich verändern und die einzige verfügbare Seekarte von dem Gebiet aus dem Jahre 1917 ist. Eine Warnung, diese Karte nicht als einziges Hilfsmittel zur Navigation zu verwenden, steht allerdings auch gleich auf der Karte. Selbst in dem Reiseführer von Lars Akerholm über Panama sind nur Handskizzen eingezeichnet. Darunter der fett gedruckte Hinweis: “If the chart and the reality do not match, the reality is correct!” Es gilt hier nur eines: Eye-Apple-Navigation!!

Am sechsten Tag auf See ist morgens Land in Sicht. Die Inseln sind flach und wir haben nur noch sieben Seemeilen vor uns. Am östlichen Außenriff der Holandes-Cays erkennen wir eine gestrandete Segelyacht. Victor, ein Kuna-Indianer von der Insel Tia-Tupu, erzählt uns später, dass diese Schweizer Yacht vor zwei Jahren (im Zeitalter der Sattelitennavigation!) nachts hier gestrandet ist, weil der Skipper betrunken gewesen sein soll. Zwei Männer und eine Frau waren an Bord. Die letzten 40 Meter bis auf die Insel Tia-Tupu konnten die drei Segler dann zu Fuß gehen (bei einer Wassertiefe von 1,20 Meter).

Unser Anker fällt zwischen den Inseln Coabos und Tia-Tupu auf sieben Meter Wassertiefe auf gut haltendem Sandgrund und glasklarem Wasser. Das erste Schnorcheln gilt wie immer dem Anker und ich sehe schon die vielen bunten Fische und sogar einen mittleren Barrakuda von einem Meter am nahe gelegenen Riff. Der nimmt allerdings Reißaus, als er mich sieht. Nach einem ersten Baden im warmen Wasser gibt es wunderbares Frühstück mit gefiltertem Kaffee und Spiegelei. Wir genießen dieses traumhafte Panorama mit den kleinen Inseln voller Palmen und fühlen uns wie im Paradies. Die Segler bezeichnen nicht umsonst das San-Blas-Archipel als die Südsee im Atlantik. Wir sehen wie sich die Atlantikwellen am 250 Meter entfernten Außenriff brechen und hören das laute Rauschen der Brecher. Hier in der Leeseite von Coabos gibt es keinen Schwell und nur leichten Wind zur Kühlung. Das Thermometer zeigt 31 Grad. Die Strapazen der letzten fünf Tage sind wie weggeblasen. In unserer Nähe sind noch vier andere Yachten. Wir sind uns sofort einig, dass hier ist der schönste Ankerplatz unseres bisherigen Seglerlebens.

Aus Sabines Tagebuch zu den San-Blas-Inseln:

Nun haben wir es endlich erreicht: das erste Paradies, das wir je sahen. Wir sind ganz glücklich und haben noch lange keine Lust, weiter zu segeln. Draußen schlägt die Gischt der Brandung an die Korallenriffe und hier drinnen liegen wir ganz ruhig und geschützt. Klares Wasser umgibt uns, das an flachen Stellen türkis strahlt, unterbrochen von farbigen Korallenbänken, kleine Inseln liegen verstreut im Kreis um uns herum. Sie sind bewachsen mit hohen vom Wind zerzausten Kokospalmen, Mangroven und dichtem grünen Unterholz. Ab und zu zwitschern Vögel, Fische klatschen ins Wasser, es riecht wie bei uns zuhause in feuchten Sommern. Es ist wundervoll still und friedlich. Ein Kuna-Indianer zieht mit seinem langen schmalen, handgemachten Kanu seine Bahn über die Lagune.

Zur Feier des Tages (unserer Ankunft hier nach fünf harten Segeltagen) sitzen wir bei Petroleumlicht im Cockpit, trinken eine Flasche Rotwein und essen die letzte Portion Thunfisch als Salat. Angekommen im Paradies drängt sich uns gleich eine Diskussion über Staatsformen, Kriminalität und Lebensformen auf. Die Kunas leben hier fast wie im Kommunismus oder in der Urgesellschaft. Auf der Insel, die uns gegenüber liegt und höchstens einen Quadratkilometer groß ist, leben drei Familien. Wir können drei Hüttenkomplexe ausmachen. Auf jeder Insel gibt es einen Dorfältesten. Nur die Kokospalmen sind Privateigentum, sonst gehört allen alles. Hier gibt es keine Kriminalität. Wir können bedenkenlos das Boot offenlassen und schlafen gehen.

Mit dem Kanu kommen zwei Indianer an Bord und bieten uns Molas an, diese charakteristischen Handarbeiten der Indianerfrauen. Das habe ich mir gar nicht zu Träumen gewagt. Ursprünglich stellten die Frauen diese Molas für ihre Blusen her, aber inzwischen verdienen sie damit ein bisschen Geld in Panama und Umgebung, das sie dann als Schulgeld für ihre Kinder verwenden, die während der Schulzeit in Internaten untergebracht sind. Ich erstehe zwei Molas für 30 Dollar, wir zahlen fünf Dollar Begrüßungsgeld an den Dorfältesten und verschenken Zigaretten, Feuerzeuge, Schreibpapier und Kulis. Wir werden ins Dorf eingeladen, schauen uns die Hütten der Bewohner an und sind beeindruckt von der einfachen naturverbundenen Lebensweise der Kunas.

Im San-Blas-Archipel (Panama) leben die Kuna-Indianer noch in ihrer traditionellen Lebensweise. Wir verständigen uns in Spanisch, etwas Englisch und mit Händen und Füßen. Die Kuna-Indianer sind die letzten reinrassigen Ureinwohner der Karibik, etwas kleiner als wir und haben die spanischen Eroberer überlebt. Die Kunas leben im Einklang mit der Natur in einem großen Reservat (Comarca), hauptsächlich an der Festlandküste von Panama und dem San Blas Archipel. Es gibt heute eine unabhängige Regierungsverwaltung, einen halbjährlichen General Congress und eine eigene Gerichtsbarkeit.

Das war natürlich nicht immer so. 1925 gab es einen blutigen Aufstand der Indianer gegen die Regierung von Panama. Die Armee wurde unverzüglich mobilisiert und eine kriegerische Auseinandersetzung konnte in letzter Minute von dem amerikanischen Kriegsschiff „U.S.S. Cleveland" in den San Blas verhindert werden. Daraufhin musste sich Panama verpflichten, die Traditionen der Kunas zu schützen und zu respektieren. Es wurden Schulen eingerichtet. Die Kunas haben sich dem neuen Leben angepasst, aber ihre Identität bewahrt. Es gibt eine fünfjährige Schulpflicht. Doch eine Hochzeit ist nur innerhalb der Kunas möglich. Wer sich nicht daran hält, wird verstoßen. Die Gemeinschaft gibt allen Schutz und Nahrung, dadurch ist die Kriminalität praktisch null und es existiert hier für 50.000 Menschen kein einziges Gefängnis. Es gibt natürlich Regeln, von denen ein paar besonders für uns als Segler und Besucher dieser paradiesischen Inseln von Bedeutung sind:

- Es hat jede Kokospalme ihren Besitzer und der Diebstahl einer Kokosnuss wird verglichen mit dem Pferdediebstahl früher im Wilden Westen.
- Betrete kein Dorf, in dem eine rote Flagge weht. Dort wird gerade ein traditionelles Ritual abgehalten.
- Fotografiere keinen Kuna ohne seine Genehmigung. Sei diskret!!

Donnerstag früh kommt Ricardo, der Dorfvorsteher, nach dem Fischen vorbei und bittet uns um zwei Liter Benzin. Es gibt nur ein Boot mit einem Außenborder und mit dem soll es nachmittags 10 Seemeilen nach Rio-Diabolo zum Markt gehen. Ich gebe ihm das Benzin und bekomme dafür einen großen Red-Snapper und Bananen. Anschließend fahren wir in das Dorf, in dem drei Familien leben (12 Erwachsene und nur 2 Kinder). Die kleine Insel Tia-Tupu haben wir in 40 Minuten zu Fuß umrundet. Alle leben in Holzhütten mit Palmdächern. Gekocht wird auf dem Holzfeuer, Strom gibt es nicht.

Mit einigen Geschenken und dem Kauf von Molas habe ich praktisch auch die Genehmigung zum Fotografieren. Victor gibt uns seine Postadresse und möchte gern ein Foto als Souvenir. Er hat in Diabolo eine Postbox und wenn er dort ist, um Trinkwasser zu holen, leert er diese. Wir sind bald in Colón, dem Eingang zum Panamakanal, und können dann wieder Wasser bunkern, so dass wir ihm 100 Liter Trinkwasser abgeben. Da das Regenwasser zum Trinken und Kochen nicht ausreicht, segelt Victor regelmäßig mit seinem Kanu bei dem beständigen leichten NE-Wind in drei Stunden die 10 Seemeilen nach Diabolo, füllt seine Kanister und kreuzt sechs Stunden wieder zurück.

Abends gibt es das Snapperfilet und aus dem Rest wird die leckerste Fischsuppe gekocht, die es je auf der SUMMERTIME gab. Wir sind für den nächsten Tag zum Fischessen bei Victor und Eliza ins Dorf eingeladen. Es gibt gegrillten Snapper mit Reis, Brotfrucht und Kochbanane. Wir sitzen an dem für uns viel zu kleinem Küchentisch in der Kochhütte. Es schmeckt sehr gut, obwohl ich am Anfang meine Bedenken habe, ob mein Magen alles so gut verkraftet, wie es riecht. Aber es gibt keine Probleme.

Für Samstag bestellen wir bei Victor noch ein paar Früchte (Bananen, Limonen und Brotfrucht) im Tausch gegen eine Sonnenbrille. Bei der Gelegenheit kann ich sogar noch Schildkröte kosten, die über dem Holzfeuer in einem Kessel gegart wurde. Sie schmeckt wie trockenes Schweinefleisch. Da bei diesen flachen Sandinseln die Schildkröten überall ihre Eier ablegen können, ohne dass Touristen diese Gelege zertrampeln, gibt es hier jede Menge davon und der Fang ist den Kunas nicht untersagt.

Selbst der Aufenthalt im Paradies währt nicht ewig und wir müssen weiter zum Panamakanal. Nur noch ein Stopp über Nacht vor Isola-Grande. Im frühen Morgengrauen kommt eine britische Segelyacht nach einer Nachtfahrt ohne erkennbaren Namen in diese einsame Bucht und es steigen 10 Minuten später sage und schreibe 13 Farbige in ein offenes Fischerboot um. Wir machen uns so unsere Gedanken – Kolumbien ist nicht weit und mancher Segler braucht dringend Geld.

Es ist ein wunderbares Segeln nach Christobal-Colón (Panama). Auf dem markierten Ankerplatz (Flat F) sind etwa 25 Yachten und einige haben bereits Autoreifen als Schutz vor den Schleusenwänden außenbords hängen. Nach dem Ankern auf schlammigem Grund bei 11 Metern Wassertiefe fahren wir eine Seemeile mit dem Dingi zum „Panama-Canal-Yachtclub-Colon." Dabei lässt sich manche „Dusche" mit Seewasser nicht ganz vermeiden. Im Yachtclub gibt es einen preiswerten Chinesen und eine günstige Bar. Dort treffen sich abends die Segler. Es verlässt praktisch niemand das eingezäunte und bewachte Gelände, um in die Stadt zu gehen. Hier sind Überfälle am helllichten Tag an der Tagesordnung. Es wird allen Seglern dringend empfohlen, sämtliche Wege auch tagsüber mit dem preiswerten Taxi zu erledigen und das Hafengelände nicht zu Fuß zu verlassen. Die Armut in der Stadt ist deprimierend und der Taxifahrer zeigt zur „Einstimmung" gleich noch die Tageszeitung mit den Fotos einer Leiche nach einem Überfall. Die Arbeitslosigkeit soll in Colón 65 Prozent betragen. Die Wachmänner im Supermarkt „Super 99" stehen mit Pumpgun und Revolver bewaffnet am Eingang. Unser Taxifahrer sagt, dass die Supermärkte hier regelmäßig überfallen werden.

Unser Stimmungsbarometer ist leicht am Sinken und so nehmen wir natürlich auch ein Taxi, um uns bei dem Hafenkapitän und den Kanalbehörden anzumelden. Visum brauchen wir als Deutsche keines. Kurz vor 16.00 Uhr (Feierabend) hält sich die Begeisterung der Beamten leicht in Grenzen und wenn Leslie, unser Taxifahrer, nicht etwas geschimpft hätte, wäre der Papierkram nicht mehr erledigt worden. Das ist auch Panama!!

Sabine schreibt über Cristobal-Colón:

Hier ist es nun gänzlich aus mit dem Paradies. Kaum waren wir hier angekommen, wurden wir konfrontiert mit Kriminalität, schlechter Arbeitsmoral und Korruption. Colón ist kein Platz, an dem man länger bleiben möchte. Man verspürt überhaupt keine Lust, in die Stadt zu gehen, wenn man erst einmal mit dem Taxi zum Supermarkt gefahren ist und all das Elend gesehen hat. Morgen kommt der Vermesser, um unser Schiff genau auszumessen und dann werden wir zusehen, dass wir so schnell wie möglich durch den Kanal kommen und hoffen, dass es auf der anderen Seite netter ist.

Auf die Fahrt durch den Panamakanal sind wir sehr gespannt, und was uns im Pazifik begegnen wird? Das Schiff ist bereits vermessen. Die Kanalfahrt kostet bis 50 Fuß Schiffslänge einheitlich 500 Dollar. Dazu kommen noch die Fahrtgenehmigung für einen Monat von 69 Dollar, Ausklarieren 10 Dollar, Vermessung 50 Dollar, Linehander (jede Yacht braucht 4 Leinenhalter plus den Skipper), vier Panamaleinen (à 40 Meter lang, Miete 60 Dollar) für die Schleusen und noch eine Kaution in Höhe von 900 Dollar. Bezahlen kann man nur mit Visa Card oder cash. Die Rückzahlung der Kaution erfolgt dann vier Monaten später per Verrechnungsscheck nach Deutschland, selbstverständlich auch nicht ohne Bankspesen, Kurs- und Umrechnungsverluste. Alles zusammen etwa 900 €uro – das ist der Eintrittspreis für den Pazifik. Die neuen Preise der Kanalbehörde treffen uns Glückspilze noch nicht. Ab 01. Mai 2002 muss jede Yacht zusätzlich 440 Dollar berappen, wenn sie keine acht Knoten Mindestfahrt macht. Das würde für uns bedeuten, dass der Gashebel auf Anschlag ist, aber weder

Motor noch Getriebe haben eine stundenlange Vollgasfahrt in dem 29 Grad warmen Wasser gern.

Nebenbei noch etwas Technisches: Um eine Fahrt durchs Wasser von acht Knoten zu erreichen, muss eine Segelyacht schon etwa 45 Fuß lang sein. Die Rumpfgeschwindigkeit in Seemeilen ist die Quadratwurzel aus der Länge der Wasserlinie multipliziert mit 2,45. Bei der SUMMERTIME (42 Fuß) ist die Länge der Wasserlinie 10,15 Meter und damit ergibt sich eine maximale Rumpfgeschwindigkeit von 7,8 Knoten. Normale Fahrtenyachten sind Verdrängungsschiffe und kommen höchst selten ins Gleiten. Damit sind sagenhafte Geschwindigkeitsangaben, die weit über der Rumpfgeschwindigkeit liegen, entweder durch Strömung oder Wunschdenken und Fantasie der Segler nach mehreren Bierchen entstanden.

5. Durch den Panamakanal in den Pazifik

Galápagos Inseln – Französisch Polynesien mit Tahiti und Bora-Bora – Niue – Fidschi – Vanuatu

Gemeinsam mit unserem Freund Michael und seiner Freundin Isis aus Panama haben wir am vorigen Sonntag mit dem Dienstauto (hoffentlich liest sein Chef nicht unseren Reisebericht) einen wunderschönen Ausflug nach Portobello gemacht. In dieser Bucht lagen einst die Schiffe der Eroberer und es sind jetzt noch die Reste der einstigen kleinen Festung samt Kanonen zu sehen. Acht kleine schwarze Jungs „weisen" uns auf dem Parkplatz ein und jeder bekommt seine Münze.

04.20 Uhr klingelt der Wecker. Das ist normalerweise noch nicht die Zeit für Segler, aber der Adviser (Einweiser – kein ausgebildeter Lotse) soll 05.00 Uhr an Bord kommen. Sabine kocht noch Kaffee und füllt ihn in die Thermoskanne. Unsere drei Linehander sind bereits gestern Abend an Bord gekommen. Die Segler helfen sich gegenseitig und schauen sich oft den Kanal erst einmal als Linehander an, um dann mit der eigenen Yacht durchzufahren. Bei uns sind Humpert aus Amsterdam, Jake, ein Bagpacker (Rucksacktourist) aus Kanada und Michael, aus Görlitz der bei der DYWIDAG als Bauleiter in Panama arbeitet, an Bord. Am Vorabend haben wir bei Gin-Tonic schon mal das Organisatorische durchgesprochen. Sabine erfreut unser Herz und den Magen mit sächsischem Kartoffelsalat, Bouletten und Würstchen.

Als zusätzliche Fender für die Betonwände der Schleusen haben wir noch sechs mit Mülltüten umwickelte alte Autoreifen. Das ist das Nebengeschäft der Taxifahrer, denn Taxi fahren ist billig. Eine Fahrt kostet normalerweise einen Dollar in die Stadt, egal wohin. Mit mehreren Zwischenstopps zum Einkaufen ist der englisch sprechende Taxifahrer gleichzeitig Dolmetscher und ortskundiger Stadtführer. So ist er eine Stunde beschäftigt und hat fünf Dollar verdient, allerdings ist das Taxi kein Mercedes mit Klima und der TÜV würde es sofort aus dem Verkehr ziehen. Die Hupe funktioniert aber in jedem Fall. Wir sind aus Sicherheitsgründen nicht zu

Fuß in Colón herumgelaufen. Mohammed, ein Segler aus Frankreich, wurde vor zwei Tagen am helllichten Tag von drei Jugendlichen überfallen. Sie hatten nicht mit seiner Schlagkraft gerechnet, aber seine Brille war kaputt, ein Auge blau und der Ellebogen musste genäht werden. Geld haben die drei Straßenräuber nicht erbeutet. Für uns ist Colón bisher die schmutzigste und gefährlichste Stadt gewesen mit einer ganz eigenartigen negativen Spannung und Stimmung. Ich muss aber sagen, dass zum Glück diese Stadt nicht Panama repräsentiert.

Unsere zwei Adviser, ein Einweiser und sein Kollege, kommen mit karibischer Pünktlichkeit eine Stunde später. Die erste Frage, nachdem wir den Anker aus dem schlammigen Grund geholt haben, ist die nach der Höchstgeschwindigkeit der SUMMERTIME unter Maschine. Nicht etwa ein „Sorry – wir haben verschlafen“ oder „der Bus kam nicht“. Ich lasse mich nicht aus der Ruhe bringen und wir machen bei einer Drehzahl von 1.700 U/min knapp sieben Knoten Fahrt. Das Wasser ist etwa 29 Grad warm und die Sonne gibt auch noch ihr bestes, da sollte man schon etwas auf die Betriebs- und Öltemperatur des Motors achten, zumal unser Getriebe keine Ölkühlung hat.

06.40 Uhr haben wir die ersten drei Schleusen, die Gatun-Locks erreicht. Die SUMERTIME wird nun insgesamt 26 Meter gehoben, damit wir auf das Niveau des Gatunsees kommen. Das ist ein riesiger Süßwassersee, der bei jeder Schleusung 200 Millionen Liter Süßwasser verliert. Der Panamakanal mit seiner Länge von 80 Kilometer ist noch so, wie er 1914 von den USA gebaut wurde. Seit dem Jahr 2000 ist er an Panama übergeben worden. Den höchsten Preis für eine Durchfahrt bezahlte übrigens 1999 der Frachter SISLER mit 185.000 Dollar.

Vor einem Tanker, der mit Lokomotiven in die Schleusenkammer gezogen wird, fahren wir zusammengebunden mit zwei anderen Yachten, sozusagen im Dreierpack, in die Schleusenkammern. Nur die beiden äußeren Yachten brauchen die 40 Meter langen Panamaleinen. Nach eineinhalb Stunden sind wir auf dem Gatunsee und fahren in dem mit Bojen markierten Fahrwasser bis nach Gamboa. Das ist der technische Stützpunkt für die Wartung und Instandhaltung des Kanals. Dort verabschieden sich

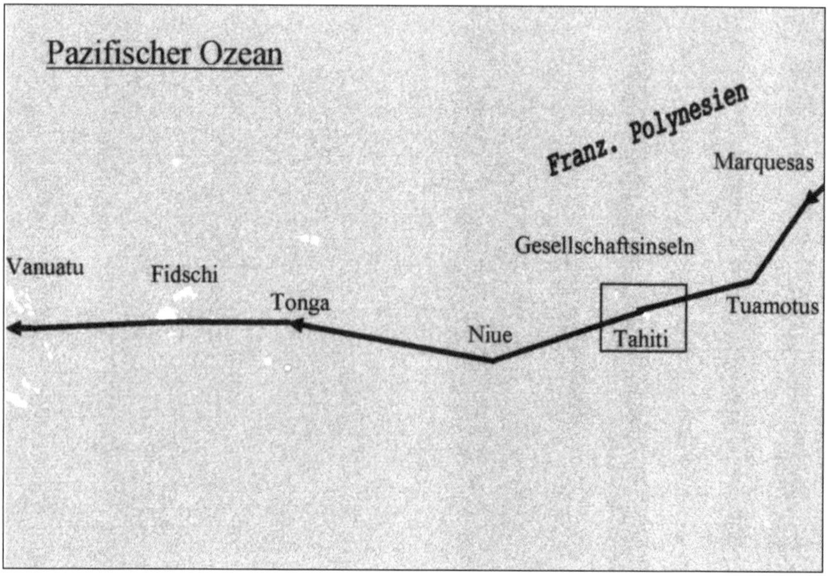

Polynesien

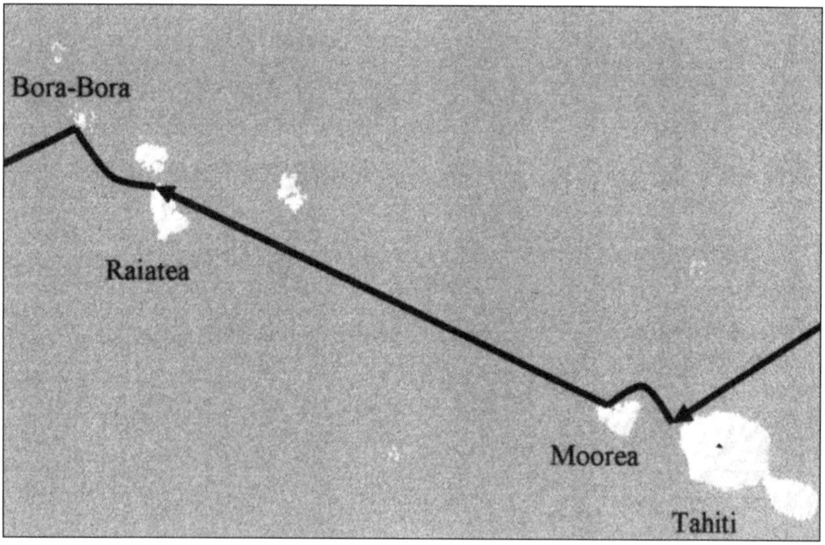

Gesellschaftsinseln-Französisch Polynesien

unsere beiden Adviser ganz plötzlich, indem sie mir erklären, dass wir entgegen der Information aus dem Büro nun doch nicht an einem Tag durchgeschleust werden, sondern hier noch eine Nacht vor Anker liegen müssen. Wir schauen uns alle etwas sprachlos an, denn damit haben wir nicht gerechnet. Ich bin der Meinung, dass unsere „Lotsen" mit Schinkenrühreiern, Sandwich, Kaffee und Cola super bewirtet worden sind. Vielleicht war auch der Arbeitstag bis hierher so anstrengend? Mit drei Sprechfunkgeräten und zwei Handys sind die beiden den ganzen Tag ununterbrochen „beschäftigt" gewesen. Hauptthema: Frauen und Discos. Als geborene Machos erzählen sich die Lotsen gegenseitig die wildesten „Liebesgeschichten." Linehander Michael hat die schöne Isis aus Panama als Freundin und ist nun schon seit drei Jahren in Panama. Er versteht im Gegensatz zu mir jedes Wort, das wissen aber unsere beiden „Spezialisten" nicht.

Was soll´s!!! Abends wird die Crew mit Skipper-Spaghettis und „leichten" Getränken wieder aufgemuntert. Wir gehen noch in das warme und etwas trübe Wasser baden.

Sabine schreibt dazu in ihr Tagebuch:

Uns blieb also nichts anderes übrig, als uns mit den vier Linehandern die Zeit zu vertreiben. Gesprächsstoff gab es genug, denn wir waren ja alle Weltreisende.

Heute Morgen um 09.00 Uhr wollte der Lotse wieder an Bord kommen und bis jetzt (11.00 Uhr) gibt es noch keine Spur von ihm. Heute werden wir aber auf jeden Fall den Pazifik erreichen. Eben waren unsere „Jungs" noch einmal schwimmen – mir war das Wasser hier zu trübe. Sie schwammen hinüber zum anderen Schiff, das seit gestern Mittag mit uns hier ankert, und kamen ganz schnell wieder. Wie der Blitz erklommen sie unsere Badeleiter. Die Crew vom Nachbarschiff hatte erzählt, sie hätte am Ufer des Sees ein Krokodil beobachtet. Und wir hatten kurz zuvor noch über „angebliche" Krokodile gelästert.

Gegen Mittag, nur drei Stunden später als verabredet, kommt doch wirklich unser Adviser, Victor, an Bord und natürlich wieder ohne ein „Sorry". Vor der Pedro-Miguel-Schleuse machen wir an der Steuerbordseite der ANAMARCA, einer 31 Meter langen Edelyacht von Jongert (Neupreis: ab

10 Millionen Dollar) fest. Die amerikanische CHYKA kommt an die Backbordseite und so haben wir nicht viel zu tun, da alle Kommandos und Leinen nur zur ANAMARCA gehen. Auch die Fahrt zu den zwei Miraflores-Locks erfolgt im Dreierpack. Bei dem Füllen bzw. Leeren der Schleusenkammern innerhalb von 10 bis 15 Minuten sind gewaltige Wasserstrudel zu sehen. Jeder Arbeiter an der Schleuse trägt Rettungsweste und Helm.

Sabine schreibt in ihr Tagebuch am Karfreitag 2002 in Panama – City:

Wir sind fertig mit der Arbeit. Gerhard kontrolliert noch den Motor für unsere bevorstehende lange Fahrt. Dabei läuft der „Messias" von Friedrich Händel und im Ofen brutzelt ein Hühnchen. Das gibt es heute am Karfreitag, weil wir es in der Hitze nicht bis morgen aufheben können. Auf unseren nächsten Tripps (Galápagos, Marquesas, Tahiti) wird es nur selten Fleisch geben, so nutzen wir jetzt noch jede Gelegenheit.

Mein Herz wird schwer, wenn ich an zu Hause denke. Susanne wird Ostern im Gottesdienst Geige spielen und singen. Wie wird Anke wohl Ostern feiern? Meine Eltern unternehmen mit meinem Bruder Ragnar und seiner Frau Katja was Österliches. Bei uns ist ewiger Sommer. Ich träume oft von zu Hause. Solche Feste in der Ferne sind bedrückend.

Am 27.03.2002 erreichen wir den Pazifik und passieren die gewaltige Amerikabrücke, die Nord- und Südamerika verbindet. Mit der Silhouette von Panama-City im Hintergrund finden wir in der Flamenco Bay unseren Ankerplatz. Beim Wassern des Dingis reißt mir eine Böe die Festmacherleine aus der Hand und das Dingi treibt ab auf die offene See. Ich springe sofort hinterher, bevor es verloren ist. Oh Schreck, ist das Wasser kalt (nur 20 Grad), aber das Dingi wird „gerettet".

Im Pazifik muss wieder mit einem Tidenhub von sechs Meter gerechnet werden. Jetzt haben wir fast Vollmond, das heißt es ist Springzeit und damit gibt es einen besonders großen Unterschied zwischen Hoch- und Niedrigwasser. Das beachte ich natürlich beim Ankern, damit wir nicht dann bei Niedrigwasser auf Grund sitzen.

Hier wird emsig an der neuen Flamenco Marina gebaut. Ein kleiner Bootsausrüster, eine Tankstelle, sowie mehrere Restaurants gibt es schon. Leider müssen wir derzeit noch mühsam unser Dingi samt Außenborder einen kleinen Berg hoch tragen, um alles an einer Palme mit einem Stahlseil anzuschließen (Diebstahlgefahr!). Es ist kein Dingianleger vorhanden. Daneben liegen Berge von Autoreifen, weil ganz selten eine Yacht in Richtung Atlantik den Panamakanal passiert. Da fällt mir sofort die Idee mit einem LKW ein; alle Reifen aufladen und in Colón für drei Dollar als zusätzliche Fender an die Segler verkaufen. Aber das Geschäft gönnen wir den Taxifahrern von Colón.

Ich bringe unsere Linehander mit dem Dingi an Land. Humbert fährt mit dem Bus für zwei Dollar nach Colón zurück, er ist übermorgen noch einmal Linehander, Jake will nach Kanada fliegen und Michael wird von seinem Fahrer abgeholt. Panama-City steht in einem angenehmen Gegensatz zu Colón. Das ist eine Weltstadt. Allerdings sehen wir auch hier die Armenviertel, an die wir uns so schlecht gewöhnen können.

Karfreitag sind alle Läden und viele Restaurants geschlossen, so dass wir Arbeiten auf dem Schiff erledigen. Es herrscht Feiertagsstimmung und auch wir genießen die Ruhe. Zum späten Nachmittag setzen wir mit dem Dingi über und spazieren wie viele Einwohner den Boulevard entlang in Richtung Stadtzentrum zur großen Karfreitagsprozession. Erst 21.00 Uhr geht sie dann wirklich los und ist sehr beeindruckend. Tausende Menschen stehen an den Straßenrändern. Es ist die größte Prozession mit Hunderten Beteiligten in Panama-City. Alle sind festlich gekleidet. Nun ist uns auch ein wenig österlich zumute. In den Supermärkten gibt es keine Ostersachen zu kaufen – in Deutschland liegen die Osterhasen bereits drei Tage nach Weihnachten in den Läden.

Die hohe Luftfeuchtigkeit und der Salzgehalt haben in den Jahren auf See der PENTAX nicht gut getan. Die empfindliche Verschlussmechanik der Spiegelreflexkamera klemmt und sie muss zur Reparatur. Die „Kameraklinik" haben wir nach zwei Stunden gezielter Suche gefunden. Der Mann in der Werkstatt ist selbstbewusst und flößt uns eigentlich Vertrauen ein. Ich habe Hoffnung, dass eine Reparatur möglich ist. Der „Spezialist“ in der Kameraklinik will für 40 Dollar die PENTAX reparieren. Er hat sich offensichtlich in seinen Fähigkeiten total überschätzt und anstelle von einem Tag ist die Kamera nach einer Woche immer noch nicht fertig. Nach 10 Anrufen und fünf Besuchen hat er mich immer wieder vertröstet („manána – morgen“, ist sein Zauberwort). Die Kamera liegt noch auseinandergebaut in Einzelteilen bei ihm in der Werkstatt ohne Chancen auf eine baldige Reparatur. Wir wollen und müssen weiter. Was tun??!! Unser Start in Panama-City wird deshalb schon verschoben. Irgendwann platzt mir dann doch der Kragen. Die in Einzelteile zerlegte Kamera nützt mir überhaupt nichts und so bestehe ich zähneknirschend darauf, dass er die Kamera in Zahlung nimmt. Am Ende gibt er mir 40 Dollar und für 220 Dollar kaufe ich eine neue PENTAX ohne Objektiv. Das reißt natürlich ein empfindliches Loch in unsere Bordkasse, aber da jetzt mit der Südsee und den Galápagos-Inseln die seltenen Traummotive kommen, beiße ich in diesen sauren Apfel.

Alles ist klar – wir können starten und halten Kurs auf Galápagos. In der Nähe von Cap Malo sind viele Ozeanriesen unterwegs. Der Wind ist so, wie es die Langfristvorhersage aus dem Internet verspricht und bringt uns nur langsam voran. Allerdings hat der leichte Wind auch einen Vorteil: es gibt nicht so eine große Welle.

Aus Sabines Tagebuch:

Der Pazifik empfängt uns als wahrhaft Stiller Ozean. Ein klitzekleines Lüftchen treibt uns mit 3,5 Knoten voran. Mittelamerika entschwindet ganz langsam aus unserem Blickfeld. Ich bin froh, wieder auf See zu sein. Wir werden wohl ohne Stopp auf den Perla – Inseln nach Galápagos segeln.

Eine Stunde vor Mitternacht: Gerade habe ich Gerhard geweckt, obwohl er erst in einer Stunde Wache hat. Ich traue mich nicht mehr alleine hoch ins Cockpit. Es ist so unheimlich da draußen!!!!! Kein Wind, drückende Hitze, eine Angst machende Stille hat sich ausgebreitet. Und rund um uns wabert der Seenebel. Man sieht gar nichts und hört nur das Knarren des Schiffes. Diese Wache bis 24 Uhr wird für mich zur Gruselwache.

Gerade besucht mich zu guter Letzt noch eine Kakerlake auf dem Kartentisch. Hoffentlich wird Gerhard sie erwischen. Die Viecher sind so schnell. Ich habe schon überall Bor-Pulver gestreut und Kakerlakenfallen aufgestellt. Wahrscheinlich sind sie deswegen auf den Kartentisch ausgewichen.

Heute steht Fisch auf unserem Speiseplan und so hänge ich gleich in der Frühe die Schleppangel raus. Keine fünf Minuten später hat bereits ein besonders verfressener Thunfisch angebissen. Die Thunfisch-Steaks am Mittag schmecken wunderbar. Nachmittags weht kein Wind mehr. Unser Boot dümpelt in den Wellen und es wird furchtbar heiß. Wir übergießen uns mit Wasser und das erfrischt für die nächste halbe Stunde. Der Wind lässt uns immer mehr im Stich. Er „bläst" nur noch mit fünf Knoten und wir kommen langsam voran. Dafür ist es sehr gemütlich. Kein Vergleich zu unserer Atlantiküberquerung. Sabine backt frische Brötchen. Wir können jeden Morgen in aller Ruhe mit gefiltertem Kaffee frühstücken, hören Musik, lesen viel und haben jede Menge Zeit für Gespräche.

Es wird kurz nach 18.00 Uhr dunkel und die lange Nacht beginnt. In der Nähe des Äquators ist die Dämmerungsphase sehr kurz. Mit einem Mal ist es stockfinster. Der Mond geht erst am Morgen auf. Dichte Wolken verdunkeln den Sternenhimmel. Ein bleierner Schleier hängt über dem Horizont und es ist sehr gespenstisch. Um uns herrscht Stille – kein Wind, kein Wellenrauschen, kein Motorengeräusch – wir fühlen uns fast wie in einem Edgar Wallace Krimi.

Wir segeln den ganzen Tag und sind froh, dass unser Etmal unterstützt von der Strömung doch 99 Seemeilen beträgt. Seit Panama haben wir täglich Funkkontakt mit der finnischen Yacht AIDA. Jari und Marianna sind 34 und 26 Jahre alt und wollen die Welt umsegeln, bevor sie eine Familie gründen. Die AIDA, eine Swan 42, ist wie wir im vorigen Jahr mit der ARC über den „großen Teich" gefahren und hat den Sieg in unserer Gruppe geholt. Wir werden sicher einige Strecken gemeinsam segeln, wie jetzt zu den Galápagos-Inseln. Es ist jeden Morgen wieder spannend, die anderen über Funk zu hören und das gibt ein besonderes Gefühl der Zusammengehörigkeit. Wir tauschen unsere Positionen aus und erzählen die neuesten Ereignisse.

Nach fünf Tagen feiern wir Bergfest mit einem zünftigen „Alsterwasser“, 450 Seemeilen sind geschafft. Nachmittags zieht eine ausgedehnte Kaltfront über uns hinweg. Das bringt angenehme Kühle, frischen Wind für eine Stunde und drei Stunden Regen. Danach macht der Wind wieder Pause und ich werfe für ein paar Stunden den Motor an, um der wilden Schaukelei zu entkommen und ein paar Meilen zu schaffen.

Mittwoch, 10. April 2002, 14.10 Uhr –Äquator–

Wir überqueren den Äquator und befinden uns ab jetzt auf der Südhalbkugel der Erde – ein historischer Augenblick. Das wird mit Video und Foto festgehalten und wir „begießen“ das Ereignis mit einer Flasche Sekt, die wir extra gebunkert haben. Auch Rasmus, der Gott des Windes, bekommt seinen Teil. Das Meer sieht noch genauso aus wie vorher, kein Schild, kein Strich und auch sonst nichts Bemerkenswertes – außer einem Thunfisch. Der ist diesmal riesig und kämpft um sein Leben. Tatsächlich will ihn mir ein Hai streitig machen. Ich sehe die große Haifischflosse und erschrecke ganz schön. Aber ich lasse mir die Schleppangel nicht aus der Hand reißen. Zum Glück habe ich dabei immer Handschuhe an. Der Hai biss am Ende von dem Thunfisch die Hälfte ab, aber der Rest reicht uns allemal und landet kurz danach in der Pfanne.

Nach genau neun Tagen auf See und 892 Seemeilen erreichen wir unser Ziel San Christobal, Galápagos-Inseln. Diese Inselgruppe gehört zu Ekuador. Ein tolle Überfahrt, ganz easy und locker. Wir sind gespannt und voller Erwartung auf unsere ganz große Fahrt zu den Marquesa-Inseln. Dort beginnt die Südsee. Auf den Galápagos-Inseln wollen wir eine Woche bleiben und uns die einmalige und faszinierende Tierwelt anschauen. Im Moment schwimmen Seelöwen um unser Schiff. Sie geben unanständige Rülpslaute von sich und versuchen ständig die Dingis zu erklimmen, um sich zu sonnen. Das ist sehr lustig anzuschauen, kann aber auch übel riechen.

Ich stelle unsere Uhren eine Stunde vor. Hier ist Weltzeit (UTC) minus sechs Stunden. Dann geht es mit dem Dingi an den Strand, um den Ort zu erkunden. Die ersten Infos bekommen wir wie immer von den anderen Seglern. Es liegen 15 Yachten hier vor Anker. Zuerst müssen wir zum

Einklarieren in das Emigrations-Office. Das geht ganz schnell. Es ist nur ein Miniformular (DIN A 6) auszufüllen, kostet 30 Dollar und schon sind die Stempel in den Pässen. Dann beim Hafenkapitän wird schon etwas mehr gerechnet. Eine komplizierte Gebührenberechnung nach der Großtonnage – am Ende knapp 50 Dollar. Die Frage nach einer nachvollziehbaren übersichtlichen Quittung ignoriert der Beamte einfach und fertigt den nächsten Segler ab.

Alle Inseln sind Naturschutzgebiet. Das Segeln mit dem eigenen Boot im Nationalpark der Galápagos-Inseln verkneifen wir uns bei einem Preis von 200 Dollar pro Tag und Person. In zwei Buchten aber können Segler auf der Durchreise ohne diese Nationalpark-Gebühren liegen. Jetzt bestellen wir noch Diesel, der von Fernando in Kanistern an Bord gebracht und eingefüllt wird. In der zwei Kilometer entfernten Tankstelle ist er zwar billiger, aber der Transport (Tragen oder Taxi) hält uns davon ab, den Diesel dort selbst zu besorgen. Das Trinkwasser hole ich in Kanistern vom Wasserhahn am Kapitänsgebäude und fahre dazu so lange mit dem Dingi, bis unsere drei Tanks mit insgesamt 500 Liter wieder voll sind. Nach dem Wäschewaschen und dem Internetbesuch haben wir nun wirklich alles geschafft. Da ist ein Tag weg wie nichts. Zwischendurch baden wir in der klaren Ankerbucht mit den Seelöwen.

Am nächsten Tag unternehmen wir mit einem Pick-up-Taxi gemeinsam mit sechs anderen Seglern einen Tagesausflug. Dabei müssen wir vier Männer auf der Ladefläche sitzen. Zuerst fahren wir zum Vulkansee in 670 Meter Höhe und dann zu den einmaligen Meerleguanen, die ca. 1,20 Meter lang werden und ihre Nahrung aus dem Meer holen. Als Pflanzenfresser können diese Urtiere bis zu 10 Meter tief tauchen. Die starken Regengüsse überbrücken wir mit dem Mittagessen in einem Einheimischenrestaurant. Das Menü mit Rindfleischgemüsesuppe und gedünstetem Fisch an Kokosreis kostet nur 1,50 Dollar und schmeckt besser als manches Kantinenessen.

Die zweite kostenlose Ankermöglichkeit ist in Santa Cruz die Academy Bay. Ein schwacher umlaufender Wind zwingt uns, fast die ganze Strecke zu motoren. Wir sehen Seelöwen, Schildkröten und fangen mit unserer 30 Meter langen Schleppangel noch einen großen Thunfisch. Für die Schleppangel mit Gummiköder habe ich aus einem Gummistropp und einer Klammer eine Alarmeinrichtung gebaut, da bei fünf bis sechs Knoten Fahrt die Leine ja immer straff ist. Schnippt die Klammer weg, hat ein Fisch gebissen oder es hängt ein alter Lappen dran.

Beim Einlaufen erkennen wir die KIWI-KIWI und die AIDA, mit denen wir gemeinsam zu den Marquesas segeln werden. Wir haben dazu Funkfrequenzen ausgemacht und werden täglich zweimal Kontakt haben. Ein Kurzwellengerät hat heute fast jeder an Bord (ob mit oder ohne Amateurfunklizenz) und damit kann der Kontakt zu anderen Seglern gehalten werden. Das ist viel billiger als ein Satellitentelefon und man kann auch in Notfällen eine Nachricht senden. Daneben gibt es die Möglichkeit, mittels Laptop die Wetterfaxkarten zum Beispiel der US – Coast Guard zu empfangen, was auf großen Seestrecken nicht ganz unwichtig ist. Außerdem existieren in den verschieden Seegebieten Funknetze, die von Amateurfunkern betrieben werden. Diese Netze sind teilweise auch in Deutsch. Zum Beispiel plaudert Günter aus Contadora in Panama jeden Tag (01 Uhr 30 Minuten Weltzeit) im Pacific-Island-Net auf 14.135 Khz mit den Seglern und gibt den Wetterbericht weiter. Andere Segler, die vor uns unterwegs zu den Marquesas sind, berichten über das Wetter und darüber, was sonst so an Bord passiert.

Natürlich ist auf Santa Cruz der Besuch der Darwin-Station als „Pflichtveranstaltung“ angesagt. Dort sehen wir die Riesenschildkröten, die dieser Inselgruppe den Namen gaben. Es ist der Wahnsinn, wie stark die bis zu 150 Kilogramm schweren Tiere sind. Ich habe mich für ein Foto auf eine gesetzt (man möge mir das verzeihen) und sie steht wirklich mit meinen 85 Kilo auf dem Rücken auf. Auch ein Walskelett und Landleguane sind noch zu bestaunen. Es ist gnadenlos heiß (35 Grad). Kein Wölkchen. Kein Lüftchen. Wir haben uns die Lippen total verbrannt.

Das nächste Ziel ist die Insel Fatu-Hiva in den Marquesas, Französisch Polynesien – endlich in der Südsee. Rund 3.100 Seemeilen liegen vor uns. Also vier Wochen keine Nacht durchschlafen und eine schaukelige Aktion beim Kochen und Essen. Wir haben auf dem Tisch rutschfeste

Gummiunterlagen, damit die Teller bei einer Welle nicht davon schießen. Hoffentlich sind wir bald aus der windschwachen Äquatorzone heraus, um auf den Südostpassat zu kommen. Dazu halte ich unseren Kurs am Anfang etwas südlicher. Die ersten zwei Tage lassen wir uns in den Flauten durchschaukeln, denn bei einer Seereise von vier Wochen müssen wir natürlich auch mit unserem Diesel haushalten. Theoretisch könnten wir mit den 350 Litern Diesel, die im Tank und in acht Kanistern an Bord sind, etwa 600 Seemeilen zurücklegen. Im Normalfall läuft die Maschine jeden Tag eine halbe Stunde, um den Kompressor-Kühlschrank zu betreiben und die Batterien zu laden. Falls keine Sonne unsere Solarzelle anlacht, lasse ich den Motor eine Stunde laufen. Die Hauptverbraucher sind die Dreifarbenlaterne im Masttopp, das Kurzwellen-Funkgerät, der Laptop, das Radio und natürlich das Licht im Schiff an den langen Abenden. Nach der kurzen Dämmerungsphase ist es 12 Stunden dunkel bis die Sonne wieder aufgeht. In den Nächten wechseln wir uns aller zwei Stunden mit der Wache ab und tagsüber handhaben wir das flexibel. Für Segelmanöver weckt mich Sabine oder umgekehrt. Es ist zwar mit weniger Schiffsverkehr im weiten Pazifik zu rechnen, aber wir sind nicht allein unterwegs. Gottvertrauen allein, dass kein „Großer" kommt, reicht nicht aus. Man sollte schon aller 15 bis 20 Minuten einen Rundblick machen. Bei schlechter Sicht oder Regen natürlich in kürzeren Abständen und das Radar angeschaltet haben.

Eines Mitternachts kommt uns ein großer Tanker so nahe, dass ich im letzten Moment als Segler den Kurs ändern muss. Meine fünf Anrufe über Funk verhallten ungehört und unbeantwortet. Ich war mir nicht sicher, ob dort jemand Ausschau hält. Entsprechend der Internationalen Kollisionsverhütungsregeln ist ein Schiff unter Segeln Kurshalter und ein Motorschiff muss ausweichen, unabhängig von seiner Größe. Es ist natürlich der Gesundheit und sicher auch der Lebenserwartung zuträglicher, wenn man nicht immer auf seiner „Vorfahrt" besteht. Schließlich haben wir noch viel vor.

Am dritten Tag nimmt unsere Fahrt langsam zu. Einmal durch den Süd-Äquatorialstrom und dann durch den beständigeren Süd-Ost-Wind, so dass wir 126 Seemeilen als Etmal schaffen. Der vierte Tag bringt uns sogar 145 Seemeilen voran und wir haben den Süd-Ost-Passat erreicht.

Eines Abends tauchen ganz dicht am Boot zu beiden Seiten vier Pilotwale von etwa sechs bis sieben Meter Länge auf. Zweimal werden wir von einem Wal gerammt. Das ganze Boot erzittert. Es ist stockfinster, der Mond ist noch nicht aufgegangen, sonst hätte ich das blasse Gesicht von Sabine gesehen. Bei einem 13 Meter Pottwal wäre ich unter Garantie auch blass geworden, denn das kann schon richtig gefährlich werden. Ich untersuche sofort die Windfahnensteuerung und teste die Ruderanlage, denn auch so ein „kleiner" Wal kann das Ruder zerstören. Und dann ist fern der Heimat guter Rat teuer. Es ist niemand da, der uns in so einer Situation so schnell helfen könnte. Während unserer Atlantiküberquerung hat ein französischer Einhandsegler sein Ruder verloren. Glücklicherweise konnte er nach dem May-Day-Notruf auf eine ARC-Yacht übersteigen und vorher einen Teil seines Proviants noch umladen. Dann musste er schweren Herzens sein Schiff versenken, damit die treibende Yacht nicht zur Gefahr für die Schifffahrt wird.

Der achte Tag bringt etwas Leben in den Bordalltag. Bei einer schwarzen Regenwolke, die natürlich auch eine Böenwalze mitbringt, zerknallt unser Großsegel. Am Abend hat sich der Wind und der Seegang etwas beruhigt und ich wechsle angeleint mit meinem Lifebelt das Großsegel. Ich habe planmäßig ein Großsegel und ein Vorsegel als Ersatz mit an Bord.

Sabine schreibt in ihrem Tagebuch:

Bedrückte Stimmung an Bord! Eben ist uns bei einem komplizierten Manöver das Großsegel zweimal mitten durch gerissen. Kaum hatten wir, den Blister gesetzt, zeigte sich über uns die erste dunkle Regenwolke und mit ihr kamen kräftige Böen. Gerhard steuerte mit der Hand, wir fuhren schnell mit siebenKnoten. Ich ging runter, um Teig für Brot anzusetzen und war damit noch nicht ganz fertig, da meinte Gerhard, der Blister müsse wieder runter, weil eine dunkle Wolkenwand nach der anderen kam und starke Böen mitbrachte. Ich ging also hinter das Steuer, um das Boot vor dem Wind zu halten. Das Ruder in der linken und die Spinnakerschot zum Fieren in der rechten riss eine Bö mir die Schot aus der Hand, das Boot fiel extrem ab und machte eine Halse. Gerhard stand vorne und das riesige Segel wickelte ihn von oben bis unten ein.. Ich versuchte jetzt angestrengt, das Boot vor dem Wind zu halten und Gerhard konnte sich mühsam auswickeln und sogar den Blister wieder entfitzen. Beim Setzen der Genua war der Wind immer noch so böig, es gab zwei Halsen und das Großsegel riss mitten entzwei.

Das war ein Tag. Ich bin schweißgebadet. Vorm Niedergang im Salon liegt das alte zerfetzte Segel. Eine Stunde harte Arbeit bei Windstärke sechs und viel Seegang liegt hinter uns. Das Runterholen des alten Segels ging sehr schnell, wir ließen es dann einfach in den Niedergang rauschen. Aber bei dem Wind das neue Großsegel hoch zu ziehen, das war schwierig. Wir gurteten uns beide an. Mir war ganz schlecht bei dem Gedanken, einer von uns könnte hier über Bord gehen. Ich durfte gar nicht auf die See schauen, damit mir nicht schwindlig wurde, musste mich voll und ganz auf das Segel konzentrieren. Zu guter Letzt hatten wir auch noch vergessen, die Angel rein zu holen bei all den Manövern und sie verfitzte sich natürlich – wir mussten sie kappen.

Voller Erschütterung hören wir im Funknetz und auf der Deutschen Welle vom Amoklauf eines 19-jährigen Schülers in Erfurt, der 17 Menschen den Tod bringt, bevor er sich selbst erschießt. Wir sind sprachlos und denken an die Familien der Opfer, die Schüler des Gymnasiums und auch an die Familie des Amokläufers.

Nach 12 Tagen ist Bergfest und damit sind über 1.500 Seemeilen geschafft. Ab jetzt nimmt der Wind ständig ab bis auf zwei bis drei Windstärken und wir dümpeln mit etwa drei Knoten über den Pazifik. In dieser Zeit hilft uns glücklicherweise noch der Süd-Äquatorial-Strom, aber die gefürchteten Entenmuscheln siedeln sich in dieser Flaute am Rumpf an. So ist es nun endgültig vorbei mit einer geplanten zügigen Überfahrt von 24 Tagen. Eine Woche haben wir mit dem Schwachwind zu „kämpfen". Bei so wenig Wind kann der Windpilot das Schiff nicht mehr steuern und ich schalte den elektrischen Autopiloten an. Der gibt am vierten Tag den Geist auf. Über Funk hören wir vom Schweizer Schiff JAMOA mit Sina und Max, dass ihr elektrischer „Rudergänger" auch kaputt ist. Leider haben sie keinen Windpiloten an Bord und so müssen sie abwechselnd am Ruder stehen. Sie haben noch über 2.500 Seemeilen bis zum Ziel. Das ist einer meiner Alpträume. Nachts müssen sie die Segel wegnehmen, beidrehen, um etwas zu schlafen.

Wir setzen den Blister, holen ihn wieder rein, damit er bei Windstille nicht ins Wasser fällt und lassen auch mal drei Stunden den Motor laufen. Wir versuchen Schmetterlingssegeln, aber das Schiff rollt so stark in der Dünung, dass uns das Knallen der Segel richtig weh tut. Selbst der Nord-Ost-Wind von 15 bis 20 Knoten, der uns ab dem 24. Tag wieder erfreut, bringt uns kaum über 100 Seemeilen pro Tag voran. Die Entenmuscheln, zu Tausenden am Rumpf, bremsen die SUMMERTIME – ungefähr so wie beim Autofahren mit angezogener Handbremse.

Die Yacht AIDA hat uns schon lange überholt und erreicht nach 19 Tagen Überfahrt Fatu-Hiva. Sie sind noch vor der Flaute in den Marquesas angekommen. So unterschiedlich kann das Segeln sein. Zum Glück ist aber die Verpflegung durch die Schleppangel gesichert. Es gibt nicht nur Reis und Spaghettis, sondern viel Thunfisch und Goldmakrelen in allen Variationen fangfrisch und nicht aus der Büchse. Unser größter Thun misst 70 Zentimeter. Wir können gar nicht so viel essen.

Aus Sabines Tagebuch:

4. Mai 2002 18. Tag auf See, unterwegs zu den Marquesas

Gestern erreichten wir wieder ein „Rekordetmal"! Diesmal das Niedrigste der bisherigen Reise: 96 Seemeilen. Seit 16.00 Uhr hatten wir keinen Wind mehr, nur ein bisschen Strömung, fuhren gerade mal drei Knoten, manchmal weniger.

Die Segel schlagen greulich in der Dünung. Das Großsegel knallt wie eine Peitsche. Alles im Schiff macht bei diesen Bewegungen Krach. Ich konnte heute Nacht deswegen nur ganz wenig schlafen.

Im Moment motoren wir und hoffen, ein bisschen voran zu kommen. Aber auch unter Maschine laufen wir kaum fünf Knoten. Die Vermutung verdichtet sich, dass unser Unterschiff voller Entenmuscheln ist und wir deswegen einfach nicht vorwärts kommen. Nun werden wir wahrscheinlich 26 Tage oder mehr für diese Überfahrt brauchen. Die „Aida" kommt morgen Mittag an!

Der tägliche Funkkontakt mit anderen Seglern tröstet uns etwas. Keiner ist in der Flaute schneller. Es kochen alle nur mit Wasser. Wir hören auch von der Strandung der holländischen Yacht ANTARES auf dem unbewohnten Atoll Temoe südlich der Gambier-Inseln in den Tuamotus. Die Drei-Mann-Crew wurde glücklicherweise von der Küstenwache gerettet. An Bord soll der Windpilot als einziger wach gewesen sein, als der Wind drehte und der Windpilot den Kurs mit der Winddrehung änderte bis es einen großen Crash gab. Das war dann das Korallenriff und die Wellen „zerlegen" ein Boot in kurzer Zeit. Die Tuamotus sind nicht umsonst als der Schiffsfriedhof im Pazifik berüchtigt.

Auf alle Fälle lässt es sich nicht verhindern, dass wir unserem Ziel langsam aber ständig näher kommen. Nach 27 Tagen ertönt mein Ruf: „Land in Sicht", denn die Vulkankegel von Vatu-Hiva sind über 1.000 Meter hoch und wir können sie auf 42 Seemeilen in den Wolken schwach erkennen. Leider schaffen wir diese Distanz nicht mehr, um bei Tageslicht anzukommen und so reduzieren wir unsere Fahrt auf zwei Knoten. Den unbefeuerten nur elf Fuß hohen Thomasset-Rock 15 Seemeilen vor Fatu-Hiva lassen wir an backbord liegen. Am Nordkap, dem Punta-Tevaii, holen wir noch im Dunklen die Segel ein und motoren bis in die Bahia Hanavave (Jungfrauenbucht). Die steilen grünen Berge sind beim Sonnenaufgang eine einmalige Kulisse. Wir sind in der Südsee – Landfall of Paradise!

Hier fällt nach 28 Tagen Überfahrt und 3.083 Seemeilen das „Eisen" – geschafft! Das war die längste Non-Stop-Strecke unserer Weltumsegelung. Wir springen in das warme Wasser und sehen Tausende von Entenmuscheln am Rumpf der SUMMERTIME. Aber erst wird in aller Ruhe gefrühstückt mit gefiltertem Kaffee. Ineke und Rood von der XENIA bringen uns ein warmes Willkommensweißbrot frisch aus dem Steinofen. Herrlich nach vier Wochen auf See. Dann rein in das Dingi zum Landgang. Meine Oberschenkel sind deutlich dünner geworden nach so einer langen Zeit an Bord. Auf dem ansteigenden Weg spüre ich ganz deutlich den Konditionsverlust. Das satte Grün der üppigen Vegetation ist einfach traumhaft und nach all dem Blau vier Wochen lang sind diese vielen

Nuancen von Grün, die hohen Berge und die polynesischen Einwohner ein Labsal für Auge und Seele.

Die freundlichen Polynesier mit den bemalten Auslegerkanus, jetzt natürlich fast alle mit Motor, die gepflegten grünen Gärten mit Rasen, Hibiskushecken, Pampelmusenbäumen und Bananenpflanzen – ist es wirklich das Paradies?? Die Kinder besuchen die Schule am Hafen und hier steht auch gleich die Kirche. Wir werden auf Französisch angesprochen und kramen unsere mageren Sprachkenntnisse wieder heraus. Es sind drei wunderschöne Tage auf Fatu-Hiva. Tauschen ist angesagt – Früchte gegen T-Shirts. Eine neue Hose, die mir nicht mehr passt, weil ich abgenommen habe, gegen eine schöne Schnitzerei. Das Geld hat nur zweitrangigen Wert auf einer Insel mit drei Dörfern auf der es nur einen kleinen Laden gibt, in dem man nicht viel kaufen kann. Der einzige Laden bietet nur ein paar Grundnahrungsmittel. Wir wandern durch den dichten Regenwald zu einem 50 Meter hohen Wasserfall und schwimmen in dem wunderbar klaren und kalten Süßwasser, das sich in einem großen Becken sammelt hat. Herrlich!!

Die Entenmuscheln sind über Nacht zum Glück wie durch ein Wunder fast alle von selber abgefallen. Und ich habe schon gegrübelt, wie ich das Schiff wieder sauber bekomme.

Eine Tagesetappe von 47 Seemeilen bringt uns nach Tahuata. Große Aufregung! Ein ganz großer Fisch ist an der Schleppangel. Ich ziehe mir die Lederhandschuhe an, um die Leine einzuholen. Der große Fisch hält ganz schön gegen. Nach 20 Minuten habe ich einen Barrakuda von 1,45 Meter an Bord, aber leider nur um den Angelhaken zu entfernen und ihn wieder ins Meer zu befördern. Der Barrakuda jagt die kleinen Rifffische und die sind häufig giftig, weil sie sich von den Korallen ernähren. Das Gift der kleinen Fische lagert sich im Fleisch der großen Raubfische ab. Wir haben keine Lust auf eine Ciguatera-Vergiftung, denn ärztliche Hilfe ist weit. Schade, kein Fisch zum Abendessen!

In einer idyllischen Bucht mit gelbem Sandstrand und Palmenhain ankern wir. Allerdings zeigt sich beim Landgang, dass mit den klitzekleinen Nono-Fliegen nicht zu Spaßen ist und Sabine ist abends voller Stiche und Beulen. Hier feiern wir unseren 28. Hochzeitstag mit selbstgebackener Pizza und chilenischem Rotwein, den wir extra für diesen Anlass aufgehoben haben. 20 Uhr ist rings um uns stockfinstere Nacht, auf keinem der sieben anderen Segelschiffe brennt noch Licht.

Pfingsten 2002 in Hiva-Oa. Wir liegen vor Bug- und Heckanker in dieser kleinen Bucht und wandern zum Friedhof in Atuona auf dem der bekannteste Bewohner von Hiva-Oa, der Maler Paul Gauguin, begraben ist. Er hat hier die letzten Jahre seines Lebens verbracht. Außer Atem und bei 32 Grad im Schatten steigen wir bergan. Die herrlichen Ausblicke über die Insel und die Buchten lohnen die Anstrengungen.

Pfingstmontag brechen wir auf in Richtung Tuamotu-Archipel, das bekannt wurde durch die sehr umstrittenen französischen Atombombentests auf dem Mururoa-Atoll. Es ist eine ruhige Überfahrt. Ein großer Hai „klaut" mir am zweiten Tag den Thunfisch samt Haken und Leine. Es gibt wieder Spaghettis. Tagsüber kämpfen wir mit den kleinen Rüsselkäfern. Im Mehl zum Brotbacken, im Reis, im Knäckebrot, in den Spaghettis; überall finden wir in den original verpackten Tüten dieses Ungeziefer. Man bekommt sie sozusagen gratis im Supermarkt mit und kann im Prinzip nichts dagegen machen. Also müssen wir eben das Mehl durchsieben.

Nach 486 Seemeilen – Zwischenstopp im Takaroa-Atoll. Das ist ein Atoll, was fast genau auf unserem Kurs liegt. Das Ein – und Ausfahren in und aus dieser Lagune ist sehr knifflig und beschert mir Herzklopfen kostenlos. Durch die Gezeiten entstehen extreme Strömungen und das Passieren der schmalen Einfahrt von einem Kilometer Länge ist nur bei Stillwasser möglich. Das ist der Moment, wenn der Strom kentert und der Wechsel von Ebbe und Flut ist (hier etwa aller sechs Stunden). Alles ist voller Korallenriffe und diese sind steinhart. Sabine steht am Bugkorb und beobachtet den Untergrund. Plötzlich reist ein Strudel das Schiff herum und die SUMMERTIME schießt genau auf das Riff zu. Dabei habe ich schon den Strudel gesehen, aber es gibt kein Zurück. Also Vollgas und gegensteuern – das Schiff macht, was es will. Wir haben keine Lust, in späteren Seekarten als Wrack an einem Korallenriff aufzutauchen. Jedes Jahr stranden Yachten in den Tuamotus an diesen tückischen Korallenriffen.

Der Vollständigkeit halber muss ich natürlich noch sagen, dass es auch Atolle mit ungefährlicheren breiten Einfahrten gibt. Man muss sich im Prinzip einen Korallenring vorstellen, teilweise viele Kilometer im Durchmesser, der eine oder mehrere Einfahrten (Passagen) hat. Am Außenriff tobt die Brandung und innerhalb des Atolls liegt das Schiff ruhig wie in Abrahams Schoß.

Als einzige Yacht vor Anker liegen wir zwischen Korallen und Perlenkörben. Hier werden schwarze Perlen gezüchtet. Viele Mormonen leben hier und es gibt eine über 100 Jahre alte Mormonenkirche. Das ist sicher auch der Grund, weshalb auf dem Atoll keine barbusigen Schönheiten mehr unterwegs sind. Schade eigentlich!

Aus Sabines Tagebuch:

Sonntag, 26. Mai 2002 in den Tuamotus, Takaroa-Atoll

Takaroa empfing uns gestern mit dem typisch polynesischen Geruch nach morgendlichem Holzfeuer. Das Atoll erhebt sich nur ganz flach aus dem Wasser und ist nur als Land zu erkennen, weil es mit Palmen bewachsen ist. Wir liegen hier inmitten von Korallenriffen und Muschelzuchten. Wenn starker Wind aufkommt oder unser Anker auf dem harten Korallenboden nicht hält, könnte das hier für uns zur Mausefalle werden.

Gestern beim ersten Landgang erstanden wir im hiesigen „Supermarkt" (jedes kleine Lädchen heißt hier Supermarkt) erst einmal all die leckeren Sachen, auf die wir so lange verzichten mussten: ofenwarmes Baguette, frische Eier aus Tahiti, gefrorenes Hühnerfleisch und richtige Butter für insgesamt 14 Dollar. Das gab ein Festessen!

Der kleine Ort mit seinen zwei schmucken Kirchen gefällt uns sehr gut. Viele moderne neue Hütten – von der französischen Regierung finanziert, Solarzellen und Generatoren zur Stromgewinnung, große Parabolspiegel für das Fernsehen, Mopeds, Motorräder (wo wollen die hier bloß hinfahren?) und Jeeps, an jedem Haus eine große Zisterne für Regenwasser – kurz: alles, was der Mensch braucht. Abends brennen rund um das Atoll elektrische Lampen in den Hütten und erwecken einen friedvollen Eindruck.

Hurra, wir segeln wieder!!! Die Erleichterung steht uns ins Gesicht geschrieben. Erst das schwierige Ankermanöver – Gerhard musste ins Wasser, um die Ankerkette von einer Boje loszumachen und es blieb uns nichts anderes übrig als mehrere Male vor und rückwärts zu fahren, um den Anker freizubekommen – dann diese schmale gefährliche Ausfahrt mit der unheimlichen Strömung. Plötzlich – an der engsten Stelle – riss die Strömung unser Schiff herum und es zeigte mit der Nase genau auf das Riff. Ich schrie nur auf vor Schreck und sah uns schon stranden. Aber Gerhard hatte wohlweislich schon Vollgas gegeben und kriegte das Schiff noch rechtzeitig auf den richtigen Kurs – „Skipper sei Dank!“ Auch Gerhard stöhnt jetzt noch vor Aufregung. Ein Atoll genügt!

Bis Papeete auf Tahiti sind es 320 Seemeilen. Das ist die einzige richtig große Stadt in Polynesien sein. Nun sind wir also in der legendären Südsee am anderen Ende der Welt und können es selbst kaum fassen. Zu Hause ist es 11 Stunden später und die Tage sind schon richtig lang. Wir liegen in Maeva-Beach, einem schönen Ankerplatz vor Papeete und genießen das Südseeflair. Kurz nach der Ankunft geht es mit dem öffentlichen Bus in die Stadt – ein sehr originelles, wenn auch etwas gewöhnungsbedürftiges „Gefährt“. Man stelle sich einen überlangen LKW mit Pritsche vor, auf dem drei Reihen Holzbänke sind – darüber ein Dach.

Hier ist der Port of Entry für Französisch Polynesien. Früher mussten alle Segler zuerst einen Pfand (Bond) hinterlegen, damit keiner mittellos hier „hängen“ bleibt. Nun brauchen wir als EU-Bürger keinen Bond in Höhe des Preises eines Heimflugtickets hinterlegen und können ohne Visum drei Monate bleiben. Bei den Australiern und Amerikanern gilt diese Bondregelung noch. Ich bekomme vom Zollbeamten noch einen Dieselgutschein, mit dem ich hier Diesel für den halben Preis als Yacht im Transit kaufen kann.

Das ist die erste schöne, saubere und ordentliche Stadt (ein typisch deutscher Anspruch!), die wir seit langem gesehen haben. Es ist wunderschön hier, das angenehme Klima und die wirklich schönen Menschen tun das ihre dazu. Fast jeder zweite Polynesier egal ob Frau oder Mann trägt eine Blüte hinterm Ohr, das sieht bezaubernd aus und spiegelt etwas von dem hiesigen Lebensgefühl der Leute wieder. Viele Männer, aber auch Frauen, sind tätowiert. Das passt hierher und sieht interessant aus. Gestern sah ich einen jungen Mann, dessen ganzes Gesicht tätowiert war. Es scheint, als würden hier sehr viele Franzosen leben und arbeiten. Sonst sieht man wenig Touristen, es sei denn, eines von den Traumschiffen hat gerade für ein paar Stunden festgemacht.

Natürlich gehört auch ein Besuch des Gauguin Museums in Papeari mit der Crew der AIDA zum Pflichtprogramm.

Über Papeete schreibt Roland in unser Gästebuch:

Papeete auf Tahiti: Hallo Gerhard und Sabine, Glückwunsch und natürlich ein „Glück Auf" für die bisherigen und die noch vor Euch liegenden Etappen Eurer Weltumrundung. Schön zu lesen, dass Papeete in knapp 15 Jahren (siehe Schilderung des Zustands 1987) wieder so wunderschön urtümlich geworden ist.

„17.10.1987: Kommt man der Hauptstadt Papeete näher, schwindet der Zauber. Motorboote tuckern, Autofähren stampfen, Flugzeuge brummen. Die türkisfarbene Lagune, in der früher goldglänzende Fische schwammen, ist verödet. Zu viele Fischer. Zu viele Touristen. Zu viele Unterwasserjäger. Zu viele Häuser und zu viele Straßen. Die Utopie geht unter im Fauchen von Düsenturbinen, in Ölschlieren und im Geknatter von Außenbordmotoren. Außenborder haben die gemächlichen und eleganten Auslegerpirogen ersetzt, die von braunhäutigen Athleten gerudert wurden und in denen Frauen mit blau-schwarzem Haar mit einer Tiarablüte saßen. Von diesem Zauber ist nur noch der Duft der Jasminbäume und der Nachthyazinthen geblieben, der mit dem Winde heranweht. In Papeete verliert sich das Bild eines Gartens Eden im Rauch der Schornsteine, in den Auslagen der Souvenirläden und in den Gossen, die überquellen von Bierdosen und Plastikflaschen. Selbst die Parks mit ihrer üppigen Vegetation sind von der Zivilisation geschädigt. Alles ist verdorben. Wie ein kaputtes Spielzeug. In Tahiti ist nicht der Mensch aus dem Paradies auf Erden vertrieben worden, sondern er selber hat das Paradies ausgetrieben."

Gerhard, gib uns ein Zeichen, wenn die schwarzhaarigen Schönen doch noch da sind.

Sabine, bitte behalte die einmaligen Eindrücke bis zu Eurer Rückkehr und erzähle uns davon. Viel summertime auf der SUMMERTIME wünscht Roland.

Auf Tahiti ist nach 14.000 Seemeilen seit dem Start in Tunesien vor 15 Monaten das Bergfest unserer Weltumsegelung. Mit dem Jahr davor im Mittelmeer haben wir mit der SUMMERTIME inzwischen über 20.000 Seemeilen zurückgelegt.

Bei der Ausfahrt aus der Lagune durch den Passa-de-Taapuna gibt es erneut Herzklopfen kostenlos. An beiden Seiten schäumt und sprudelt das Wasser wie toll an den Korallenriffen und dazwischen nimmt uns dann der auslaufende Strom mit fünf Knoten mit. Eine kurze Überfahrt und wir erreichen in Moorea die Cook-Bay. Diese eindrucksvolle Kulisse verkraftet die Videokamera nicht – sie gibt endgültig ihren Geist auf. Extrem hohe Luftfeuchtigkeit führt zu einer kompletten Selbstabschaltung der modernen Technik – die nächste Reparaturmöglichkeit wird wohl Cairns in Australien sein. Die gewaltige Cook Bay mit den hohen grünen Bergen wird auch gern von Kreuzfahrtschiffen als Ankerplatz angelaufen. Nach einer Nacht in der Cook Bay heißt es mittags „Anker auf" – Richtung Raiatea. Wir segeln über Nacht, da der Passe-Teavapiti an der Ostseite des Raiatea-Atolls, als Einfahrt nur bei Tageslicht benutzt werden kann. Leider ist es innerhalb der Lagune sehr tief, so dass wir verzweifelt einen Ankerplatz suchen und am Ende neben der Shell-Tankstelle am neu gebauten öffentlichen Stadtpier festmachen. Es steht zwar in Französisch und Polynesisch angeschrieben, dass man nicht über Nacht bleiben darf, aber bei unseren „mangelhaften" Sprachkenntnissen haben wir das einfach ignoriert und es ist auch nichts passiert.

Aus Sabines Tagebuch:

Wir sind in Tahiti. Die Südsee ist einfach wunderschön!

7. Juni 2002 Raiatea-Atoll

Ein Nachttörn von Moorea bis hierher, wo wir nach einigem Suchen sogar am öffentlichen Steg fest machen konnten. Gleich waren wir mitten im

Leben. Es ist Freitagabend und die Einheimischen machen Wochenende. Das bedeutet: sie kommen mit ihren Imbisswagen zum Hafen, stellen Plastiktische und -stühle auf und fertig ist die „Kneipe". Dann wird Fleisch auf dem Grill gebrutzelt und andere leckere Speisen angeboten – echtes Lokalkolorit! Die Stimmung ist entspannt und freundlich. Touristen willkommen.

Als Ausfahrt wähle ich den Westpass, um die Distanz nach Bora-Bora abzukürzen. Dabei hilft die moderne Technik, bei der unser Laptop mit dem GPS-Gerät verbunden ist und absolut exakt unsere Position anzeigt. Als zusätzliche Navigationshilfe ist das alles in Ordnung, aber wehe dem Seefahrer, der sich allein auf elektronische Seekarten verlässt. Das kann leicht ins Auge gehen und er steht dann als gestrandet in der „Bildzeitung", übrigens die einzige deutsche Zeitung in Papeete.

Ein frischer Nord-Ost-Wind bringt uns gut voran. Vor dem Yachtclub von Bora-Bora machen wir an einer Boje fest. Im vergangenen Jahr noch gratis und jetzt, nachdem Peter aus Österreich den Club als Manager übernommen hat, 10 Dollar pro Nacht. Nun sind wir also auch noch im viel gepriesenen Bora-Bora. Französisch Polynesien entspricht genau dem, was man sich so unter der Südsee vorstellt. Natürlich hat auch hier das 3. Jahrtausend Einzug gehalten, wir haben nichts anderes erwartet. Hier läuft die Zeit zwar langsamer, aber sie bleibt schließlich nicht stehen. Schade, dass man bei der Suche nach dem Touristengeschäft vergessen hat, sich um die Abwässer der Hotels zu kümmern. Die laufen alle munter in die Lagune und sorgen so für naturtrübes Wasser.

Nach neun stürmischen Tagen und 1.084 Seemeilen auf See liegen wir in der Alofi-Bay ruhig an einer Boje des Niue-Yachtclubs für zweieinhalb Dollar pro Tag (Trinkwasser und Duschen sind inklusive). Das Wasser ist 20 Meter tief und es klingt unglaublich, aber ich kann den Grund sehen. Niue ist der größte zusammenhängende Korallenblock und gleichzeitig der kleinste Staat der Erde. Die Insel hat rund 2.000 Einwohner (10.000 leben im Ausland, hauptsächlich in Neuseeland) und ist nur 100 Quadratmeilen groß.

Hier braut sich 'was zusammen – Flaute im Pazifik

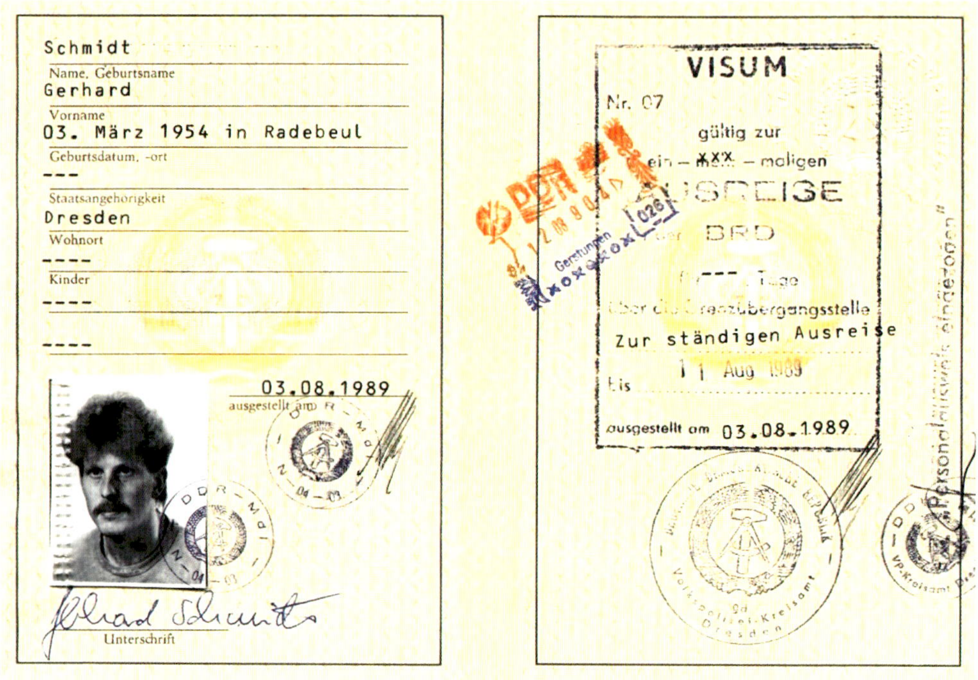
Schmidt
Name, Geburtsname
Gerhard
Vorname
03. März 1954 in Radebeul
Geburtsdatum, -ort

Staatsangehörigkeit
Dresden
Wohnort

Kinder

03.08.1989
ausgestellt am
Unterschrift

VISUM
Nr. 07
gültig zur
ein – xxx – maligen
AUSREISE
BRD
Zur ständigen Ausreise
bis 11 Aug 1989
ausgestellt am 03.08.1989

Identitätsbescheinigung zur Übersiedlung in die BRD

JAN DADDL – ein Hai 590 auf der Müritz

Start der Atlantic Rally for Cruiser mit 225 Yachten in Las Palmas 2001

Sundowner nach 1000 Seemeilen auf dem Atlantik

Anglerglück – eine Goldmakrele

Vieles ist vor der Atlantiküberquerung zu verstauen.

Leichtes „Unwohlsein" auf den ersten Seemeilen

Nachts im Ölzeug und mit Lefebelt auf dem Atlantik

Angekommen in der Karibik!

Farbenpracht auf Grenada

Lobster – fangfrisch!

„The Aruba Dancing an Singing Girls"

Achtung, Pelikan im Anflug!

Ankerplatz in San Blas

Sandy Island in den Grenadinen

Holandos Cays im San-Blas-Archipel in Panama …

… bei den Kuna-Indianern

Windpilot – unser „einserne“ Rudergänger im stürmischen Golf von Panama

Gatunlocks – Gewaltige Schleusentore im Panamakanal

Äquatorüberquerung bei der Überfahrt von Panama zu den Galapagos Inseln

Seelöwen in San Christobal

Unglaublich starke Galapagosschildkröten

Fototermin mit Meerechse …

Nur auf Galápagos gibt es diese urwüchsigen Meerechsen

Non Stopp 3.100 Seemeilen in 28 Tagen von Galápagos nach Französisch Polynesien

Alofi-Bay in Niue

Paradiesischer Ankerplatz vor Niue

Kava – Zeremonie bei Lofi auf Tonga

Sie hatten Angst vor dem „Weißen Mann"!

Fischfang im Takaroa, Tuamotus

Kannibalen – heute nur noch für Touristen, aber ihre Großväter …

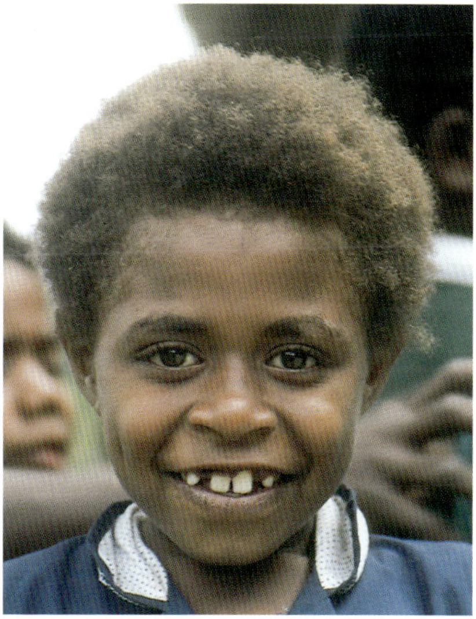

Bunte Inselwelt Vanuatu

Aborigines mit Fischspeer am Strand von Gove

Australien …

… Outback und Wildlife

Indonesische Holzhäuser auf Awang

Not macht erfinderisch

Der schwarze Strand
in Ende auf Flores mit Moschee

Sabine wartet auf die Ebbe

Komodo Waran hautnah im Nationalpark

Indonesische Fischer

Kurz nach dem Bombenanschlag in Bali, Kuta Beach

Mit dem Wildhüter Noe im Tanjung Puting Nationalpark auf Borneo

Einfache Behausungen im Dschungel von Borneo

Weihnachten in Phuket, Thailand

Tanz und Blumen im Tempel des Heiligen Zahnes, Kandy – Sri Lanka

Elefanten-Orphanage
in Sri Lanka

Ihavandifullu – das nördlichste Atoll der Malediven

Piratengefahr!
Im Konvoi durch den Golf von Aden in das Rote Meer

Eindrucksvolle Kulisse in Marsa Dudo, Eritrea

Suakin – Alte Sklavenhändlerstadt im Sudan

Runter vom Schiff und rauf auf das Kamel – Abwechslung für Seglerkinder

Landgang

Siteia auf Kreta – Vollendung der Weltumsegelung

September 2000 mit Enkelin Emily

Slowenien – Ende der AUSZEIT

Aus Sabines Tagebuch:

15. Juni 2002 auf See in Richtung Königreich Tonga

Schon wieder sieben Tage auf See und wir haben noch immer 550 Seemeilen bis Tonga vor uns, aber nur 312 Seemeilen bis Niue.

Nachdem wir in Bora-Bora unsere Vorräte für die Überfahrt nach Tonga aufgestockt hatten, was wieder eine mühselige Schlepperei war (Gerhard musste sogar das Wasser für die Tanks in Kanistern mit dem Dingi zum Schiff bringen), legten wir in aller Ruhe nachmittags nach Niue ab. Die Strömung am Riffausgang war wieder mal erschreckend. Wir hatten gerade auslaufendes Wasser erwischt und die Strömung „saugte" uns mit sieben Knoten nach draußen. Da hieß es nur noch: Ruder fest in der Hand halten! Sogar Gerhard standen einige Schweißtropfen auf der Stirn. Draußen erwarteten uns starker Wind (25 – 30 Knoten) und entsprechender Seegang. Wir brauchten zwei Tage, ehe wir uns wieder an die Gegebenheiten auf hoher See gewöhnt hatten. In diesen Tagen schliefen wir abwechselnd oder saßen etwas benommen herum und warteten auf besseres Wetter. Selbstverständlich gingen wir wie gewohnt trotz der Widrigkeiten unsere Wache.

Gestern musste Gerhard bei diesem Seegang eine Dorade schlachten, die an die Angel gegangen war. Das war die Rettung vom Cornedbeef aus der Büchse, das einfach scheußlich schmeckt – man kann es nur in der allergrößten Not essen.

Wir beide sind gerade an einem Tiefpunkt unserer Weltreise angelangt. Diese vielen Tage auf See zehren an uns. Wir haben noch soviel vor und so kurze Landaufenthalte zur Verfügung, wenn wir unseren Zeitplan schaffen wollen. Nun spielen wir verschiedene Möglichkeiten durch, um ein wenig länger in der Südsee und dann in Australien bleiben zu können, aber es gibt keine wirkliche Alternative. Wir werden Tonga und Fidschi nur streifen, dafür aber auch Vanuatu besuchen. Südafrika und Brasilien müssen warten bis zur nächsten Weltumseglung.

Eigentlich hatten wir uns vorgenommen, gleich noch die 280 sm bis Tonga weiterzusegeln, um dort mehr Zeit für den Landaufenthalt zu haben. Aber die steten stürmischen Winde machten uns einen Strich durch die Rechnung. Die Genua riss immer mehr ein, bis sie nicht mehr zu benutzen war.

An ein Auswechseln auf See war bei dem Wind und hohen Seegang gar nicht zu denken. Zum Glück haben wir Ersatz mit und werden sie jetzt hier in Niue auswechseln. Die letzten beiden Tage segelten wir also nur noch mit dem gerefften Großsegel und erreichten bei ständigen sechs bis sieben Windstärken dennoch eine Fahrt von fünf bis sechs Knoten. Dabei war es unter und auch auf Deck recht ungemütlich.

Wir werden ausgesprochen freundlich aufgenommen und jeder grüßt uns, als ob wir hier schon Jahre da wären. Das Dingi wird mit einem elektrischen Kran auf die Mole gehievt und liegt dort unangeschlossen und trotzdem sicher. Es gibt keine Kriminalität. Ein Dieb käme von der Insel überhaupt nicht weg. Beim Schnorcheln am Schiff sehe ich ganz deutlich die Korallen, die farbenprächtigen Fische und unter uns zwei ungefährliche Weißspitzhaie von 1,20 Meter Länge. Staunend beobachte ich auch die giftigen gelb schwarzen Seeschlangen, die aller sieben Minuten zum Luftholen auftauchen müssen, aber nicht aggressiv sind und Reißaus nehmen, wenn man ihnen zu nahe kommt.

Am zweiten Tag in Niue steht der Segelwechsel auf dem Programm. Ich muss dazu in den Mast, das Fall hat sich verklemmt. Das geht nicht ohne Hilfe. Prompt kommt Lutz von der FINETIME, ein Einhandsegler aus Berlin, zu uns rübergepaddelt, um zu fragen, ob er irgendwie helfen kann. Und ob … Er kurbelt mich in den Mast und hilft beim Wechseln der Genua. Dafür ist er bei uns zum Fischessen herzlich eingeladen. Die Menge Fisch ist ohnehin für uns zuviel.

Danach geht es zu Mary, der Leiterin des Trans–Ocean-Stützpunktes, bei der wir die „neuesten“ Nachrichten bekommen und uns ein kleines Motorrad für morgen reservieren. Sabine hat Geburtstag und da lade ich sie zu einer Inselrundfahrt ein. Zuvor muss ich mir für einen Dollar bei der Polizei einen Führerschein für Niue ausstellen lassen. Es ist Linksverkehr und Sabine erinnert mich bei der Fahrt ständig an die richtige Fahrbahnseite. Da es rund um die Insel nur 69 Kilometer sind, ist das gut an einem Tag zu schaffen. Die Insel ist wunderschön. Ringsum üppig wucherndes Grün. Das ganze Jahr über Früchte. Bäume voller dicker saftiger Papayafrüchte, reife Bananenstauden, Brotfruchtbäume und vieles, was wir gar nicht kennen. Wir ernten reife Papayas. Die wären sonst runter gefallen und zu klebrigem Matsch geworden. Solche frisch vom Baum gepflückten Früchte werden wir in Deutschland so schnell nicht mehr bekommen und so genießen wir sie augenblicklich.

Während des Niedrigwassers können wir auf den nahe gelegenen Riffen entlanggehen und Seeschlangen aus nächster Nähe beobachten. Farbenprächtige lebende Korallen – wir sind fasziniert von dem Artenreichtum der Unterwasserwelt, die sich hier für uns eröffnet. Den Abend begehen wir mit einem Segler-Dinner im hiesigen Hotel. Da wenig Hotelgäste hier sind, richtet es jeden Freitag für Segler einen Dinnerabend aus. Sonderangebot: Fish and Chips oder Steak and Chips für fünf Dollar. Da treffen sich natürlich alle Segler und essen Steak, denn Fisch fängt ja jeder selbst zur Genüge. Wir sind eine internationale Runde: Australier (fast am Ende ihrer Weltumsegelung), Amerikaner, Franzosen, Deutsche und sogar ein Japaner. Die Segler tauschen immer Nachrichten über interessante Ankerplätze und Segelreviere aus und es dauert nicht lange, bis eine rege Unterhaltung in Gang kommt. Das Hotel sorgt sogar für den kostenlosen Transfer der Segler, denn es liegt mehr als 10 Kilometer vom Hafen entfernt und Segler haben nun mal kein Auto.

Zwei Tage, 250 Seemeilen, bis ins Königreich Tonga. Neuerdings eine kurze Distanz für uns. Wenig Wind, eine Nacht mit Dauerregen und wenig Sicht, also auch wenig Schlaf. Während dieser Überfahrt passieren wir die Datumsgrenze und streichen den 24.06.2002 aus dem Kalender. Nach unserer Zeitrechnung erreichen wir Tonga am Montag und plötzlich ist hier gleich Dienstag. Ein schwerer „Verlust" für uns, weil wir sowieso schon so wenig Zeit haben. Der Zeitunterschied zur Weltzeit, Greenwich Time, beträgt in Niue minus 11 Stunden und in Tonga plus 13 Stunden. Obwohl der 180. Längengrad erst in Fidschi erreicht ist, macht die Datumsgrenze hier einen Bogen und beginnt schon in Tonga. Und so ist Tongas Slogan: „Where time begins!"

Ein Angestellter des Landwirtschaftsministeriums kommt an Bord, fragt nach Früchten, die normalerweise hier kostenpflichtig konfisziert werden (strenge Quarantänebedingungen). Wir verneinen – die grünen Bananen von Niue und die restlichen Zwiebeln wurden vorsorglich versteckt – und er geht wieder. Noch am Clearance Pier werden wir von einem Tonganer nach Hause eingeladen „for a tongan meal“ und nehmen freudig an. Später stellt sich heraus, dass wir für alles bezahlen müssen und relativ viel Geld bei Lofi lassen. Wir haben natürlich nicht erwartet, dass wir alles kostenlos bekommen, aber er hat sofort seine festen Preise. Wir trösten uns damit, dass wir einfach von unserem „Reichtum“ abgeben, solange wir das noch können, denn Lofi ist wirklich arm, wir konnten das sehen. Er nimmt uns mit zu sich in die Hütte, seine Tochter hat bereits Essen für uns gebracht. Nach dem Tischgebet wird, auf dem Fußboden sitzend und ohne Tisch mit den Fingern gegessen. Es gibt Huhn, Schwein und Thunfisch mit Maniok. Wir können nur einen Teil davon essen und das ist gut so, denn den Rest bekommen die fünf Kinder, die die ganze Zeit kichernd und staunend um uns herumtoben. Sogar ein paar Brocken Englisch können sie mit uns reden, um sich dann vor Lachen darüber schier auszuschütten.

Lofi drängt uns geradezu, einmal Kava zu probieren. Kava ist die „Droge“ der Südsee. Kava soll anregend und gesund für den Körper sein, sicher nur, wenn es in Maßen getrunken wird. Lofi erzählt, dass er jeden Tag Kava mit seinen Freunden trinkt und er bringt auch gleich eine große Portion Kavapulver und die richtigen Gefäße mit. Früher durfte so eine Zeremonie nur von einem Häuptling ausgeführt werden, aber im 3. Jahrtausend wird das nicht mehr so streng gesehen und Lofi leitet diese Zeremonie. Dazu wird Kavapulver, das in einem Leinensäckchen ist, in der großen Kavaschale im kalten Wasser ausgedrückt und es entsteht eine schlammige trübe „Brühe“, die mehrmals umgerührt wird. Wir haben schon darüber gelesen, sind auf alles gefasst und bereit, es zu probieren. Leichte Bedenken, ob diese ganze Zubereitung gut von unserem Magen vertragen wird, haben wir schon, aber es gibt kein Zurück. Lofi spricht einige polynesisches Worte, klatscht dann in die Hände und trinkt die gefüllte Kokosnussschale in einem Zug leer. Danach schüttelt er sich und strahlt, als hätte er einen besonders guten Schnaps getrunken. Wir tun es ihm gleich. Auch nach der zweiten Schale merken wir keine Wirkung, hören aber dennoch auf. Lofi verkauft uns Kavapulver, wir können es einfach nicht verhindern. Er meint, dass man das unbedingt braucht. Wieder ein Souvenir. Wir sehen die älteren Frauen vor der Hütte Matten flechten und lernen eine Tochter von Lofi kennen, die sich angeregt und ständig kichernd mit uns in Englisch unterhält. Am nächsten Morgen hören wir, dass eines der Kinder in der Nacht schlecht geträumt hat, es hatte Angst vor den Palangi (Das sind die Weißen!). Hier haben die Kinder eben Angst vor dem weißen Mann.

Lofi erzählt uns auch, dass er noch eine Frau und Kinder auf einer anderen Insel hat. Am nächsten Tag kommt er zum Boot und bringt uns frisches warmes Brot und Trinknüsse als Geschenk, dafür sollen wir ihm aber einige Souvenirs abkaufen, was wir auch prompt machen. Kurze Zeit später (Wir kommen zu nichts!) klopft Feao bei uns an und will auch sein Geschäft machen. Er trompetet wundervoll auf einer Triton-Riesenmuschel. Das ist in der ganzen Bucht zu hören. Ich versuche, auch einen Ton rauszukriegen, aber dazu muss ich noch viel üben. Auch Feao hat mehrere Frauen und sieben Kinder und ist sehr stolz, dass sie alle die Schule besuchen. Die Einheimischen sind freundlich und aufgeschlossen und es kommt immer wieder zu netten Gesprächen. Feao hat sich gleich selbst für morgen früh zum Tee bei uns eingeladen und will auch seinen erwachsenen Sohn mitbringen, weil wir „nur“ zwei Töchter haben. Wir hoffen, er erwartet nicht, dass wir ihm noch mehr abkaufen, denn unser Budget ist erschöpft. Ansonsten freuen wir uns auf seinen Besuch.

Bei der Rundfahrt über die Insel ist es für uns erstaunlich, wie viele verschiedene Kirchen hier aktiv sind. Momentan bieten die Mormonen gratis Schulunterricht an, das heißt, alle schicken ihre Kinder zu den Mormonen. Und der Sonntag ist wirklich heilig, da ist sogar Baden untersagt und Fußballspielen. Die Lokale haben selbstverständlich geschlossen. Es ist beten, essen und schlafen angesagt.

Auf der Suche nach einem Internet werden wir freundlich, durch den ganzen Ort geschickt. Alle wollen uns irgendwie helfen und am Ende finden wir den einzigen Internetanschluss im Ort mit einem Minutenpreis von einem Dollar. Das ist das Schärfste, was ich bisher erlebt habe. Ich frage, ob er dafür besonders schnell ist. „Jaaa!!" Innerhalb von neun Minuten habe ich eine E-mail wegschicken können, unsere Tochter Susanne hat Geburtstag. Dann streikt der Computer und ich gebe auch auf.

Vier Tage auf See und 450 Seemeilen bis nach Suva in Fidschi. Die letzten beiden Tage auf der Überfahrt haben wir sehr schlechtes Wetter. Es stürmt und regnet, eine Kaltfront wechselt die andere ab.

In der Funkrunde erfahre ich vom Fußballfinale Deutschland gegen Brasilien. Ich tausche extra die Wache und will in der Nacht das Spiel am Radio verfolgen. Leider finde ich keine störungsfreie Frequenz, auf der ein klarer Empfang möglich ist und so hören wir erst am nächsten Morgen, dass Deutschland „nur" Vizeweltmeister geworden ist. Unser Daumendrücken hat also nicht geholfen. Ich finde, es ist eine großartige Leistung unserer Mannschaft. Es kann schließlich nur Einer siegen und die nächste Weltmeisterschaft kommt bestimmt.

Kaum liegen wir im Quarantänebereich vor Anker und haben uns über Funk beim Suva-Port-Control gemeldet, kommt schon der Health-Offizier an Bord. Aber alles ist unkompliziert, er fragt, ob wir gesund sind und ob wir frische Lebensmittel an Bord haben. Nachdem wir seine Formulare ausgefüllt haben, lässt er sich gleich wieder abholen. Die Stadt macht einen lebhaften Eindruck – sie gefällt uns. Ein Riesenunterschied zu dem verschlafenen Neiafu in Tonga. Wir sehen gleich mehrere Internetcafes, überall Imbissstände, ganz viele Inder, den herrlichen Gemüsemarkt und stürzen uns ins pulsierende Leben. Hier ist endlich mal wieder alles billig. Das Taxi in die Stadt kostet einen Dollar, wir essen richtig gut Mittag beim Chinesen für drei Dollar, dafür werden wir das eingesparte Geld beim Souvenirkauf los.

Im Suva-Yachtclub treffen sich die Segler zur Happy-Hour – ein Bier für 35 Cent. Es liegen im Moment sieben deutsche Yachten in der Bucht und es gibt genügend Gesprächsstoff. Endlich treffen wir auch Ulf aus Berlin mit seiner JOSEPHINE wieder. Das letzte Mal haben wir uns in Panama gesehen und sind zusammen losgefahren in Richtung Galápagos. Beim Bier erzählt uns Ulf, dass er an Galápagos vorbeigesegelt ist, weil er unbedingt diese lange Strecke von über 4.000 Seemeilen allein machen wollte. Das können wir gar nicht richtig verstehen, denn unser Ding sind diese langen Strecken nicht. Ulf ist seit drei Wochen hier vor Anker und genießt das Stadtleben. Wir waren dafür in Tahiti und Niue. Ulf geht es genau wie uns: er weiß noch nicht so genau, wie er weiterfahren wird. Er will auch im nächsten Jahr zu Hause sein und hat die Wahl zwischen der Umsegelung von Südafrika oder der Fahrt durch das Rote Meer. Der Vorteil bei der Route durch das Rote Meer ist, dass man nicht so zeitig von Darwin in Australien los muss und sich auch noch Indonesien, Malaysia, Thailand und Sri Lanka in Ruhe ansehen kann, ehe man im Januar oder Februar mit dem Ost-Monsun über den Indischen Ozean zum Roten Meer startet. Auch wir sind am Überlegen, ob wir nicht diese Route wählen.

Um Südafrika zu erreichen, müssen wir bereits im Oktober den Indischen Ozean überqueren (Hurrikansaison) und das artet langsam in ein Rennen um die Welt aus, wir kommen gar nicht mehr zum Luftholen. So machen wir also jeden Morgen neue Pläne und halten uns noch alles offen. Erst mal Cairns in Australien hinter dem Great-Barrier-Reef erreichen, dann Darwin und dann sehen wir weiter!

Sabine schreibt in ihr Tagebuch:

Im Moment ist hier Regenzeit und das bekommen wir deutlich zu spüren. Es regnet täglich viele Stunden, die Sonne hat keine Chance. Wie bei uns im November – nur wärmer. Ich muss sogar unsere Wäsche in den clubeigenen Trockner stecken, weil sie draußen nicht trocken wird.

So nutzen wir die Zeit für dringende Arbeiten an Bord und beschäftigen uns mit der Geschichte dieser Insel. Sie ist das richtige „Menschenfresserland". Hier war der Kannibalismus sehr ausgeprägt. Es gab keine Gefängnisse, dafür war der „andere" Brauch da. Für das Essen von Menschenfleisch gab es sogar extra Gabeln (sonst wurde mit den Fingern gegessen). Wir haben sie im hiesigen Museum sehen können und noch einiges mehr über die Fidschi-Insulaner erfahren. Der Kannibalismus ist seit der Zeit der Missionare, die auch hier sehr fleißig waren, endgültig vorbei. Die ersten wurden gegessen! An sie erinnert im Museum von Fidschi eine große Vitrine.

Ich bin begeistert von den riesengroßen Auslegerkanus, mit denen die Insulaner die Südsee entdeckten. Diese katamaranähnlichen Fahrzeuge waren bis 35 Meter lang. Die Südseeinseln wurden vermutlich von Asien her besiedelt. Wenn man diese großen Kanus sieht, dann kann man sich vorstellen, dass die asiatischen Ureinwohner damit hierher kommen konnten. Diese Art der Entdeckung flößt mir großen Respekt ein.

Nach den Missionaren kamen die Geschäftsleute hierher, die erst mal die Natur rigoros veränderten, um Zuckerrohr anbauen zu können. Sie holten viele Inder als billige Arbeitskräfte auf die Insel. Die Inder mussten damals einen Vertrag auf 10 Jahre unterschreiben und blieben danach meistens hier, um als „freie" Menschen zu arbeiten. Wirklich frei waren sie ja nicht, denn sie hatten eigentlich keine Wahl: Für die Heimreise reichte das Geld nicht. So konnten sie weiter nur Lohnarbeiter bleiben. Die sehr rührigen Inder brachten es dennoch so weit, dass sie inzwischen die Wirtschaft von Fidschi beherrschen. Nur ein Aufstand der Fidschi-Insulaner verhinderte vor 20 Jahren, dass die Regierung zur Mehrheit von Indern gebildet wurde. Nun gibt es ein Gesetz, welches den Anteil von Indern und Fidschi-Insulanern regelt. Hier in Suva sieht man ein buntes Gemisch von Indern, Polynesiern und Melanesiern, dazwischen noch viele andere asiatische Völkergruppen. In den kleinen Läden verkaufen überwiegend Inder oder sie sitzen gleich mit ihrer Nähmaschine im Laden und arbeiten. Uns Weiße sieht man hier aber doch mit freundlichem Erstaunen an und oft kichern die Einheimischen hinter vorgehaltener Hand über uns. Wahrscheinlich kommen wir ihnen ziemlich exotisch vor.

Im Moment heißt es aber überall, wenn das Gespräch darauf kommt, dass wir aus Germany sind: „Ah, the German Soccer (so heißt Fußball hier), Finale, Verry Good!" Sonst wissen sie nichts von Deutschland, aber Fußball ist Volkssport Nummer eins und begeistert fast jeden.

10.07.2002 – Nachmittag heißt es: „Anker auf!" mit dem Ziel Vuda-Point-Marina an der Westküste von Viti-Levu, der Hauptinsel von Fidschi. Dort muss die SUMMERTIME aus dem Wasser gekrant werden, um einen neuen Unterwasseranstrich zu erhalten. Das Wetter ist sehr ungemütlich – Regen und Wind gegen an. Wir kommen nur mit vier Knoten vorwärts, aber das macht nichts, denn wir haben genügend Zeit, um wieder bei Tageslicht an der Passage zur Westküste anzukommen. Nach drei Stunden und 12 Seemeilen hart am Wind segelnd, kracht und knirscht es plötzlich in der Steuersäule und der Windpilot steuert das Schiff nicht mehr. Das Steuerrad lässt sich nur noch schwer bewegen oder dreht ohne Ruderwirkung durch. Das alles bei sehr rauer See und in der Nähe der Insel Mbengga, der auch ein Riff vorgelagert ist. Uns sitzt der Schreck in den Gliedern – keine Ruderwirkung. Ich fahre sofort eine Wende und Gegenkurs – wieder zurück, in der Hoffnung, dass sich bis dahin das Boot doch noch steuern lässt. Mit Unterstützung des Motors und nun Rückenwind segeln wir mit sechs Knoten. Es sind nur noch zwei Stunden Zeit bis zum Einbruch der Dunkelheit. Durch das Anströmen des Ruders vom Propeller der Maschine ist der Ruderdruck viel geringer als beim Segeln und kurz vor der Dunkelheit erreichen wir die Einfahrt in Suva. Jetzt gönnen wir uns aber ein Dinner im Yachtclub, um uns von diesem Schrecken zu erholen und alles weitere in gemütlicher Atmosphäre zu besprechen.

Sabine schreibt dazu:

Gerhard musste die ganze Steuersäule demontieren, hoffentlich ist am Ende beim Zusammenbau kein Teil übrig. Wir konnten ganz deutlich erkennen, dass das obere Kugellager durch das Salzwasser völlig hinüber war und die Kugeln schon teilweise heraus gefallen waren. Das erklärt auch die schrecklichen Geräusche gestern und bestätigt uns, dass wir es vermutlich mit diesem Lager nicht die 110 Seemeilen bis Vuda-Point geschafft hätten. Nun liegt die ausgebaute Steuersäule in einer Werkstatt und bekommt neue Kugellager. Morgen soll alles fertig sein. Weil wir wirklich Glückskinder sind, ist alles noch mal glimpflich abgelaufen und der Schaden lässt sich relativ einfach beheben.

Inzwischen reinigt Gerhard alle Teile, an die man sonst so schlecht rankommt und kann morgen alles wieder zusammenbauen.

Die Steuersäule ist wieder in Ordnung, kein Teil ist übrig, alles hat inklusive des neuen Lagers nur 80 Fidschi-Dollar (40 US-Dollar) gekostet.

Wir sind zurück aus der Stadt, letzte Besorgungen, Internet und nun soll es losgehen. Aber gerade steht wieder mal eine dunkle Wolke über uns. Wir holen das Dingi an Deck und warten, bis die Front durch ist. Ich sitze im Niedergang und lese einen spannenden Krimi, Sabine ist unten am Computer, es regnet und stürmt. Da, plötzlich laute Pfiffe vom Nachbarschiff! Das gilt uns. Der Anker hält nicht! Wir sitzen schon fast im Schlick bei Niedrigwasser und ich habe das nicht gemerkt! Ein Glück, dass der Motor gerade an war, um die Batterien zu laden und weil der Computer Strom braucht. Ich rufe nach Sabine. Sie schaltet das Echolot ein: nur noch fünf Zentimeter unterm Kiel, aber nichts wie weg hier! So fahren wir zwei neue Ankermanöver und verkatten beim dritten Mal zwei Anker, das heißt, vor den Hauptanker wird mit einem Kettenvorläufer von acht Metern noch ein kleinerer Anker angeschäkelt. Das hält endlich – ich bin bedient für heute und pitschenass. Inzwischen ist es dunkel geworden und es regnet immer noch, schlechte Sicht, wir kommen heute hier nicht mehr raus. Auch einige andere Schiffe haben Probleme und fahren neue Ankermanöver. Zwei Yachten haben als Ankerlieger durch die umlaufenden Winde der Böenwalze eine Kollision und verhaken sich. Es sind sofort hilfsbereite Segler mit ihren Dingis da, um den beiden Unglücksyachten zu helfen, alle haben noch mal Glück. Das ist übrigens immer wieder für uns eine tolle Erfahrung, die Hilfsbereitschaft der bunt gemischten „Seglergemeinde“ aus aller Welt zu erleben.

Also neuer Anlauf nach der Vuda-Point-Marina. Es ist nicht der sonst übliche Tradewind (Passat), der normalerweise aus SE kommen und dann für uns gut passen würde. Dieses Jahr ist ein El Ninjo-Jahr und deshalb ist vieles ganz anders. Winfried von der ANNA MARIA liegt bereits in der Marina und hat für uns einen Platz reserviert. Wir sind fast da, haben aber keinen Hafenplan von der neuen Marina und ich kann die Einfahrt nicht finden. Hier mit all den Riffen ist es sehr gefährlich, einfach loszufahren. So lotst uns Winfried über Funk in ganz schmale Einfahrt, die nur mit kleinen weißen Wimpeln gekennzeichnet ist und die man erst sehen kann, wenn man ganz nahe dran ist. Ohne Winfried wäre ich da nicht rein gefahren – ein Dank dem General im Ruhestand! Dafür laden wir ihn und Ute zum Sundowner ein und können wieder richtig schön quatschen – auch noch in Deutsch.

Sonntags werden wir bei Hochwasser ausgekrant. Nun steht die Yacht auf dem Trockenen und harrt der Dinge, die da kommen werden. Das Unterwasserschiff sieht wirklich furchtbar aus. Das Schiff hat einen langen grünen „Bart“ durch die Algen und ist voller Entenmuscheln. Eine Überholung ist dringend nötig! Nach einem Gespräch mit Mike aus Neuseeland, der hier die Marina leitet, entschließen wir uns, die Schleifarbeiten (sie sind besonders unangenehm) machen zu lassen und das Streichen des Unterwasserschiffes selbst zu übernehmen. Aber erst geht es mal in das nahe gelegene Lautoka, die „Sugar City“ von Viti-Levu. Hier wird das Zuckerrohr, das nur im Westen der Insel wächst, verarbeitet. Überall stehen Anhänger voll beladen mit dem geernteten Zuckerrohr. Schulkinder stibitzen ein paar Stücke, um den süßen Saft auszusaugen. Wir probieren natürlich auch diese Süßigkeit – schmeckt nicht schlecht. Extra für das Zuckerrohr wurde eine Bahnlinie gebaut, die nun zweimal im Jahr zur Erntezeit genutzt wird und direkt in die Destille führt, wo das Sugarcan als Rum, Whisky, Gin oder Wodka wieder herauskommt.

Lautoka hat nicht das Flair von Suva. Es macht nicht so einen geschäftigen Eindruck. Hier gibt es nur flache, höchstens zweistöckige Häuser. Am Busbahnhof sind der Gemüsemarkt und viele kleinen Geschäfte. Es gibt auch richtig große Supermärkte. Wir müssen uns hier für die Fahrt nach Australien verproviantieren. Auf der Hinfahrt werden wir von einem freundlichen Inder in seinem klapprigen VW-Bus mitgenommen, zurück fahren wir mit dem öffentlichen Bus und sehen schon Einiges von der Insel. Sie hat eine wunderschöne Hügellandschaft, die uns an das Erzgebirgsvorland erinnert. Alles ist grün und strotzt nur so vor Fruchtbarkeit. Hier ist ewiger Sommer.

Wir warten den ganzen Vormittag auf die Arbeiter von der Werft, aber erst als ich ernsthaft mit Mike spreche, kommen sie endlich: nach dem Lunch. Eben Fidschi-Time! So können wir uns natürlich ausrechnen, dass sie heute nicht mehr fertig werden, obwohl sie zu viert sind. Sie arbeiten recht lustlos und sobald ich weggehe, überhaupt nicht mehr. Ich weiß, dass das eine unangenehme Arbeit ist, aber schließlich bezahle ich dafür. Es ist ein bisschen peinlich, die Arbeiter so zu überwachen, aber irgendwie geht es nicht anders. Auch am nächsten Tag werden die jungen Burschen nicht fertig. Kein Wunder, denn ihr Arbeitsrhythmus geht so: 10 Sekunden schleifen, 10 Minuten Pause und das alles ohne jeglichen Elan. Morgen früh 08.00 Uhr sollen die letzten Schleifarbeiten gemacht werden. 09.00 Uhr ist noch keiner da. Da „stehe“ ich bei Mike, dem Chef der Marina, auf dem Schreibtisch und drohe mit Preisabschlag. Dann kommen sie rüber von einem anderen Schiff und ich stehe mit grimmiger Miene (aber ohne Peitsche) solange daneben, bis die Arbeiten geschafft sind. Vielleicht hätten wir das doch selber machen sollen – jetzt wären wir auch fertig.

Endlich wieder im Wasser! Nach genau einer Woche auf dem Trockendock liegen wir am Steg und können den Komfort eines Kühlschrankes genießen. Nach dem neuen Unterwasseranstrich hoffen wir auf eine schnelle Überfahrt nach Australien. Winfried und Ute nehmen ein letztes Mal unsere Leinen an der Tankstelle ab. Große Verabschiedung, denn wir werden uns wohl erst in Deutschland wieder sehen. Die beiden von der ANNA MARIA sind schon 10 Jahre unterwegs. Ein Ende ist nicht abzusehen. Vielleicht hätte ich auch General werden sollen, um dann nach 25 Dienstjahren Geld und Zeit für meine Hobbys zu haben. So gibt es eine große Verabschiedung und das Versprechen auf ein gemeinsames Bier irgendwann, irgendwo. Die Internetadressen sind ausgetauscht und über Funk hören wir ja noch eine ganze Weile voneinander.

Die Fahrt nach Vanuatu ist nicht so gemütlich, dafür aber schnell. Unser Schiff kommt wunderbar voran, nur das Segeln so hoch am Wind ist ziemlich unangenehm. Durch den ständigen Süd-West-Wind (wieder eine Passatstörung) kommen wir sehr weit nördlich und können die Insel Tanna nicht anfahren. So wird die nördlicher gelegene Insel Efate unser Ziel, das wir nach 564 Seemeilen in knapp fünf Tagen erreichen. Ganz zum Schluss baut sich zwischen den Inseln noch einmal richtiger Seegang bei 25 Knoten Wind auf, so dass wir gar keine Lust haben, den Tagesanbruch abzuwarten. Deshalb der nächtliche Landfall in Port Vilá. Wir werden von den Richtfeuern sicher geleitet und außerdem leisten uns Radar und elektronische Seekarten sehr gute Dienste. Keiner hat bei einer Weltumsegelung von allen Inseln und Buchten alle Detailkarten mit an Bord.

Hier wird gerade der 22. Independence Day begangen. Es gibt wie überall zuerst feierliche Reden, der Kirchenchor tritt auf, das Militär präsentiert sich mit Blaskapelle und Fallschirmspringern. Die Einheimischen genießen den Feiertag und sind sichtlich stolz auf die Errungenschaft der Unabhängigkeit. Das ist sehr gut zu verstehen, wenn man an all die Eroberungszüge der Portugiesen, Holländer, Engländer, Franzosen, Sklavenjäger und Sandelholzräuber denkt, die in der Südsee ihr Unwesen getrieben haben. Diese Inseln hier – sie werden „Inseln ohne Zeit“ genannt – sind die ursprünglichsten, die wir bisher erlebten. Ich habe einmal den treffenden Spruch gehört: “Ihr Weißen habt die Uhr und wir die Zeit!“ Hier haben sich bis heute uralte Bräuche erhalten und wenn man sehr viel Glück hat, kann man einen Ritus miterleben. Hier werden diese Riten aber nicht für Touristen aufgeführt, sondern man muss zur richtigen Zeit am richtigen Ort sein. Wir haben leider dafür keine Zeit, aber wir kommen ganz bestimmt wieder, um diese geheimnisvollen Inseln kennen zu lernen.

Fürs Erste studieren wir all unsere Literatur über Vanuatu und das ist sehr spannend. Wir wissen jetzt, dass die Bräuche von Insel zu Insel variieren. Hier gibt es auf der Insel Pentecost die berühmten Turmspringer. Als besondere Mutprobe, Dank für eine gute Yamsernte und der Bitte für die nächste Ernte springen die jungen Männer von einem 20 Meter hohen Turm. Dieser wacklige Turm ist aus dünnen Baumstämmen gebaut und die jungen Männer lassen sich kopfüber, die Füße nur an zwei Lianen befestigt, hinunterfallen. Einer soll es bisher nicht überlebt haben. Das ist auch der Ursprung für das heutige Bungee-Jumping.

Geschichtenerzähler verraten in ihren alten Sagen, dass alles Leben auf der Insel Tanna entstand. Als Männer und Frauen von Tanna auszogen, um den Rest der Erde zu bevölkern, verloren viele unter ihnen ihre Boote und mussten deshalb lange Zeit im Wasser verbringen. So entstand der weiße Mann – er wurde durch die See gebleicht. Diese Version der Entstehung der Rassen gefällt uns sehr gut.

Ebenfalls auf Tanna gibt es einen Stamm, der dem John-Frum-Cargo-Cult frönt. Er lebt getrennt von der übrigen Bevölkerung der Insel. Äußerst strenge Regeln des Zusammenlebens werden befolgt und jeden Freitag feiern seine Anhänger ein rauschendes Fest im Schatten des aktiven heiligen Vulkans Mount Yasur. Dieser Kult entstand während des 2. Weltkrieges, als die Amerikaner alles, was die Einheimischen vorher nicht kannten, wie Lkw, Jeeps, Coca-Cola, Schokolade und Kühlschränke, an Land brachten. Die Anhänger des Kultes glauben, dass die Weißen ihnen diese ersehnten Reichtümer vorenthalten und dass ihr Heiland John Frum ihnen diese Dinge eines Tages bringen wird.

Eine Inselrundfahrt zeigt uns einen kleinen Teil von Vanuatu mit seinen ursprünglichen Einwohnern. Wir nehmen viele Erinnerungen mit nach Hause. Eine Bitte kommt immer wieder von den Einheimischen: Erzählt doch Euren Freunden in Europa von uns, damit mehr Touristen auf unsere schönen Inseln kommen. Die Insulaner hier meinen, erst die Europäer hätten Ihnen Manieren beigebracht. Unsere Gefühle dazu sind eher gemischt, obwohl natürlich die Menschenfresserei von ausgesprochen schlechten Manieren kündet. Der letzte offizielle Fall von Kannibalismus wurde übrigens 1968 auf der Insel Malekula bekannt. Die Brüste von jungen Frauen sollen am Besten schmecken und die Weißen hätten alle so einen Salzgeschmack, erzählt uns Mike. Sein Großvater hat noch Menschen gegessen und gelegentlich soll es vorkommen, dass der eine oder andere im dichten Dschungel spurlos verschwindet. Dennoch denken wir, dass auch die Europäer damals sicher kein gutes Beispiel für besseres Benehmen geben konnten. Sie verbrannten Unbequeme als „Ketzer" bei lebendigem Leibe und hatten auch noch andere grausame Todesarten „in petto". Diese Inselwelt hinterlässt eine wirkliche Sehnsucht in uns, sie wieder zu sehen. Ein neuer Traum von der Rückkehr in die Südsee hat hier feste Umrisse bekommen.

Ausklarieren nach Australien ist angesagt. Die Papiere sind schnell beim Zoll ausgefüllt und dann geht es zum Immigrationsbüro. Eine halbe Stunde vor der offiziellen Mittagspause von zwei Stunden ist bereits die Tür verschlossen. Also tief durchatmen und nach gut zwei Stunden noch mal hin. Als erstes fragt mich der freundliche Beamte; wie es mir gefallen habe und wann ich wiederkäme. Danach fragt er mich, ob ich rauche und da ich dies verneine, bittet er mich um einen kleinen Gefallen. „Ja, selbstverständlich“ antworte ich und er schiebt mir unauffällig einen kleinen Rucksack über den Tisch, gibt mir Geld und einen Zettel mit der Zigarettenmarke. Der Duty-Free-Shop ist gleich um die Ecke und nachdem ich den gewaltigen Preisunterschied zu zollfreien Zigaretten (vierfacher Preis) erkenne, verstehe ich den kleinen Beamten.

6. Von Australien nach Südostasien im Indischen Ozean

Cairns – Great Barrier Reef – Osttimor – Indonesien mit Bali und Kalimantan – Singapur

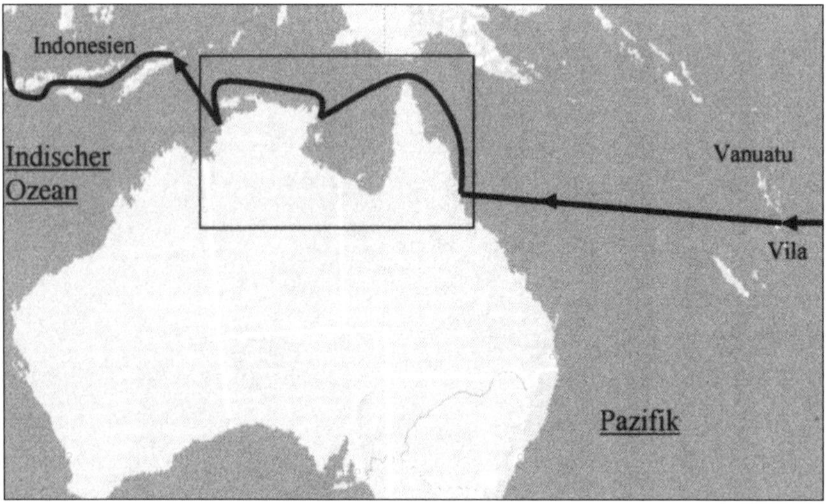

Australien

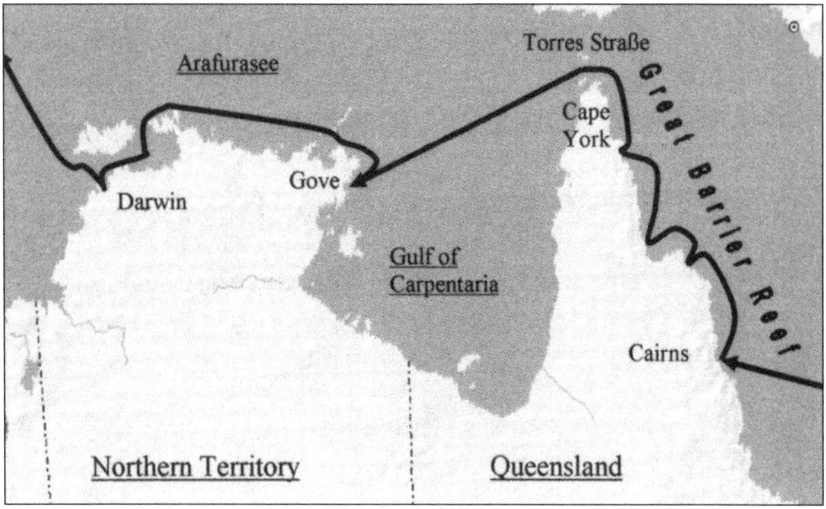

Nordaustralien

Am 14.08.2002 früh 07.00 Uhr ruft Sabine „Australien in Sicht“ und darf mich abends zum Dinner einladen, denn wir haben bereits vor zwei Tagen das Abingthon-Reef passiert und sind seitdem im Great-Barrier-Reef unterwegs. Der Himmel ist oft stark bedeckt und ich kann vor den alten Seefahrern ohne Satellitennavigation nur den Hut ziehen, denn ohne Sonne, Mond, Planeten oder Sterne ist es mit dem Sextanten nicht möglich, die Position zu bestimmen. Die Korallenbänke sind sehr flach, es stehen keine Palmen oder Sträucher darauf und man kann sie erst kurz davor an den sich brechenden Wellen erkennen. Nur tagsüber ist die Durchfahrt möglich und dank elektronischer Seekarten und GPS-Gerät unproblematisch. Herzklopfen haben wir dennoch, wenn die Durchfahrt nur eine Seemeile breit ist.

Über Funk nehmen wir 10 Seemeilen vor Cairns Kontakt zur Hafenbehörde auf. Wir haben vor einigen Wochen in Tahiti das Visum per Internet beantragt und sind begeistert, wie gut das funktioniert. Über Funk will man unsere Passnummern wissen, ob wir Tiere an Bord haben und ob alle gesund sind. In Cairns warten wir 10 Minuten am Pier mit der Anweisung, auf keinen Fall von Bord zu gehen. Alle sind sie da – fünf behördlich Vertreter: Hafenkapitän, Polizei, Zoll und die Quarantänebehörde mit zwei Mann. Nach 45 Minuten sind die Formulare ausgefüllt und alle Fragen beantwortet. Die beiden Quarantänebeamten nehmen den Müll, unseren Rest Zwiebeln, Knoblauch, ein halbes Glas Majonäse, eine Tüte Kressesamen und unsere letzte angerissene Wurstkonserve für die „bescheidene“ Gebühr von 135 Dollar mit von Bord. Es kann gleich mit Kreditkarte bezahlt werden, denn Australische Dollar haben wir natürlich noch keine. Damit sind alle Formalitäten erledigt und wir mussten nicht einen Schritt laufen. Geankert wird im Trinity-River genau gegenüber von Cairns, da die Marina voll belegt ist.

Cairns hat ein städtisches Flair mit Einkaufspassagen, Cafés und Restaurants. Abends werde ich von Sabine zum Kängurusteak eingeladen und für die „Early-Birds“, die bis 18.00 Uhr das Essen bestellt haben, gibt es 30 Prozent Discount auf die Rechnung. Da haben wir doch glatt zugeschlagen!! Appetit auf Fleisch ist nach einer Überfahrt von 1.355 Seemeilen auf jeden Fall da.

Durch die Nähe zum Great-Barrier-Reef und dem tropischen Regenwald sind hier viele Touristen – mindestens die Hälfte davon sind Japaner. An den Geschäften und Gaststätten steht alles auch japanisch dran. Die Tagesausflügler bevölkern den Steg. Große Katamarane „karren“ hunderte Touristen auf einmal zum Schnorcheln. Bei unserem zweiten „Anlande-Manöver“ am Dingisteg bricht der Propellerschaft und der Propeller des Außenborders verschwindet im tiefen Hafenbecken. Die anschließenden verzweifelten Paddelversuche zur SUMMERTIME müssen wir an der Außenpier abbrechen, da der Wind und die Gezeitenströmung zu stark sind. Unsere Paddelaktion wäre etwas für die „versteckte Kamera“ gewesen!! Also wieder zurück. Es wird langsam dunkel. Zum Glück fährt uns Mike ein, freundlicher „Aussie“, mit seinem Boot zur SUMMERTIME.

Am nächsten Tag – auf mit dem Bus zum Schiffsausrüster. Der hat natürlich keinen passenden Propeller am Lager und hätte erst einen bestellen müssen, aber hartnäckig und vom Leben gestählt wie wir Sachsen eben sind, hat uns dann der Chef von einem neuen Außenborder den passenden Propeller abgebaut. Danke!

Sabine besucht den Zahnarzt, die Filme werden entwickelt, Internet und einiges mehr. Nachdem nun vieles Wichtige erledigt ist, unternehmen wir den ersten Ausflug zur Rainforest-Station mit der historischen Kuranda-Railway und dem modernen Skyrail (Kabinenlift). Alles ist sehr touristisch, was wir ja nun gar nicht mehr gewöhnt sind. Vor allen Dingen haben wir solche Attraktionen auch in Deutschland (abgesehen vom Regenwald, den man sich aber normalerweise auch ohne Eintritt ansehen kann). Eine ganz besondere Attraktion ist allerdings die einstündige Fahrt mit einem alten „Army Duck“, einem schwimmfähigem Geländefahrzeug aus dem 2. Weltkrieg, durch den Regenwald. Anschließend noch die Pamagirri-Aboriginal-Dance-Show mit Didgeridoomusik, Speer- sowie Bumerangwerfen. Letzteres auch zum Ausprobieren für die „Touris“.

Für einige Tage haben wir ein kleines Auto gemietet, um etwas Echtes von Land und Leuten zu sehen und starten zu einer Tour in das Outback. Ziemlich viel Gepäck ist dabei, um für alle Eventualitäten gerüstet zu sein. Das Schiff lassen wir unterdessen für die nächsten Tage unter der Obhut von Kees, einem holländischen Segler. So können wir beruhigt losfahren. Das Outback beginnt im Atherton-Tableland etwa 100 Kilometer von Cairns entfernt. Zuvor treibt mir der Linksverkehr etwas den Schweiß auf die Stirn. Es sind ja nicht nur die „Falschfahrer" das Problem, sondern auch die Autos. Das Lenkrad, der Schalthebel und der Blinker sind auf der falschen Seite. Ich will jedes Mal beim Beifahrer einsteigen, beim Blinken geht der Scheibenwischer an und an jeder Kreuzung ruft Sabine „Keep left". Automatisch schaue ich an der Kreuzung in die falsche Richtung – glücklicherweise passen die „OZ´s" auf die kleinen Mietautos auf. Voller Mitleid halten sie rücksichtsvoll mit ihren großen Jeeps schon mal an. Bei einem Benzinpreis von 45 Cent pro Liter sind solche Spritfresser kein finanzielles Problem.

Außerhalb der Stadt, muss man sich eine asphaltierte Straße vorstellen, auf der gerade ein LKW Platz hat. Begegnen sich zwei Autos, fahren beide mit den linken Rädern auf den unbefestigten Randstreifen der hier typischen roten Erde. Wenn ein Road-Train entgegenkommt, weicht man schon gern vorher auf den Randstreifen aus. Zumal die Steinschlaggefahr für die Frontscheibe sehr groß ist. Diese bis 50 Meter langen Trucks mit den gewaltigen Bullenfängern und bis zu drei Hängern kündigt eine riesige Staubwolke an. Zahlreiche tote Kängurus an den Straßenrändern sind eine einfache Mahlzeit für die großen Geier und Raubvögel. Die Kängurus laufen nachts in die Scheinwerferkegel der Autos, so dass den Mietwagenfahrern wärmstens empfohlen wird, nur tagsüber zu fahren. Glücklicherweise sehen wir auch einige der australischen Beuteltiere lebend.

Der Kontinent Australien ist gewaltig groß; an einer Straße wird für den nächsten Supermarkt geworben – 170 Kilometer entfernt. Am Barrine-Lake ziehen wir uns die Wanderschuhe an und umrunden den See im tropischen Regenwald, allerdings ohne Machete – es gibt einen befestigten Wanderweg. Zwei riesige Kauri-Pinien mit 2,70 Meter Durchmesser und einem Alter von mehr als 1.000 Jahren machen uns deutlich, wie lange ein Regenwald braucht, um ein Regenwald zu sein. Wie schnell und gedankenlos vernichtet der Mensch ihn aus Profitgründen und gefährdet damit das Klima auf der gesamten Erde, nicht nur für uns jetzt sondern auch für nachfolgenden Generationen. Wir verlassen den Regenwald und große Rinderherden verlieren sich in der Weite der Gras- und Buschlandschaft. Die Eukalyptusbäume sind ohne Koalas und häufig sehen wir verkohlte Bäume als Zeichen von Buschbränden. Beeindruckend sind auch die übermannshohen roten Termitenhügel. Eine faszinierende Landschaft!!

Die erste Nacht verbringen wir nach 270 Kilometern in Mount-Garnet (300 Einwohner). Für 10 Dollar bekommen wir ein Doppelzimmer in einem mindestens 100 Jahre alten Hotel. Es steht bestimmt unter Denkmalschutz. Zwischen den Zimmern sind nur Holzbretter, die Tür kann man nicht abschließen und die Sanitäreinrichtungen befinden sich am Ende des Ganges. Glücklicherweise hat der Nachbar nicht zu starken Raucherhusten. In der Kneipe im Erdgeschoss treffen wir die Leute, vor denen uns unsere Eltern schon immer gewarnt haben – aber nett. Sie arbeiten fast alle in der nahe gelegenen Zinkmine und stehen in ihrer abgerissenen Arbeitskluft am Tresen. Ich glaube, wir sind hier die ersten deutschen Hotelgäste seit dem 2. Weltkrieg. Das bestätigt uns auch Andrea, eine schwäbische Bagpackerin, die hier seit einem Monat für Kost und Logis arbeitet, da sie keine Arbeitserlaubnis für Australien hat. Es gibt hier keinen öffentlichen Bus, sonst wäre sie schon längst weg. Wir bieten ihr an, sie mitzunehmen.

Am nächsten Morgen sind wir beizeiten munter. Da die Road-Trains auch nachts zügig durch den Ort fahren, brauchen wir keinen Wecker. Ruck-zuck noch ein Spiegelei mit Bacon, einen Pott Kaffee, der keinen mehr aufregt, und weiter geht es. Wir tanken und holen uns im „Superstore" noch etwas Proviant, man weiß ja nie.... Nach weiteren 400 Kilometern sind wir abends an einem beschaulichen Ort, in dem die alten Gebäude aus der Jahrhundertwende in einem sehr gepflegten Zustand sind. Sogar das alte Einkaufscenter wurde stilgerecht restauriert. Offensichtlich haben die Stadtväter hier die Weitsicht, dass ein Abriß und das „Hinstellen" von Betonklötzern nicht die Allerweltslösung ist. Damals wie heute sind die Kirchen und die Banken die größten Bauten. Die einen versprechen das ewige Leben im Paradies bei der Vergebung aller Sünde auf Erden und die anderen verkaufen Geld in Form von Krediten. Alles doch recht erfolgreich, sieht man sich das Immobilieneigentum der Kirchen und der Banken in der Welt an.

Wir kommen in einem kleinen Motel im Ortszentrum unter, mit einem Fernseher in dem die deutschen Fernsehnachrichten und Kommentare laufen. Beseitigung der katastrophalen Flutschäden in Dresden, die Amerikaner suchen Verbündete im Krieg gegen den Irak und Wahlkampf ist in Deutschland angesagt. Jeder verspricht deutliche Verbesserungen für Familien und lässt sich auf der Jagd nach Wählerstimmen mit Kindern filmen. Frühere Regierungsoberhäupter haben sich auch schon gern unters Volk der Arbeiter und Bauern gemischt – natürlich nur für die Medien. Wir können es uns für Deutschland eigentlich nur wünschen, dass vieles kinderfreundlicher wird und wir Deutschen uns damit selbst vor dem Aussterben bewahren.

Nach einer Nacht – weiter nach Norden. Die rote Erde strahlt eine besondere Atmosphäre früh am Morgen und am Abend aus. Wir genießen das Licht und die Landschaft – die schnurgerade Straße wird uns nicht zu lang. Fast alle kleinen Orte haben ein Kriegerdenkmal, einen gepflegten Golf- und einen Bowlclub. In Orten mit mehr als 159 Einwohnern gibt es auch den weltweit verbreiteten „McDonald“. So kommen wir über Townsville und Ingham abends nach Tully. Hier ist die Landschaft von großen Zuckerrohr- und Bananenplantagen geprägt. In der Zuckerrohrfabrik und auf den Plantagen verdingen sich zahlreiche Bagpacker und Wanderarbeiter. Überall laufen ziemlich dreckige und abgerissene Saisonarbeiter herum. Es gibt sogar eine Bagpacker- Plantagen-Baracke. An der Kneipe daneben steht, dass man über 18 Jahre alt sein und ordentlich angezogen sein muss, keine Badelatschen und keine Arbeitssachen anhaben darf, um hier rein zu kommen. Kredit gibt es für niemanden.

Da jetzt Hochsaison ist, erwischen wir eines der letzten Zimmer – im wahrsten Sinne des Wortes – im 100 Jahre alten Hotel des Ortes. Nur fünf Meter neben unserem Fenster läuft aller 20 Minuten für eine halbe Stunde ein Klimaaggregat an, allerdings nicht um unser Zimmer zu kühlen. Da es direkt auf einem Blechdach steht, lässt sich der hohe Geräuschpegel gut erklären. Pech für uns, bei der Besichtigung des Einzelbettzimmers hatte es wohl gerade Pause. In der unter unserem Zimmer gelegenen Kneipe geben wir uns den Schlaftrunk für die Nacht. Es hat nicht viel genützt oder war zuwenig, denn schon um 07.00 Uhr haben wir das Zimmer geräumt und suchen jemanden, der uns den Schlüsselpfand wiedergibt. Hinter Tully biegen wir ab zum Mission-Beach, wo der Regenwald bis an den Strand geht und sehen sogar den sehr selten gewordenen bunten Cassuari. Das ist ein mannsgroßer flugunfähiger Laufvogel aus der Familie der Emus. Leider wartet er nicht, bis ich das richtige Objektiv auf der Kamera habe. Der schöne Strand lädt zum Baden ein. Wir tun es nicht, dafür ist erstens das Wasser zu kalt und zweitens wird überall vor Krokodilen, Haien und giftigen Nesselquallen (Portugiesische Galeere und anderen) gewarnt. Baden ist nur in markierten und von Netzen abgesperrten Zonen ohne Gefahr möglich.

Jetzt haben wir das also auch gesehen und es fehlen nur noch die Krokodile. Dazu geht es zur Johnstone-River-Crocodile-Farm. Das ist wirklich ein Erlebnis. Außer den 1.500 Krokodilen, die hier nur wegen des Leders gezüchtet werden, gibt es jede Menge freilaufende Kängurus. Die Australier verschmähen übrigens nicht nur das Krokodilfleisch, sondern auch das Kängurufleisch. Der Eigentümer der Farm, Mike, zeigt mir seine Krokodilnarben und fragt mich unvermittelt am Ende der Fütterung der Krokodile, ob ich nicht für ihn arbeiten will. Es kämen viele Deutsche, Österreicher und Schweizer und er sucht jemanden, der die Führung in Deutsch übernimmt. Ich sage, dass ich dazu erst mal mit Sabine sprechen müsste. Da kommt er gleich mit und meint, Sabine könne auch sofort bei ihm anfangen und sich um die kleinen und großen Kängurus kümmern. Wir erzählen von unseren beiden Töchtern und von Emily, unserer dreijährigen Enkeltochter. Er war ganz erstaunt und meinte, wir würden wirklich noch nicht wie Großeltern aussehen – das geht natürlich runter wie Öl!!! Mit jugendlichem Übermut fahre ich die letzten der 1.500 Kilometer zurück zur SUMMERTIME.

Einen Tag machen wir am Steg von Cairns zum Tanken, Trinkwasser bunkern und Deck reinigen fest. Da Wasser und Strom bei 12 Dollar pro Tag inklusive sind, brauchen wir nicht zu sparen. Vom Steg aus lassen sich auch die Lebensmittel leichter an Bord bringen. Die Marina ist voll belegt und es wird kräftig und laut an der Erweiterung gebaut. Viele Ausflugskatamarane, Big-Game-Fishing-Boote und Anbieter von Tauchausflügen sind hier. Zwei Wasserflugzeuge für Rundflüge stehen auch zur Verfügung. Das Geschäft läuft prächtig – alle lernen Japanisch.

Nun geht es an die letzten Vorbereitungen zum Trip nach Darwin durch die Torres-Street, um das Cape-York und über den Golf-von-Carpenteria. Der Dieselmotor erhält noch seine Wartung. Das sind zwei Tage Arbeit. Die notwendigen Ersatzsteile, wie Dieselfilter, bestelle ich beim Schiffsausrüster und kann sie nach zwei Tagen abholen. Die Videokamera ist repariert und der neue elektrische Rudergänger wird hoffentlich besser arbeiten, als sein Vorgänger. Leider bekommen wir die zehn Prozent Mehrwertsteuer nicht zurück, da wir nicht innerhalb von vier Wochen nach dem Kauf das Land verlassen. Der Verkäufer gibt mir allerdings acht Prozent Rabatt und da hält sich der „Verlust“ in Grenzen, denn wir brauchen den automatischen „Steuermann“ für die Fahrt um Nordaustralien auf jeden Fall.

Nach Darwin segeln wir diesmal nicht allein, sondern mit Jane, einer Lehrerin aus Kanada. Das frischt die Sprachkenntnisse unheimlich auf – drei Wochen von früh bis abends alles in Englisch. Für Jane war der Trip von Melbourne auf dem Katamaran TOO EASY hier zu Ende, nachdem der Skipper von Bord ging und sich in einem Hotelzimmer selbst „den Strick nahm“. Nach zwei Tagen ungewissen Wartens an Bord konnte dann die Polizei das Verschwinden des Skippers und Eigners aufklären. An diesem Wochenende geschahen vier Selbstmorde hier in Cairns und die Polizei hatte alle Hände voll zu tun. Es ist unglaublich, wie hoch in Australien die Selbstmordrate ist.

Im Costums Office hole ich das Cruising-Permit (Fahrtgenehmigung) für Australien ab. Dort steht ganz genau unsere Fahrtroute drin und wir müssen uns jeweils in Thursday-Island, Gove sowie in Darwin innerhalb von drei Tagen bei den Behörden melden. Die SUMMERTIME wird genau beschrieben (zum Beispiel – die blaue Trimmlinie, Farbe des Dingis oder die Farbe des Unterwasseranstriches). Wie geplant heißt es am Nachmittag „Let´s go!" und wir starten zu der 1.300 Seemeilen langen Fahrt bis Cap York innerhalb der Great-Barrier- Reefs und dann über den Golf-of-Carpentaria nach Darwin. Das Wetter verspricht, gut zu werden. Bei zwei Frauen an Bord, die den Skipper liebevoll versorgen, sollte eigentlich nichts mehr schief gehen!!! Ich bin „Gott sei Dank" nicht abergläubisch.

Die Versorgung klappt bestens, allerdings ist der Wind etwas schwach auf der Brust und wir müssen bereits am ersten Tag „Motorsegeln" veranstalten. Die Nachtfahrt innerhalb des Reefs vergeht ruhig und es ist nur leichter Seegang. Wir benutzen die sehr gut befeuerte Two-Way-Route der Berufsschifffahrt und müssen natürlich ständig nach Fischern und großen Frachtern Ausschau halten. Vorbei geht es am Cape-Tribulation (Kap der Leiden). Dort strandete die Bark ENDEAVOUR von James Cook, dem größten Erforscher des Barrier- Reefs, vor über 230 Jahren auf einem Riff. Genial wie Kapitän Cook war, kam er wieder frei und segelte 1770 in die große Bucht des Endeavour-Rivers, an der heute Cooktown liegt, um die Schäden am Schiff zu reparieren.

Wir folgen seinen Spuren. In diese Einfahrt können wir nur dank unseres geringen Tiefganges von 1,65 Metern und höchstens drei Stunden vor oder nach Niedrigwasser einlaufen. Da jetzt fast Neumond ist, muss ich mit 2,60 Metern Unterschied zwischen Hoch- und Niedrigwasser rechnen. Der Fluss bringt bei starken Regenfällen in der Regenzeit (Wet-Season ist von Dezember bis April) unheimlich viel Schwemmsand mit. Natürlich ist unter diesen Bedingungen eine Lageskizze der Ankerbucht in einem drei Jahre alten Cruising-Guide – aktuellste Ausgabe – nur eingeschränkt verwendbar. Ich drehe zwei Runden in der Bucht und lote die Sandbänke aus, bis ich endlich meine, einen sicheren Ankerplatz gefunden zu haben. Cooktown. Die – im wahrsten Sinne des Wortes – Goldenen Zeiten – sind lange vorbei. Nach den Goldfunden im Jahre 1873 lebten hier bis zu 35.000 Menschen, die meisten davon Glücksritter. Mehr als die Hälfte der Einwohner sprachen Chinesisch und es gab 65 PUBs. Heute sind nur noch vier PUBs für die gerade mal 1.000 Einwohner da.

Es ist für uns etwas erstaunlich, wie viele Aborigines hier bereits vormittags bei 30 Grad im Schatten dem Alkohol zusprechen. Es war und ist sicherlich schwierig, die Probleme zwischen Ureinwohnern und Siedlern in den Griff zu bekommen. Viele der Ureinwohner wurden von den Siedlern mit Waffengewalt vertrieben und getötet. Eine leider unrühmliche Vergangenheit während der Besiedelung durch die Europäer, ähnlich der Indianer in Nordamerika. 1976 wurde den Ureinwohnern teilweise umliegendes Stammesland, speziell im Norden, zurückgegeben und erst 1994 hat der Oberste Gerichtshof einem Abo-Stamm auf den Torres-Islands den Anspruch der Aborigines auf das Land ihrer Väter bestätigt. Im Grundbesitzgesetz von 1788 war bisher festgeschrieben, dass alles Land „leeres Land" sei und Ureinwohner keinerlei Rechte auf Land haben.

Eine der vielen Tragödien aus der Geschichte der Besiedlung ist die der Mrs. Watson. Ihr Grab ist in Cooktown und die zwei Seiten der Geschichte sind in dem übrigens sehr interessantem „James-Cook-Museum" aufgeschrieben. Als Frau eines Seegurkenfischers lebte sie zeitweise mit ihrem Baby und zwei chinesischen Dienern in einem kleinen Fischerhaus auf Lizzard-Island. Mr. Watson war fischen und im September 1881 griffen die Aborigines das Haus an und ein Diener wurde durch einen Speer getötet. Daraufhin floh Mrs. Watson, mit ihrem Sohn und einem Diener in einem Wassertank als „Boot" von der Insel, aber ohne ausreichendes Trinkwasser. Sie landeten auf einer wasserlosen Insel der Howick-Group und wurden dort drei Monate später verdurstet aufgefunden. Auf der anschließenden Strafexpedition der aufgebrachten Siedler sollen 150 Aborigines getötet worden sein. Von den Aborigines wird die Geschichte ergänzend dargestellt. Lizzard-Island war für sie eine heilige Insel, die nur für heilige Zeremonien aufgesucht wurde. Bei so einem Besuch fanden die „Abos" Mrs. Watson auf der Insel vor und forderten sie auf, diese Insel zu verlassen. Keiner konnte die Sprache des Anderen verstehen. Ein chinesischer Diener griff zur Schusswaffe und wurde daraufhin durch einen Speer der „Abos" getötet.

Selbstverständlich gibt es hier noch viel lebendige Geschichte wie eine alte Kanone neben dem James Cook Denkmal und ein schönes historisches Bankgebäude, eben wie vor 100 Jahren. Glücklicherweise entdecken wir auch den abseits gelegenen neuen Supermarkt.

Der Südostpassat und die Strömung nehmen uns Richtung Norden mit. Durch das Außenriff ist fast keine Welle, so dass wir mit wenig Wind gut vorankommen. Nachmittags besuchen uns mehrere Delfine und Jane kann es nicht fassen. Sie sieht das erste Mal in ihrem Leben Delfine so wunderbar nah vor dem Bug eines Schiffes spielen. Kurz vor Sonnenuntergang ankern wir in der Bucht mit der Ruine des Watson Hauses. Es ist einer der schönsten Ankerplätze Richtung Cap York und so wundert es uns nicht, dass hier bereits 27 Yachten vor Anker liegen. Auf der Insel befindet sich die angeblich exklusivste Lodge des Great-Barrier-Reefs. Es gibt hier keine Haie, giftige Quallen und Krokodile, dafür aber Korallenbänke zum Schnorcheln und einen herrlichen Sandstrand mit wunderbar blauem Wasser. Das ist sehr selten und damit ist es nicht erstaunlich, dass eine Lodge (Bungalow mit Terrasse) etwa 500 Dollar pro Nacht kostet. Alles ist abgesperrt (auch für uns) und nur für Hausgäste. Der Rest der Insel steht unter Naturschutz. Wir wandern quer über die Insel zur menschenleeren Lagune und gehen baden. Dabei taucht eine große Schildkröte auf und schaut nach dem Rechten. Vermutlich habe ich sie erschreckt, denn ich habe vergessen, meine Badehose mitzunehmen. Auf dem Rückweg sieht Jane noch eine große und etwa einen Meter lange Echse, die der Insel ihren Namen gab. Der Himmel hat sich zugezogen und es fängt an, zu nieseln. Der 330 Meter hohe Cook-Outlook verschwindet in den Wolken und so beschließen wir, hier noch einen Tag zu bleiben.

Zwischenzeitlich hat neben uns ein Fischerboot mit drei kleinen Aluminium-Beibooten im Schlepp geankert. Wir meinen sofort einstimmig, frischer Fisch zum Dinner wäre nicht schlecht. Also geht es mit dem Dingi längsseits. Natürlich freuen sich die sieben Fischer über Damenbesuch, das kommt sicherlich sehr selten vor und starke Arme helfen Sabine und Jane an Bord. Ich darf auch mit, muss allerdings ohne Hilfe hochklettern. „Was wollt ihr trinken?“, werden wir sofort gefragt. Fisch? Kein Problem!! Stolz zeigen sie uns ihr Fischerboot und die lebenden Korallenbarsche (Coraldraws), die als Delikatesse für Hongkong bestimmt sind. Ein großer Fisch soll dort als exklusive Delikatesse bis zu 150 Dollar kosten, sagen sie. Auf ihrem Superfang haben die Fischer schon kräftig angestoßen – auch der

Joint fehlt nicht. Die Fische werden einzeln an den Korallenbänken mit der Leine von den „Tinis", wie die Fischer ihre kleinen Alu-Beiboote nennen, aus geangelt, in gekühltem Wasser bis nach Cooktown transportiert und von dort per LKW zum Flugplatz transportiert. Bei der morgigen Fischübergabe gibt es dann „Cash", anteilig für jeden Fischer und je nachdem wie viele Kilogramm er gefangen hat. Wir bekommen reichlich Fisch geschenkt und sind leicht verunsichert, als wir sehen, wie sich im angestrahlten Wasser große Raubfische auf die Fischabfälle stürzen. Leicht angeheitert und mit etwas gemischten Gefühlen geht es im Dunkeln zur SUMMERTIME zurück. Geld haben die Fischer nicht angenommen und wir beschließen, uns mit einem frisch gebackenen Kuchen zu revanchieren. Am nächsten Morgen sind sie aber schon weg und für uns geht es ebenfalls nach dem Mittag weiter. 200 Seemeilen Richtung Norden nach Portland-Roads.

Der Wind lässt nachts im Allgemeinen etwas nach, aber wir können segeln. Einmal müssen wir gegen Mitternacht den Motor starten, um einem Garnelenfischer auszuweichen, da wir nur noch zweieinhalb Knoten Fahrt machen. Sabine und Jane gehen zusammen Wache und haben damit gleich ihre „Frauen-Gesprächs-Runde". Am zweiten Tag überholt uns ein großes Navy–Boot und kontrolliert mit einem ausgesetzten Schlauboot drei am Rande eines Riffes ankernde Fischerboote. Es wird überall vor Rauschgiftschmuggel und dem Genuss von Drogen gewarnt. Jugendliche unter 18 dürfen weder Alkohol noch Zigaretten kaufen oder sich in Bars aufhalten. An der Kasse wird bei jung Aussehenden der Ausweis verlangt, mich fragt keiner nach dem Ausweis. Damit Kinder sich keine Zigaretten kaufen können, gibt es keine Zigarettenautomaten. Für mich ist es ja in Deutschland der Schwachsinn vor dem Herrn, auf den Zigarettenschachteln schwarze Aufkleber, wie „Rauchen kann tödlich sein!" zu fordern, aber Zigaretten über zahllose Automaten an Jugendliche zu verkaufen. Mich fragt ja keiner!

In Portland-Roads angekommen, haben wir neben einigen Fischerbooten viel Platz zum Ankern und machen gleich das Dingi für den Landgang klar. Vier Häuser und ein kleiner Strand zwischen den Mangrovenbäumen am Ufer. Wie überall stehen hier die Krokodil-Warnschilder und Baden soll gefährlich sein. Wir probieren es lieber nicht aus. Der letzte Außenposten der Zivilisation, so steht es geschrieben, ist nur mit Geländefahrzeugen in der Trockenzeit sicher zu erreichen. Wir ersteigen eine Anhöhe und genießen schweißgebadet den herrlichen Ausblick über die Bucht. Am Schiff wieder angekommen, dauert es nicht lange, da kommt Jim mit seinem Beiboot vorbei und meint, er käme in 10 Minuten auf einen Drink. Ich stelle noch ein paar Bier in den Kühlschrank. Er bringt seine Frau Vivien und Selbstgebrannten von seinem kleinen Fischerboot mit. Es ist unglaublich, wie freundlich und großzügig die nicht gerade reichen Fischer sind. Er zeigt mir sein Fischerboot und packt Steaks, Würstchen, Brot, Fischfilet und Hühnchen aus der unglaublich großen Gefrierbox für uns ein. Nächste Woche käme das Mutterschiff, das die Fischerboote mit Diesel sowie neuen Nahrungsmitteln versorgt und er hätte noch viel zu viele Vorräte an Bord. Dazu gibt er mir noch Angelköder, Haken und Haifischzähne. Jims täglicher Fang wird gleich an Bord filetiert und eingefrostet. Die Reste gehen zurück ins Meer und wenn dann ein Hai kommt, so ist der auch mit dran. Der Hai wird erschossen und es werden nur die Flossen als Delikatesse und die scharfen Zähne als Souvenir mitgenommen. Jims letzter Hai war 4,50 Meter lang. Als ich das alles bezahlen will, wird er richtig böse. Meine beiden „Frauen" haben ein wunderbares Abendbrot mit frischen Garnelen gekocht und so sind Jim und Vivien eingeladen. Es wird sehr spät!!

Allem Kopfschmerz zum Trotz klingelt 06.00 Uhr der Wecker und 20 Minuten später sind wir auf Kurs zur Torres Strait, Thursday Island und die erreichen wir nach 160 Seemeilen am nächsten Nachmittag. Der Wind weht frisch mit mehr als 25 Knoten und dazu kommt die starke Gezeitenströmung mit bis zu sieben Knoten. Da können wir mit unserem Dingi nicht an Land. Wenn uns hier keiner abholt, sind wir gefangen auf der SUMMERTIME. Wir bleiben diesen Abend an Bord und genießen die Rindersteaks von Jim. Es gibt Grund zum Feiern, denn hier haben wir genau 11.111 Seemeilen in diesem Jahr zurückgelegt.

Am nächsten Morgen pfeift der Wind inzwischen mit 30 Knoten, Windstärke sieben. Wir winken, aber keiner nimmt uns mit (Freitag, der

Dreizehnte?!). So rufen wir schließlich über Funk ein Wassertaxi, das uns aber auch nur mit großer Mühe und seemännischem Können übernehmen kann. Wir melden uns pflichtgemäß beim Zoll und bekommen einen genauen Tidenplan mit Wasserhöhen, Richtung und den Strömungsgeschwindigkeiten. Es ist noch Zeit, die schöne Insel zu durchstreifen. Auf den Inseln der Torres-Strait wohnen nicht nur Aborigines sondern überwiegend andere Völkergruppen aus Melanesien. Willy, ein einheimischer Fischer, zeigt uns stolz seine Riesenschildkröte, die er letzte Nacht gefangen hat. Das gibt abends den großen Familienschmaus und der Erdofen mit glühenden Steinen zum Garen der Schildkröte wird vorbereitet. Es ist hier den Einheimischen erlaubt, Schildkröten und sogar Seekühe zum persönlichen Verzehr zu fangen, allerdings nicht zum Verkauf. Schildkrötenpanzer liegen auf dem Müll und zwei Seekuhschädel sind am Baum angenagelt. Für das nächste Tanzfest werden Pfeile, Bögen und Kopfschmuck gefertigt.

Die Passage von Good-Island gen Westen in den Indischen Ozean nehmen wir bei Windstärke sieben. Ich habe erstmals mit einer Gruppe von deutschen Seglern über Funk Kontakt, die genau zur gleichen Zeit wie wir durch das Rote Meer wollen oder müssen. Aufgrund der Piratengefahr speziell im Golf-von-Aden wollen wir im Konvoi fahren. Die Versicherungen verweigern nicht umsonst im Roten Meer jegliche Gefahrendeckung. Vorher werden wir aber zusammen in Thailand Weihnachten und Silvester feiern. Wir sind sozusagen die Nachzügler, da die anderen Segler bereits in Singapur, Thailand oder Malaysia sind.

Nach dem Überqueren des Golfes von Carpentaria liegt Gove, eine Bauxit-Enklave mitten im Aborigines-Land, günstig als Zwischenstopp auf der Strecke nach Darwin. Es ist eine wunderschöne geschützte Ankerbucht mit Sandgrund. Wir sind hier inmitten von 30 anderen Yachten. Leider wird uns das Baden durch Krokodile und Yellyfish, eine giftige Quallenart, vergrault. Die Sonne brennt gnadenlos.

Wir fahren zehn Kilometer per Anhalter in die kleine Stadt, Nhulunbay-Town. Die Schulkinder haben alle während der Hofpause große breitkrempige Hüte auf. In der Zeitung lesen wir für heute: UV-Strahlung

Extrem zwölf! Das Ozonloch ist in Australien besonders gefährlich und auch wir suchen ständig den Schatten. Das Internet ist in der öffentlichen Bibliothek kostenlos. Wir informieren uns im Gove-Yachtclub noch über eine Abkürzung nach Darwin – das „Hole-In-the-Wall."

Diese eineinhalb Seemeilen lange schmale Passage zwischen Raragala-Island und Guluwuru-Island ist nur bei Stillwasser zu passieren und das ist genau, wenn in Gove Hochwasser ist. Es sollen im „Hole-In-The-Wall" Strömungen bis zu 12 Knoten und starken Verwirbelungen auftreten. Wir fahren in die eindrucksvolle Felspassage, die sich erst im letzten Augenblick offenbart und genießen die schöne Kulisse. Es ist unheimlich heiß auf der spiegelglatten Arafura-See. In den Nächten leuchtet der Vollmond so wunderbar. Nach drei Tagen sind wir in der Francis-Bay von Darwin. Kurz nach Mittag hole ich mit dem Dingi die zwei Männer von der Fischereiaufsicht an Bord. Alle Yachten aus dem Pazifik werden hier auf Entenmuscheln untersucht und dazu abgetaucht. Der Taucher geht mit einer roten Arbeitskombi in das trübe Flusswasser. Unser Rumpf ist in Ordnung – ansonsten wird das Schiff auf Staatskosten ausgekrant und gereinigt. Die Krokodile kennen ihn offensichtlich schon oder er wird besonders gut bezahlt. Sämtliche Seewasserventile und der Kühlwasserkreislauf des Motors werden mit einer Desinfektionslösung gespült und müssen 14 Stunden geschlossen bleiben. Ohne das anschließend ausgestellte Zertifikat darf keiner in eine Marina einfahren. Die Marinas haben alle Schleusen, da der Gezeitenhub hier bis zu acht Meter beträgt. Wir finden keine gute Stelle zum Anlanden mit dem Dingi und beschließen, in die Cullen-Bay-Marina zu gehen. Als Erstes muss ich ein Unterwant wechseln. Und für Jane ist nun auch die Reise zu Ende. Es ist der Wahnsinn, wie sich Sabine in diesen drei Wochen, in denen nur Englisch an Bord gesprochen wurde, gesteigert hat. Ich könnte sie glatt als feine Englische Lady an den Mann bringen, aber sie wird noch dringend an Bord der SUMMERTIME gebraucht.

Nun liegen wir seit einer Woche in der Marina. Es weht kein Lüftchen und es ist jeden Tag furchtbar heiß. Selbst in der Nacht wird es nicht kühler als 28 Grad. Wir haben einen Lüfter im Salon zum Einsatz gebracht und für die Schlafkabine einen kleinen 12-Volt-Ventilator gekauft. Der macht zwar Lärm, aber dafür auch ein bisschen Wind, sonst könnten wir nachts gar nicht schlafen. Die Duschen in der Marina werden täglich mehrmals genutzt, denn kaum hat man irgendetwas gemacht, ist man schon in Schweiß gebadet. Drei Tage verbringen wir allein damit, eine Station zu finden, die unsere Gasflaschen füllen soll. Finden aber keine – zu guter Letzt müssen wir eine australische Flasche kaufen, denn ohne Gas zum Kochen können wir nicht ablegen. Proviant ist gekauft, das hat hier richtig Spaß gemacht, und am Schiff ist wieder alles in Ordnung.

Großes Abschiedsfest im Darwin-Sailing-Club mit Marijanna und Jari von der AIDA. Die Beiden lassen ihre Yacht während der Hurrikansaison in Darwin an Land und wollen in den nächsten Monaten Australien erkunden. Wir sind alle sehr traurig, dass wir uns sobald nicht mehr treffen werden, aber es gibt ganz bestimmt ein Wiedersehen in Finnland oder in Dresden. Ein bisschen beneiden wir ja die Beiden um ihre Zeit in Australien. Auch für uns gäbe es auch noch so viel zu sehen. Aber unser Geld würde nicht für ein weiteres Jahr reichen. Ganz so billig ist Australien nicht. Andere Segler arbeiten in Australien, aber dafür braucht man eine Arbeitserlaubnis, die nur Studenten problemlos bekommen. So müssen wir eben in Deutschland arbeiten und noch mal nach Australien zurückkommen.

Überraschender Besuch von Annette und Andreas – die mit uns den Atlantik überquert haben. Das ist eine Freude. Wir haben die Beiden zwischendurch in der Südsee getroffen oder über Funk gesprochen. Sie machen eine andere Weltreise und sind seit sechs Wochen in Australien mit einem Allradauto unterwegs. Von nun an trennen sich auch unsere Wege, bis wir uns in Dresden wieder sehen.

An der Tankstelle warten schon die „Offiziellen" zum Ausklarieren auf uns. Noch schnell zollfreien Diesel tanken – der kostet nur 28 Cent pro Liter und der ist nur mit einem Formular direkt vor dem Auslaufen erhältlich. Das lohnt sich schon, zumal auch mit längeren Flautenzonen zu rechnen ist. Es ist schon wieder furchtbar heiß und wir sind froh, dass wir nun bald auf dem Wasser sind. Gemeinsam laufen wir mit den zehn Yachten der „Bluewater-Rally“ aus, deren Ziel Kupang in Westtimor ist. Westtimor ist indonesisch und Osttimor ist seit kurzem unabhängig, früher portugiesische Kolonie. Wir wollen nach Dili, Osttimor.

Das Cruising-Permit, die Erlaubnis zum Befahren der Hoheitsgewässer von Indonesien, haben wir per E-mail bei der Bali-Marina beantragt. Alle notwendigen Unterlagen (Schiffspapiere, Fahrtroute, Schiffsbeschreibung und Passkopien) wurden gefaxt und 120 Dollar überwiesen. Die Genehmigung mit zehn Stempeln kommt prompt in den Yachtclub. Das ist sehr wichtig, denn ohne diese Erlaubnis kann ein Besuch in Indonesien nach einer Kontrolle der Coast-Guard sehr teuer werden.

Sabine schreibt:

3. Oktober 2002

Das war nun Australien! Sechs Wochen waren wir da und haben ganz schön viel gesehen. Darwin war nur noch heiß.

Jetzt auf dem Weg nach Dili sind wir ganz enthusiastisch, denn nun beginnt der Heimweg. Nur noch 8.500 Seemeilen bis nach Hause. Wir sind sehr gespannt auf Indonesien und unsere Gefühle schwanken zwischen Furcht – vor Piraten – und Neugier dieser für uns sehr fremden Kultur.

Vier Tage unter Segeln und zeitweise mit Motor bei schwachen Winden bringen uns nach Asien. In der letzten Nacht laufen wir manchmal nur drei Knoten im Standgas, der Landfall bei Tageslicht. Zwei Leuchtfeuer sind bis jetzt außer Betrieb. Wir haben unser Radar an, denn es ist bei Neumond stockfinster und viele Fischerboote sind ohne Licht unterwegs. Im Morgengrauen fällt der Anker in der Bucht vor Dili. Wir sehen als Erstes die Elendsquartiere – Zelte aus blauen Mülltüten – am verrosteten, zusammengefallenen Pier. Das deprimiert uns sehr. Es liegt nur noch ein einziges Segelschiff vor Anker. Was soll hier schön sein? Am liebsten würden wir gleich weiterfahren, aber wir brauchen Diesel. Außerdem wollen wir doch nicht gleich aufgeben. Vielleicht täuscht ja der erste Eindruck. Wir machen das Dingi klar und ich statte dem anderen Segelschiff einen Besuch ab. Von diesem Schiff hörten wir schon im deutschen Funknetz.

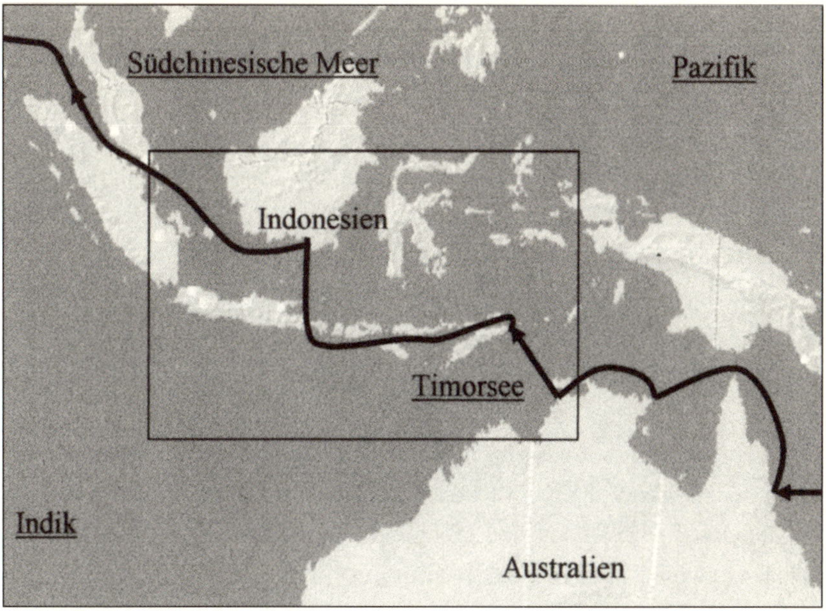

Indonesien

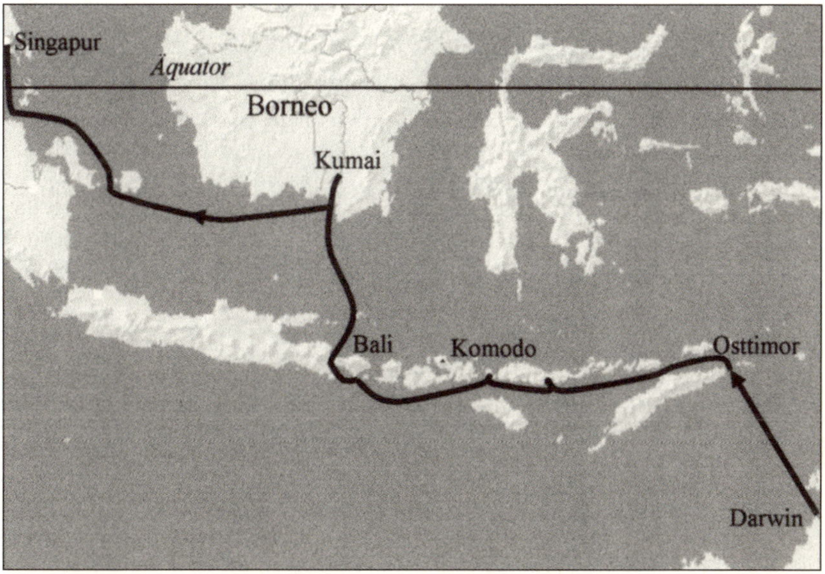

Indonesien

Das ist ein amerikanischer Segler, der hier für die australische Army arbeitet und am Wochenende auf seinem Schiff lebt. Der wird wohl Bescheid wissen über die Lebensumstände in East-Timor. Wally, so heißt der „Ami“ aus Cincinnati von der PATIENCE, beruhigt uns. Er ist seit zwei Monaten hier und arbeitet als Motorenspezialist im Army-Camp in den Bergen. Für Australien bekam er keine Arbeiterlaubnis. So wird er jetzt hier ein Jahr arbeiten, um dann wieder drei Jahre segeln zu können.

Zwei Tage sind wir nun in Dili, der Hauptstadt von East-Timor, unterwegs. Vieles ist zerstört im jüngsten Land der Erde (20.05.2001 – Erster Unabhängigkeitstag) mit etwa 700.000 Einwohnern, das zu den zwanzig ärmsten Ländern der Welt gehört. Nachdem die ehemalige portugiesische Kolonie 1976 von Indonesien annektiert wurde, soll es in der Vergangenheit unter dem Suharto Regime 200.000 Tote, Folter und Gewalt gegeben haben, bis die UNO-Truppen vor drei Jahren von Darwin aus den lang ersehnten Frieden brachten. In einer Volksabstimmung unter UNO-Aufsicht waren fast 80 Prozent für die Unabhängigkeit von East Timor. Viele Kinder sind am Strand zu sehen, die Menschen sind freundlich und trotz ihrer Armut nicht aufdringlich. Bei über 50 Prozent Arbeitslosigkeit werden auch die Zukunftsaussichten nicht gerade rosig sein. Hier kommt kein Tourist her.

Wir finden mit dem Taxi eine Tankstelle, um unsere Dieselkanister aufzufüllen, ein Internet und sogar ein italienisches Restaurant, zwar ohne Italiener – aber es schmeckt gut. Vieles ist noch nicht gesetzlich geregelt. Wenn einer ein Auto hat, wird TAXI an beide Türen gemalt und dann fährt er halt als Taxi in der Stadt herum – solange bis er eine größere Reparatur nicht bezahlen kann. Die offizielle Währung ist der Dollar und jede Fahrt innerhalb der Stadt kostet einen Dollar. Die indonesische Staatsbank ist demoliert und mit einem Drahtzaun umgeben. Jedes dritte Fahrzeug hat die großen UN-Buchstaben an den Türen und es patrouillieren ständig bewaffnete UN-Soldaten und Soldatinnen mit ihren Jeeps in der Stadt. Es soll aber alles friedlich und ungefährlich sein, versichert mir eine bewaffnete Militärstreife aus Australien.

Zwei Tage später heißt es „Anker auf“ gen Westen, Richtung Bali. Windstille und Gegenwind mit Gegenströmung von teilweise zwei Knoten zwingen uns zum „Motorsegeln“. Zwei Tage lang unter Maschine – das hat es auf der SUMMERTIME noch nicht gegeben. Da wir bereits am Ende der Ostmonsunzeit etwas in Eile sind, bleibt uns aber einfach keine andere Wahl.

Im Morgengrauen mache ich die eindrucksvolle Gebirgskulisse der Insel Flores mit den bis zu 1.800 Meter hohen Vulkankegeln aus. Die größte überwiegend muslimische Stadt der Insel, Ende, hat zwei große verfallene Anlegepiere und einen Leuchtturm. Dazwischen ankern all die vielen kleinen und größeren Fischerboote. Wir sind die einzige Segelyacht in der Bay. Der Muezzin ruft aus den Lautsprechern und wir sehen die große silbern glänzende Kuppel der Moschee. Die Dächer der anderen Hütten und Häuser sind mit rostigem Wellblech gedeckt. Die Menschen staunen und winken uns freundlich zu. Wir winken zurück. Mit vier leeren 20-Liter-Kanistern im Dingi geht es zum Strand. Zwischen zwei größeren Wellen kommen wir halbwegs trocken an Land. Der schwarze Sand vulkanischen Ursprungs ist so heiß, dass man nicht barfuss laufen kann. Als erstes brauchen wir Rupien. Eine der vielen Kleinbustaxen hält an und bringt uns zu einer Bank. Ich bezahle mit einem Dollar und alle im Bus staunen. Die Banknote wird im Taxi herumgereicht und ich bekomme 5.000 Rupien zurück. (9.000 Rupien sind ein Dollar). Die erste Bank akzeptiert keine Mastercard-Kreditkarte, aber bei der zweiten Bank haben wir Glück. Wir stellen unsere Kanister ab und werden zum Sitzen aufgefordert. Dann geht es an die Formulare – Papiere werden ausgefüllt, es wird telefoniert. Die Frau am Schalter spricht etwas Englisch und sagt, dass sie eine Kopie der Kreditkarte und des Passes brauche. Allerdings gibt es in der Bank keinen Kopierer und so fährt ein Securitymann mit unseren Pässen und der Kreditkarte auf dem Moped los. Nach 25 Minuten ist er schon wieder zurück und die Bankangestellte lässt alles noch mal von ihrer Chefin gegenzeichnen. Anschließend geht es an die Kasse und für 115 uro werden wir hier zu Rupien-Millionären. Das ist der Wahnsinn!!!

Das alles dauert nur etwa eine Stunde. Zum Glück funktioniert die Klimaanlage. Bankautomaten gibt es keine in der Stadt. Es hat auch niemand eine Geld- oder Kreditkarte. Die wenigsten können lesen und schreiben. Weiter geht es mit unseren Kanistern in ein Restaurant, wo wir als einzige Gäste von einer muslimischen Kellnerin bedient werden. Sie gibt uns eine Speisekarte, teilweise in Englisch und Indonesisch, und Stift und Papier. Wir bestellen bei dieser Hitze von 35 Grad im Schatten nur etwas zu trinken und zwei Vorspeisen. Nach einer knappen Stunde bringt sie uns etwas völlig anderes – Spinat mit Knoblauch. Wir haben Zeit und warten weiter, bis uns klar wird, dass das unser Essen war. Die Kellnerin kann nicht lesen und so brachte sie uns in ihrer Not irgendetwas. Nach zwei Stunden, in denen wir mit der ganzen Familie indonesisches Fernsehen geschaut haben, bezahlen wir und gehen.

Nun müssen wir aber ernsthaft nach eine Tankstelle suchen. Also geht es mit den Kanistern im Taxi zur drei km entfernten „Pompa-Benzina". Dort stellen wir uns mit in die Reihe beim „Solar" (Diesel) an. Auf einigen LKW wird der Diesel aus den Plastikkanistern von der Tankstelle sofort in rostige Fässer zum Wiederverkauf in entlegenen Gegenden gefüllt. Diesen Kraftstoff sollte man möglichst nicht kaufen. Zurück am Strand ist das Dingi zum Glück unversehrt, obwohl ich es nirgends anschließen konnte. Aber, oh Schreck, was für eine Welle sich inzwischen am Strand bricht! Da kommen wir niemals trocken mit den vier großen vollen Kanistern zur SUMMERTIME. Wir suchen uns ein schattiges Plätzchen und warten auf Niedrigwasser. So haben wir alle Zeit der Welt, um uns umzusehen. Der Strand ist voller Müll und das Abwasser läuft stinkend ins Meer – es ist Trockenzeit. Zahlreiche Ziegen finden hier ihre Nahrung. Die Kinder baden quietsch vergnügt neben einem aufgedunsenen Ziegenkadaver und dem Müll. Vor uns verrichten die Fischer ganz selbstverständlich ihre Notdurft am Strand. Der schwarze Sand verstärkt noch den deprimierenden Eindruck. Wir werden aber weder angebettelt noch belästigt, viele schauen eher ehrfürchtig und grüßen uns freundlich. Es ist schon ein leichter Kulturschock!!!

Außer uns gibt es doch noch zwei Touristen in der Stadt Ende. Es ist ein holländisches Ehepaar aus Friesland, sie wollen hier am Strand den phantastischen Sonnenuntergang filmen. Wir unterhalten uns wunderbar und so haben wir nach zwei Stunden des Wartens noch eine Hilfe bei der

Dingirückfahrt. Die Kamera sowie die Bootspapiere werden im wasserdichten Packsack von Ortlieb verstaut, denn wir rechnen mit dem Schlimmsten. Die schweren Kanister binde ich am Dingi fest, sicherheitshalber. Ich bin schon einmal in der Karibik gekentert – das dauerte nur eine Sekunde. Damals versuchte ich in St. Lucia die Bootspapiere der Crew zu retten, was mir auch gelang, aber meine nagelneuen Bootsschuhe, ein Geburtstagsgeschenk von Sabine, waren weg. Die Einheimischen hatten natürlich auch ihren Spaß und anschließend tauchte eine ganze Truppe von Jugendlichen nach meinen Schuhen. Als dann beide gefunden waren, kaufte ich jeden Schuh einzeln für zehn Dollar wieder zurück.

Wir schaffen es also tatsächlich zwischen zwei Wellen vom Strand loszukommen und der Außenborder springt an, aber geht sofort wieder aus. Unverzüglich greifen wir zu den Paddeln und können gerade noch ein Querschlagen und Kentern des Dingis verhindern. Wir paddeln wie die Weltmeister, um ins offene Wasser zu kommen – und schaffen es.

Die Nacht ist 04.40 Uhr zu Ende, der Muezzin ruft lautstark über die Lautsprecher zum Gebet. Am Morgen werden die Fährpassagiere zu den Inseln ebenfalls mit kleinen Holzkanus auf die größeren Holzboote gebracht. Für uns ist das wie Fernsehen.

Mit schwachen Winden halb segelnd und halb unter Motor erreichen wir die Insel Komodo. Hier in dieser trockenen kargen Landschaft mit den hohen Bergen ist die Heimat der Komodo-Drachen. Diese größte Echsenart der Welt wird bis zu 3 m lang und erinnert sehr an Urtiere aus einer anderen Welt. Man kann sie nur hier und auf zwei Nachbarinseln antreffen – alle sind als Nationalpark geschützt. Eine Verletzung durch die Zähne der Echsen ist der sichere langsame Tot, die übertragene Infektion lässt sogar Ochsen verenden. Auf der Fahrt zum Ankerplatz in der Loh-Liang-Bay sind zwischen den Inseln sehr starke Wirbel und Strömungen. Wir fahren unter Maschine teilweise nur zwei Knoten und die SUMMERTIME wird regelrecht herumgewirbelt. Ein riesiger Whirlpool.

Zuerst ankern wir in der Nähe des Dorfes zwischen zahlreichen abenteuerlichen Fischerbooten mit beidseitigen Auslegern aus Bambus. Der Anker ist noch nicht auf dem Grund angekommen, da haben wir schon zehn Kanus längsseits und mindestens 30 Holzdrachen, Holzmasken, Muscheln und sechs Mann an Bord. Mit einer Selbstverständlichkeit breiten sich die Händler aus, rauchen gemütlich, die Asche fällt ins Cockpit und alle rufen ständig „Mister, Mister". Als Erstes schicke ich die Truppe von Bord in die Kanus zurück. Sabine „liebt" ja solche Überfälle und ist im Bootsinneren verschwunden. Nach einer halben Stunde haben einige verstanden, dass wir die ganze Nacht unterwegs waren, erst einmal frühstücken und schlafen wollen. Wenn wir etwas kaufen, dann später. Alle wollen uns zu den Drachen führen und unterbreiten ihre Angebote als Führer. Der hartnäckige Kern bleibt am Schiff, während wir nach durchwachter Nacht frühstücken. Mir will der Kaffee nicht schmecken, wenn ständig die Kanus an das Schiff stoßen. Ich gehe ins Cockpit und sehe auch noch, dass sich zwei Kanus an die Windfahnensteuerung festgemacht haben. Da ist es aber aus mit meiner unendlichen Freundlichkeit, ich binde sie kurzerhand ab und den Rest haben sie alle verstanden, obwohl ich kein Wort indonesisch kann.

Nach unserem Frühstück kommt der 19-jährige Ergy mit seinen beiden kleinen Brüdern längsseits. Er entschuldigt sich diplomatisch für die Störung und meint, das hier wäre kein guter Ankerplatz zum Ausruhen nach einer langen Überfahrt zwischen all den Fischerbooten. Es gäbe einen besseren am anderen Ende der Bay und dort fahren wir auch unverzüglich hin. Wir sind weit und breit die einzige Segelyacht. Im NE der Bucht liegt ebenfalls die Ranger-Station des Nationalparks. Ohne Führer darf der Park nicht betreten werden und es wird immer noch die Story aus den 70-ziger Jahren erzählt, als von einem Schweizer nur noch die Kamera und ein Schuh gefunden wurde. Ergy bringt uns mit seinem Fischerboot zum Büro. Jeder wird mit Name, Adresse, Passnummer in einem großen Buch vermerkt, so kann ich sehen, dass in der letzten Woche nur 75 Besucher hier waren. Bei gnadenloser Hitze geht es vier Stunden zu Fuß durch den Wald. Es lohnt sich aber wirklich – wir sehen große Hirsche, Wildschweine, Kakadus und mehrere große Komodo-Drachen von zweieinhalb Metern Länge.

Wir bleiben den Rest des Abends unbehelligt und kaufen bei Ergy nach harten Verhandlungen die kleinen angeblich von seinem Vater geschnitzten Holzdrachen. Er und seine Crew werden noch mit Basekaps und T-Shirts ausgerüstet. Es ist der ruhigste Ankerplatz seit längerer Zeit. Das Wasser ist so sauber und ohne Krokodile, Haie und Nesselquallen, dass wir nach Wochen das erste Mal wieder mit Genuss baden können.

Am Morgen geht es weiter. Kein Wind – alles unter Maschine, so erreichen wir Hu-U, ein kleines armes Fischerdorf auf Sumbawa. Die elektronischen Karten und die Seekarte liegen beide mit ihrer GPS-Position zwei Seemeilen weiter östlich. Die einzige verfügbare Seekarte ist übrigens von den niederländischen Vermessern aus dem Jahre 1920 mit zahlreichen Korrekturen. Damals gab es keine Satelliten für die exakte Positionen und Indonesien hat kein Geld, um alles neu zu vermessen. Da bleiben uns nur die altbewährte terrestrische und die Eye-Apple-Navigation, um hinter einer großen Sandbank unseren Ankerplatz zu finden. Auf Fischerboote und Fischernetze müssen wir sowieso höllisch aufpassen.

Aus Sabines Tagebuch:

14. Oktober 2002 Insel Sumbawa

Eigentlich war ich heute von Gerhard zum Essen eingeladen, aber daraus wird wohl nichts. Im Reiseführer ist dieser Strand zwar als Surfparadies beschrieben, aber weit und breit ist kein Surfer zu sehen und von einem Restaurant gibt es keine Spur. Natürlich auch kein Internet. Wir sind abgeschnitten von der Zivilisation. Und dabei könnten wir gerade heute eine Internetverbindung dringend gebrauchen, um unsere Lieben daheim zu beruhigen. Alle unsere Freunde wissen, dass wir auf dem Weg nach Bali sind. Sie werden sich große Sorgen um uns machen. Gestern Abend um 18.00 Uhr erreichte uns über Funk die schreckliche Nachricht vom Bombenattentat auf zwei balinesische Diskotheken mit über 160 Toten. Warum fügen nur Menschen anderen Menschen bewusst soviel Leid zu?

Wir werden Bali anlaufen, zum Einklarieren und um Diesel und Wasser zu tanken. Hoffentlich ist es jetzt sicher?!

Donnerstag, 17.10.2002, Benoa Harbour, Bali

Die 300 Seemeilen nach Bali – das übliche, kaum Wind aber dafür zeitweise starke Gegenströmungen. Einmal fuhren wir bei voller Motorkraft nur eineinhalb Knoten. Während der Überfahrt erfahren wir von dem furchtbaren Bombenattentat am 12.10.2002, bei dem über 180 Menschen ihr Leben verloren und Hunderte verwundet wurden. Viele amerikanische Segler und auch die „Bluewater-Ralley" fahren daraufhin aus Angst vor weiteren Anschlägen nicht hierher.

Bali empfängt uns mit gleißender Sonne und einer Armada von Ausflugsbooten, die uns in der engen Hafeneinfahrt entgegenkommen. Die Bali-Marina ist unser Agent für das CAIT, die Segelgenehmigung für die indonesischen Gewässer und damit wird das Einklarieren als kostenloser Service von der Marina erledigt. In der sonst übervollen Marina sind jetzt jede Menge freie Liegeplätze für zehn Dollar pro Tag.

Zwei Beamte kommen an Bord und die SUMMERTIME wird eine Stunde auf den Kopf gestellt wie noch nie. Sicherlich hängt es auch mit der angespannten Situation nach dem Bombenattentat zusammen. In der Marina sind bewaffnete Soldaten. Übrigens wird hier in Indonesien bei Rauschgiftschmuggel die Todesstrafe vollstreckt und das Boot wird beschlagnahmt, aber eigentlich braucht man es dann nicht mehr.

In Kuta, dem Touristenviertel von Bali, ist das ganze Ausmaß der Zerstörung zu sehen. Eine unvorstellbare Katastrophe!! Überall bewaffnete Sicherheitskräfte – zu spät!! Mich hat am Tiefsten ein Berg mit teilweise halbverbrannten Schuhen berührt, die in den Trümmern gefunden wurden. Es gibt immer noch Vermisste. Hunderte Kränze, Plakate zeugen von der Anteilnahme und dem Mitgefühl für die Angehörigen. Täglich gibt es Trauerzeremonien.

Nun sind wir also in Bali, haben es gewagt, trotz des Bombenattentates. Auf Schritt und Tritt begegnen uns die Auswirkungen des Terrors. Die Strände sind leer und die Souvenirstände sind voll oder geschlossen, in den Restaurants jede Menge freie Plätze. Überall sind große Kränze zum Zeichen der Trauer aufgestellt. Viele Einheimische fragen uns: „Habt Ihr keine Angst?" Doch, auch wir haben Angst, denn die Täter sind noch nicht gefasst und drohen mit neuen Anschlägen. Die Nachrichten sind voll davon; wir können das CNN-Fernsehprogramm sehen. Seit dem Attentat verlassen 30.000 Urlauber innerhalb einer Woche diese schöne Insel. Der Badestrand ist menschenleer. An der Strand Bar sind wir die einzigen Gäste. In den meisten Hotels ist kein einziger Gast mehr – geschlossen.

Wir wollen trotzdem die Insel sehen und stürzen uns mit einem alten Suzuki in das Verkehrschaos. Hier ist wieder Linksverkehr und ich muss doppelt aufpassen. An gleichrangigen Straßen hat der Linke die Vorfahrt. Zweimal klappt es beinahe und nur eine Notbremsung rettet die Mopeds, auf denen oft drei Personen sitzen. Bei einem Sicherheitsabstand von mehr als drei Metern zum Vordermann hupen alle, hupen gehört zum Fahrstil und die Mopeds überholen mich gleichzeitig auf beiden Seiten. Es geht zum heiligen Agung-Vulkan ins Gebirge und zu den mehr als 1.200 Jahre alten Besakih-Tempeln. Die Balinesen sind sehr geschickte Handwerker, die Holz- und Steinbildhauer wirkliche Künstler. Sie arbeiten für einen Hungerlohn von 50 Dollar im Monat. Das für uns Deutsche ungewohnte Feilschen gehört beim Einkaufen natürlich dazu. Im Normalfall beginnt jeder Verkäufer mindestens mit dem Doppelten – Sieger ist der Schauspieler mit dem besseren Pokerface.

Drei Tage sind wir mit dem Mietauto unterwegs, haben Proviant eingekauft und fast alle Tempel gesehen. Jetzt soll es weitergehen nach Singapur über Borneo.

Auf dem Weg nach Kumai auf der Insel Borneo sind die beiden Nächte richtig aufregend. Es begegnen uns so viele Fischerboote wie nie. Dazwischen sind noch einige schwach oder gar nicht beleuchtete Fischernetze. Die Holzboote der Indonesier haben oft nur eine Funzel oder Kerze als weißes Licht. Daneben wollen die Fischer auch noch ihre bösen Geister loswerden, indem sie möglichst andere Boote rammen oder ganz nahe herankommen, damit die Geister überspringen können. Sie warten regelrecht auf uns und wenn wir kommen, geht es mit Vollgas auf Kollisionskurs. Ich ändere mehrfach den Kurs, aber sie tun das Gleiche und bleiben mit Vollgas dran, bis auch ich Vollgas gebe und wir mit acht Knoten davon sausen. Wenn solche Aktionen dann bei Nacht stattfinden, bin ich besonders begeistert. Einmal hätten wir nachts wirklich fast ein Fischerboot gerammt. Eine ganz düster beleuchtete Dschunke kreuzt vielleicht zehn Meter vor uns unseren Kurs, dass ich ein „Manöver-des-letzten-Augenblicks“ fahren muss. Diese Holzboote sind im Radar nicht zu erkennen, da sie bei kleinen Wellen immer wieder im Wellental verschwinden und kein Echo geben. Es sind anstrengende Nächte. Nach zwei Tagen unter Motor mit schwachen umlaufenden Winden erreichen wir die Mündung des Kumai-Rivers auf der Insel Borneo, werfen den Anker und gehen zeitig schlafen. Der Ort Kumai liegt noch 13 Seemeilen flussaufwärts. Es ist dichter Nebel und wir überlegen noch, wie wir wohl zu den Orang-Utans kommen, da ich keine detaillierte Flusskarte habe. Auf einmal tönt das laute Nebelhorn eines Tankers. Wir sind noch unschlüssig, da rauscht er schon an uns vorbei. So schnell ging bei uns noch kein Ankermanöver und wir fahren mit Vollgas hinterher, denn wo so ein großer Tanker fahren kann, da reicht für uns die Wassertiefe allemal. Die spärlich ausgebrachten Seezeichen sind bei dem Nebel sowieso nicht zu erkennen. Nach einer reichlichen Stunde stoppt unser Motor plötzlich. Ich denke sofort an ein Fischernetz in der Schraube oder der Motor bekommt keinen Dieselkraftstoff. Die Wassertiefe beträgt viereinhalb Meter und so lassen wir erst einmal den Anker fallen und frühstücken. Ich hoffe, dass der Diesel alle ist, denn das trübe Flusswasser sieht nicht direkt einladend aus. Langsam wird es etwas heller und der Nebel lichtet sich. Wir können das andere Ufer erkennen. Ich bin ein Glückskind – es ist kein Diesel mehr im Tank und ich muss nicht „baden“ gehen. Leider haben Dieselmotoren den Nachteil, wenn einmal Luft im Ansaugsystem ist, springen sie auch mit nachgefülltem Diesel so ohne weiteres nicht wieder an. Ich entlüfte also die Einspritzpumpe, die Hochdruckleitung und den Kraftstofffilter. Danach läuft der „Flautenschieber“ wieder wie ein Uhrwerk. Die letzten Meilen halten wir uns schön in der Flussmitte und kommen an den Ort Kumai.

Dort wollen wir uns einige der letzten frei lebenden Orang-Utans ansehen, die im dortigen Nationalpark leben. Wir sind allerdings etwas beunruhigt, da Borneo zu den gefährlichsten Malariagebieten der Erde gehört. Sicherheitshalber ist ein Notfallmedikament (Lariam) an Bord. Bei einer Inkubationszeit von sieben Tagen haben wir auf jeden Fall Singapur erreicht, wenn wir keine Stopps mehr einlegen und dort ist qualifizierte medizinische Hilfe möglich.

Zwei andere Yachten sind bereits hier. Viele größere Holzboote haben an dem Pier des Ortes festgemacht und verladen tropische Hölzer. Es kommen kleine Fischerboote mit langen Holzflößen im Schlepp. Für viele Einheimische ist das die einzige Einnahmequelle.

Über Funk melden wir uns bei Harrys-Yacht-Service und eine Stunde später ist Harry bei uns an Bord. Er organisiert die Ausflüge in den Tanjung-Puting-Nationalpark, liefert Diesel an und nimmt den Müll entgegen. Dieser wird in einem leeren Fass neben seinem kleinen Büro verbrannt. Am nächsten Morgen früh soll es also mit dem Speedboot zu einem Tagesausflug in den Nationalpark gehen. Wir haben uns wegen der Malariagefahr nicht für den Zweitagestrip mit Übernachtung auf einem Langkanu im Dschungel entschieden. Der Spaziergang durch den Ort Kumai mit seinen 9.000 Einwohnern ist wieder ein leichter Kulturschock. Die Hütten, alle auf Pfählen gebaut, stehen eng gedrängt in einem Gemisch von Müll und Kloake. Bei 35 Grad im Schatten riecht das nicht sehr angenehm. Aber nun kommt ja bald die Regenzeit und all der Dreck wird ins Meer gespült. Uns fehlt etwas das Verständnis für diese Mentalität, aber wir können das nicht ändern. Da die Anzahl der Touristen sehr gering ist, werde ich ständig mit „Hallo, Mister“ angerufen.

06.00 Uhr sollen wir vom Motorboot abgeholt werden. Der Muezzin ruft bereits seit einer halben Stunde die Muslime zum Gebet. Nach einer geschlagenen Stunde Wartezeit kommt endlich unser Führer, eine Wache für das Boot während unserer Abwesenheit und der Fahrer. Wir sind gespannt und voller Erwartungen! Dann sausen wir auch schon den Fluss entlang und haben manchmal Angst zu kentern, so drückt der Fahrer aufs Gas. Bei der Geschwindigkeit und dem Lärm ist es natürlich unmöglich, irgendetwas von Natur und Menschen zu sehen, geschweige denn zu filmen. Aber auch gutes Zureden hilft nichts, es geht mit Vollgas weiter. Wer weiß, wie weit der Nationalpark ist? Nach anderthalb Stunden sind wir am Camp angelangt und harren der Dinge, die da kommen sollen. Wir wollen Orang-Utans in ihrem natürlichen Lebensraum sehen.

Zuerst geht es im Eiltempo durch den Regenwald auf einem markierten Pfad. Uns läuft der Schweiß und für eine kleine Pause würden wir viel geben. Aber Noe, unser junger dynamischer Führer in Badelatschen, hält nur kurz an einigen Bäumen an, um von den Schildern die Namen der Bäume abzulesen. Na, das hätten wir zur Not auch selbst gekonnt. Er ist sicherlich sehr stolz darauf, lesen zu können. Die meisten Indonesier sind Analphabeten. Über die Orang-Utans erfahren wir nicht viel und zu sehen kriegen wir auch keine. Nach der dreistündigen Tour bringt uns Noe zurück zum Boot – Mittagspause!

Nach einer weiteren Stunde, die wir allein auf dem glühendheißen Boot mit unserem Lunch verbringen, sitzen wir etwas ratlos da. War das alles? Wie geht es jetzt weiter? Noe will uns doch tatsächlich noch über zwei Stunden hier sitzen lassen, bis zur Fütterungszeit der Affen. Wir protestieren und so führt er uns noch mal zur Station. Auf dem Weg dahin sehen wir endlich die Menschenaffen. Man soll auf jeden Fall einen gehörigen Sicherheitsabstand wahren, sich nie zwischen Männchen und Weibchen stellen und nicht vor den Affen essen. Sie sind ziemlich groß und Sabine hält ordentlich Abstand. Ich muss mich zum Filmen allerdings näher heranwagen. Orang-Utan ist übrigens ein indonesisches Wort und heißt Dschungelmensch. Sie bauen sich jeden Abend ein frisches Blätternest, weit oben in den Bäumen, und tragen so zur Regenerierung des Regenwaldes bei. Hier im Nationalpark haben sie richtig viel Platz. Die nächsten Stunden verbringen wir am schattigen Rastplatz der Station, wo auch ein großes Orang-Utan-Weibchen mit Baby hinkommt und Sabine in die Flucht schlägt. Kleine kecke Gibbonäffchen schaukeln in den Zweigen. Nun tun uns die Affen im Zoo erst richtig leid.

Um die tägliche Fütterung der Orang-Utans zu erleben, müssen wir wieder eine Stunde in den Dschungel laufen. Die Futterplätze werden regelmäßig gewechselt, damit die Tiere, die später wieder ausgewildert werden sollen, nicht verlernen, ihr Futter zu suchen. Während wir hier warten, nähern sich schon ganz erwartungsvoll einige der Menschenaffen.

Sie kommen nicht zu Fuß, sondern schwingen sich ziemlich lautlos durch die Bäume. Das ist sehr beeindruckend. Unser Führer ist mit den Affen vertraut und sie kommen auf Tuchfühlung. Hoffentlich gelingen mir ein paar gute Aufnahmen. Ich sehe die Affen jedenfalls nur durch die Linse meiner Kamera. Wir beschließen, noch vor der Fütterung zum Boot zurückzukehren. Orang-Utans haben wir jetzt aus nächster Nähe gesehen. Wir hoffen auf ein bisschen mehr Zeit für die Flussfahrt, denn da soll es Krokodile, herrlich bunte Vögel und andere Affen geben. Mit Noe, der ein bisschen Englisch kann, haben wir das besprochen. Er muss es nur noch dem Fahrer klarmachen.

Leider hat der Fahrer für unseren Wunsch taube Ohren. Er kennt nur Vollgas! Als wir ein kleines Krokodil entdecken, stoppt er ganz plötzlich die Maschine, aber das Krokodil ist natürlich schon weg. So geht es den ganzen Rückweg. Glücklicherweise sehen wir noch Gibbons, Makaken und Nasenaffen. Auch Süßwasserkrokodile und farbenprächtige Vögel, wie den Nashornvogel und den Kingfisher, konnten wir beobachten. Ich muss erst richtig böse werden, damit er wenigstens einige Male langsamer wird und mir überhaupt ein paar Aufnahmen von der Flussfahrt gelingen.

Bevor es dunkel wird, sind wir schon wieder am Schiff. Fazit: Wir sahen Orang-Utans und andere Dschungeltiere, das war Klasse. Aber alles andere stimmte nicht und wir zahlten zuviel Geld für diesen Trip. Harry scheint schon von unserer Unzufriedenheit gehört zu haben, denn nach einer halben Stunde ist er bei uns, um sich zu erkundigen, wie es war. Nun, man kann nicht immer nur alles loben, so beschweren wir uns, damit es anderen Seglern besser geht und Harry rückt 150.000 Rupien als Nachlass wieder raus. Schließlich macht er ja auch noch mit dem Diesel sein Geschäft. So haben wir alles in allem nach harten Verhandlungen 44 Dollar, einen Monatslohn in Indonesien, für diesen Trip bezahlt und finden das nicht so billig.

Unsere große Angst vor den Moskitos hat sich so ziemlich aufgelöst. Die Regenzeit beginnt gerade erst und bis jetzt sichten wir noch keine Moskitos. Dennoch haben wir das Moskitonetz aufgespannt und lassen in der Nacht eine Räucherspirale glühen. Das schreckt die Biester garantiert ab. Das beste Mittel allerdings ist, sich früh und in der Dämmerung auf dem Schiff aufzuhalten, das in sicherem Abstand vom Land ankert. Das ist nur hier im Fluss nicht möglich.

Aufgetankt geht es wieder los nach Singapur. Wenn kein Wind kommt, müssen wir noch mal an Land und Diesel besorgen. Dazu haben wir uns die kleine Insel Serutu in der Karimata-Strait ausgesucht. Von dort sind es noch 390 Seemeilen bis Singapur. Das kleine Dorf hat 50 Hütten und 300 Einwohner. Hier gibt es keinen Strom, aber eine Moschee. Zwei junge Burschen können etwas Englisch. Ich lande mit dem Dingi und vier Kanistern im Dorf an. Sofort bin ich von zwanzig Kindern umringt und verteile Bonbons. Beim Diesel wittern alle Dörfler, die noch in ihren Fässern unter der Hütte Diesel haben, ein Geschäft. Er ist fünfmal so teuer, wie an der Tankstelle. Ich habe meinen Stolz und verzichte, da müssen wir eben eine andere Route nach Singapur fahren. Am nächsten frühen Morgen kommt ein Versorgungsschiff und hat volle Dieselfässer an Bord. Gerettet – dort kann ich zu fairen Preisen Diesel kaufen und mir das 20 Meter lange Holzschiff anschauen. Es hat weder Funk, Echolot, Logge, GPS-Gerät, Seekarten, Autopilot, Radar, Barometer – nichts. Nicht einmal einen Kompass!! Keinen einzigen Rettungsring – unglaublich. Nachts brennt im Masttopp ein kleines weißes Windlicht und im Steuerhaus ist ein Kofferradio. Eine kräftige Benzinpumpe entleert regelmäßig die Bilge, da das Holzschiff ständig Wasser nimmt.

Wir müssen die gesamte Strecke unter Motor zurücklegen. In der ersten Nacht blitzt es fast sechs Stunden ehe der Regen kommt –dann aber wie aus Kannen. In der zweiten Nacht sind unheimlich viele Squidfischer (Kalamaris) unterwegs. Die Boote sind voller Scheinwerfer – damit sind sie wunderbar zu erkennen. Am dritten Tag, dem 03.11.2002, überqueren wir genau 18 Uhr 25 Minuten Ortszeit (UTC – 8 Uhr) auf der Länge von 104 Grad 14 Minuten East den Äquator. Damit sind wir wieder auf der Nordhalbkugel und die Sonne steht ab jetzt mittags im Süden und nicht mehr im Norden. Sabine mixt uns aus diesem Anlass einen wunderschönen Sundowner. Schließlich haben wir sonst nichts zu lachen. Den ganzen Tag bei Windstille unter Motor, dass ist nicht unbedingt die blanke

Sahne. In der dritten und letzten Nacht passieren wir nach 360 Seemeilen die Selat-Durian, in der mehrere Leuchtfeuer gerade Urlaub haben und kommen im Morgengrauen schon relativ weit westlich in das Verkehrstrennungsgebiet der Singapore-Strait. Diese Wasserstraße gehört zu den am meisten befahrenen der Welt. Die Ozeanriesen kommen wie auf einer Kette aufgefädelt mit etwa zwölf Knoten in einem Abstand von drei bis vier Seemeilen. Wir queren rechtwinklig mit Vollgas diese Zone und es ist wirklich der Wahnsinn, wie schnell diese schwimmenden „Hochhäuser“ näher kommen. Die Strömung nimmt uns mit und wir können bereits die Hafenanlagen und die Silhouette der Insel Singapur mit den gewaltigen Wolkenkratzern erkennen. Ehrgeizige Hafenerweiterungen sind abweichend zu unserer Seekarte zu erkennen. Riesige Flächen werden aufgefüllt und dem Meer abgerungen.

7. Durch die Malacca-Straße und den Arabischen Golf

Malaysia – Thailand – Sri Lanka – Malediven – Oman

Über Kanal 77 (24 Stunden dienstbereit) melde ich uns in der Raffles-Marina an. Sie wurde nach Sir Stamford Raffle, dem Gründer von Singapur, benannt. Die zentrale Lage von Singapur und der Status als Freihandelszone ließen hier die „Schweiz Asiens" entstehen. In der Marina kostet ein Tag für unser 42-Fuß-Schiff 15 Dollar, bisher das beste Preis-Leistungsverhältnis weltweit. Dazu kommt noch ein Bonus für Gastsegler: Sieben Tage zahlen und zehn Tage bleiben. Machen wir doch sofort. Nach einer längeren Zeit unterwegs genießen wir auch gern den Luxus. Es wird Service ohne Ende geboten: 24-Stunden-Security, früh die Tageszeitung gratis an Bord, zehnmal täglich freier Shuttle-Bus in die City und zurück, ein riesiger Swimmingpool und Duschen mit marinaeigenen Hand- und Badetüchern, Fitnesscenter, Schiffsausrüster, Tennisplatz, Kino, Bowlingbahn, Internet, Gasfüllservice und Dieseltankstelle. Alles ist blitzsauber!! Jeden Tag sind 33 Grad und nachmittags regnet es.

Apropos Sauberkeit: wir staunen, wie sich fast vier Millionen Einwohner (75 Prozent Chinesen) reglementieren lassen. Es liegt nirgends Müll herum, nicht eine Wand ist voll geschmiert. Rauchen, Essen oder Trinken ist in allen öffentlichen Bahnhöfen und Gebäuden, wie Einkaufszentren, Büros sowie in allen öffentlichen Verkehrmitteln verboten. Hier kann man übrigens die teuersten Zigaretten weltweit rauchen (Strafe: 550 Dollar), wenn man gegen das Rauchverbot verstößt. Auch die anderen Strafen sind gepfeffert: Essen oder Trinken, auf den Fußboden spuken, Blumen abbrechen, Abfall wegwerfen – mit 270 bis 550 Dollar ist man dabei, wenn man erwischt wird. Alle halten sich an diese Gesetze. Bei Rauschgiftschmuggel oder der Herstellung von Rauschgift wird die Todesstrafe vollstreckt. Nirgends ist allerdings uniformierte Polizei zu sehen. Es gibt praktisch keine Kriminalität.

Übrigens verlangt die Immigrationsbehörde als erstes, bevor der Stempel im Pass landet, einen „Crew-Security-Bond" (Zahlungsverpflich tungserklärung) des Skippers über 800 Dollar, falls das Schiff oder die vollzählige Crew nicht innerhalb von 14 Tagen Singapur wieder verlassen hat. Keiner kommt auf das Schiff zum Kontrollieren.

Diese High-Tec-Millionenstadt ist wahnsinnig geschäftstüchtig. Hier kommen die unterschiedlichen Bevölkerungsgruppen offensichtlich gut miteinander aus. Die historischen Wohnviertel wie China-Town, Little-India und Little-Arabia sind besondere Anziehungspunkte. Viele Schilder sind in vier Sprachen (Englisch, Chinesisch, Indisch und Malay), wobei das „Singlish“ (Singapur-Englisch) die offizielle Geschäftssprache ist. Es gibt Zeitungen, Fernsehen und Rundfunk in den verschiedenen Sprachen. Jeder ab zehn Jahre hat praktisch ein Handy und es wird überall wie wild telefoniert.

Mit drei Prozent Mehrwertsteuer hat sich Singapur zum Einkaufsparadies entwickelt. Ab 2003 sollen es fünf Prozent werden. Fast alles ist klimatisiert. Das Verkehrssystem ist grandios organisiert. Allein in der City konnte ich 80 große Shopping-Malls zählen. Alle Läden sind vermietet. Im Suntec-Tower sind zum Beispiel mehr als 200 Geschäfte und 20 Restaurants. Es gibt alles, man muss nur wissen wo. Der Sim-Lim-Tower ist voller Elektronik, der Sim-Lim-Square voller Computertechnik. Alle Shoppingzentren haben 365 Tage im Jahr von 10 bis 22 Uhr geöffnet, wobei die einzelnen Läden oder Restaurants teilweise individuelle Öffnungszeiten haben. An den Wochenenden und abends gehen die Einwohner von Singapur shoppen. Konsum wird ganz groß geschrieben. Jetzt werden bereits riesige Weihnachtsbäume und Dekorationen für Weihnachten aufgebaut. Es stehen selten Preise an den teuren Waren, über alles wird gefeilscht und gehandelt. Nach drei Tagen haben wir den Kaufrausch überwunden. Die preiswerte Metro fährt aller drei bis acht Minuten. Sie verbindet die City mit den Wolkenkratzern und die zahllosen Wohngebiete (alle im Plattenbaustil) der Insel schnell und ohne Stau. Privatautos und Motorräder müssen nach einem ausgeklügelten System eine Straßenbenutzungsgebühr in der City bezahlen. Taxi fahren ist preiswert. Viele haben kein eigenes Auto. Es gibt unter anderem einen tollen Zoo mit Nachtexkursionen und einen einmaligen Vogelpark.

Die Welt ist groß, wir müssen weiter in das angrenzende Malaysia. Das Boot ist klar, Proviant gebunkert. Auf der Fahrt in der Malacca-Strait nach Malaysia brauchen wir unseren Motor für 24 Stunden, nicht um den Piraten davon zu sausen, sondern weil der Wind die Stärke zwei, außer in einer Böenwalze beim Durchgang eines Wärmegewitters, nicht übersteigt. Der Verkehr der Großschifffahrt ist wirklich gewaltig. Man muss sich hier eine breite Straße mit zwei geteilten Fahrbahnen vorstellen. Wir laufen etwa sechs Knoten und die uns überholenden Ozeanriesen laufen 15 oder noch mehr Knoten. Etwas kribbelig ist das schon, wenn man rechts und links gleichzeitig von zwei „Großen" überholt wird. Einmal musste ich einem unbeleuchteten malaysischen Fischerboot ausweichen, das uns als Falschfahrer entgegenkam. Vielleicht war heute bei ihm Russisch-Roulette angesagt, denn die „Großen" können nicht so schnell ausweichen oder er fuhr nach der Devise, wenn die andern Licht haben, kann ich meines sparen.

Der Einklarierungshafen von Malaysia ist Port-Dickson mit der Admiral-Marina. Viele Yachten treffen wir hier wieder. Die meisten wollen wie wir Weihnachten und Silvester in Phuket (Thailand) feiern, bevor es Mitte Januar Richtung Sri Lanka weitergeht. Der Aufenthalt im exklusiven Admiral Marina-Leisure-Club kostet für uns als Gäste 12 Dollar pro Tag. Auch hier wieder ein herrlicher Swimmingpool und täglich wird ein Film gezeigt. Für Segler ohne Fernseher eine schöne Zugabe. Es bleibt sowieso gar keine andere Wahl, als hier festzumachen, denn geschützte Ankerplätze gibt es entlang der malaysischen Küste praktisch keine. Das Wasser ist oft weniger als 20 Meter tief und überall sind unzählige Fischerboote und Fishing-Stakes. Diese feststehenden und unbeleuchteten Fischfangnetze sind nicht in Seekarten eingezeichnet, da ihre Position zeitweise verändert wird, deshalb wird innerhalb der flachen Küstengewässer nur bei Tage gefahren.

Wir wollen von Port-Dickson aus die älteste Hafenstadt Südostasiens, Malacca, und die Hauptstadt von Malaysia, Kuala-Lumpur, mit zwei Millionen Einwohnern, besuchen. Das machen wir gemeinsam mit Ann und Keeth aus Australien und es bringt uns viel Spaß. Die öffentlichen Verkehrsmittel sind billig und wir sind mittendrin. Leider müssen wir nicht nur zum Vergnügen nach Kuala-Lumpur, denn unsere Sony-Videokamera hat wieder ihre Mucken. Wir finden das Sony-Centre und es wird uns versprochen, in einer Woche ist alles im Lot. Wir sind gespannt – auf jeden Fall müssen wir noch mal hierher kommen, um die Kamera abzuholen. Das ist sicherer als das Nachschicken per Kurierdienst.

Der Wind ist zu schwach zum Segeln, aber mit Strömung und Motor kommen wir gut nach Port Klang. Wir machen an den Schwimmstegen des Royal-Selangor-Yacht-Clubs fest. Zu jeder vollen Stunde fährt ein Wassertaxi des Königlichen-Yacht-Clubs an Land oder zurück. Fahrtensegler können Duschen, Swimmingpool und die Clubgaststätte nutzen, wo ein Abendessen für zwei Personen mit Getränk fünf Dollar kostet.

Wir sind entsetzt, welche Unmengen Müll hier der Fluss in das Meer spült. Die fleißigen Straßenkehrer entsorgen den Müll und den Kehricht gleich in die Abwassergräben. Die offene Kanalisation ist bei der Hitze mit geschlossenen Augen nicht zu verfehlen, gleichzeitig eine Unfallgefahr und Sammelstelle für alles, bis der tägliche kräftige Regenguss kommt und vieles mit ins Meer mitnimmt. Da auch die geschäftige Hafenstadt selbst außer einer günstigen Bahnverbindung nach Kuala Lumpur nicht viel bietet, geht es nach einem Tag weiter.

Ein unruhiger Ankerplatz als Zwischenstopp während der letzten Nacht ist nicht zu umgehen, da zu viele Fischer ohne Licht unterwegs sind oder zu zweit mit einem Schleppnetz fischen. Die gesamte Küste ist sehr flach, so dass wir nur ein Stück näher an das Ufer fahren und bei acht Metern Wassertiefe den Anker fallen lassen. Durch den Südkanal geht es zwischen dem Pangkor-Island und dem Festland vorbei an der größten Marine-Basis vom Malaysia. Besonders die dicken dunkelgrauen U-Boote sehen irgendwie unheimlich aus. Ich zähle rund 50 Kriegsschiffe – recht viel für so ein kleines Land wie Malaysia, aber vielleicht gab es diese im Dreierpack günstiger auf dem Weltmarkt.

Ein Meile noch den lehmig trüben Dinding-River hoch und dann sind wir am International-Yacht-Club. Hier können wir beruhigt das Schiff liegen lassen, um nach Kuala-Lumpur zu fahren. Der klimatisierte Bus bringt uns für vier Dollar pro Person nach KL. Im Bus ist es so kalt, dass sich Sabine eine dolle Erkältung zuzieht. Auf der vierstündigen Fahrt können wir allerhand von Malaysia sehen, eine wunderbar grüne üppige Landschaft, prächtige Häuser und ärmliche Hütten, indische und chinesische Tempel neben muslimischen Moscheen und christlichen Kirchen. Es ist erstaunlich, wie friedlich die Menschen verschiedener Glaubensrichtungen offensichtlich hier nebeneinander leben. Im Supermarkt zum Beispiel ist alles für Ramadan, Christmas und die indischen Deepavali-Feiertage zu haben. Allerdings gibt es hier auch eine Religionspolizei, die aufpasst, dass sich die verschiedenen Glaubensrichtungen nicht vermischen. Vergehen können sogar mit Gefängnis bestraft werden. Es gibt praktisch keine Mischehen und Zärtlichkeiten in der Öffentlichkeit, wie das Küssen, werden mit Geldstrafen geahndet. Als durchreisende Gäste sind wir nicht lange genug hier, um alles zu erfahren oder um uns ein pauschales Urteil erlauben zu können.

Wir holen als erstes im SONY-Centre die Videokamera von der Reparatur ab. Der Kamera bekommen die hohe Luftfeuchtigkeit und der häufige Gebrauch nicht so gut. Bis nächsten Sommer muss sie einfach durchhalten, denn eine neue ist nicht im Budget geplant. Die Reparatur war aber pünktlich fertig und preiswert, so dass ich etwas von der Atmosphäre in Kuala Lumpur einfangen kann. Wir übernachten in einem Hotel in China-Town, sind gleich mittendrin im wirklichen Leben und auch gleich am berühmten „Night-Market". Auf einer abends gesperrten Straße werden ab 17.00 Uhr hunderte von Ständen aufgebaut. Fahrende Imbissstände und fliegende Händler bieten alles was Rang und Namen hat als Raubkopie an. Feilschen und Handeln muss sein und gehört hier einfach dazu. Normalerweise fängt der Verkäufer beim vierfachen Preis an. Die einfache Rolex-Uhr gibt es zum Beispiel schon ab fünf Dollar – „Goldene" Automatikausführungen kosten 25 Dollar. Es sind Kulis von Mont-Blanc, Poloshirts von Hugo Boss und Lacoste, Levis-Jeans, Zippo-Feuerzeuge, Parfüm von Calvin Klein, Gürtel, Handtaschen von Gucci, alle Arten von aktueller Software (je zwei Dollar), neueste DVDs und Music-CDs unter anderem zu haben. Die Händler sind mit ihren Funkgeräten in Kontakt, falls doch einmal die Polizei kommt, sind die Händler weg und es liegen nur die leeren CD-Hüllen der Software auf dem Tisch mit einer großen Decke zugedeckt. Beim Filmen mit der Videokamera sind einige Händler nicht begeistert. Der „Night-Market“ ist sehr gut besucht und wahre Menschenströme drängeln sich an den zahlreichen Verkaufsständen durch. Wir haben uns für wenig Geld einige DVDs und ein Programm für den Computer gekauft, damit wir diese auch abspielen können. Nun ist es doch tatsächlich für uns möglich, Movies im Computer anzusehen. Als erstes haben wir uns „Harry Potter and the Chamber of Secrets“ angesehen. Natürlich alles in Englisch und lustigerweise mit chinesischen und malayischen Untertiteln. Der nächste Movie ist der neueste James-Bond-Film. Unvorstellbar, dass man hier schon die Kopien kaufen kann, wenn die Filme noch nicht einmal im Kino angelaufen sind.

Am nächsten Tag wollen wir auf die Sky-Bridge in 180 Metern Höhe, welche die beiden Türme des Petronas-Twin-Tower, dem mit 452 Meter höchsten Gebäude der Welt, verbindet. Das faszinierende Bauwerk hat eine Fassade aus Edelstahl und Glas, mit dem der Petronas-Ölkonzern vermutlich seinen Reichtum dokumentieren will. In einer nur zweijährigen Bauzeit wurde dieses Gebäude mit unter anderem 5.400 PKW-Stellplätzen errichtet – eine grandiose Leistung. Wir holen uns am frühen Morgen gleich einen Besichtigungstermin, denn es wird jeden Tag nur eine begrenzte Anzahl von Personen für 10 Minuten auf die Sky-Bridge gelassen. Wir sind Glückspilze und bekommen 11.45 Uhr als Besuchszeit. Weiträumig darf kein Auto länger als eine Minute zum Halten stehen bleiben. Die Sicherheitsmaßnahmen sind strenger als auf einem Flughafen. Im Erdgeschoß sind Sicherheitskräfte mit Maschinengewehren und sogar die kleine Videokamera wird durchleuchtet. Und unglaublich – das alles ist für uns kostenlos. Kuala-Lumpur ist echt den Ausflug wert.

Es ist der 1. Advent. Vor dem Sonntagsfrühstück darf ich das erste Päckchen abschneiden. Sabine hat einen Adventskalender mit Süßigkciten gebastelt, damit die schöne Weihnachtszeit nicht so spurlos an uns vorübergeht. Leider haben die leckeren Süßigkeiten bei der Hitze auch ihre Probleme. Wir haben ihn fotografiert zur Erinnerung an das heiße Weihnachten in Asien. Es kühlt sich erst ab Mitternacht ein bisschen ab. Die niedrigste Temperatur ist morgens gegen 07.00 Uhr mit 27 Grad.

In der Nacht schaukelt uns der Sumatera, ein lokaler Nordwind, tüchtig durch und mit dem letzten Tageslicht erreichen wir nach dem Passieren der gewaltigen Brücke, die die Insel Penang mit dem Festland verbindet, unseren Ankerplatz vor Georgetown. Es gibt keine Möglichkeit mit dem Dingi an Land zu kommen, denn das Ufer ist mit Holzhäusern, die auf Pfählen stehen, bebaut. Die geschäftstüchtigen Chinesen haben dafür einen Wassertaxi-Service eingerichtet. Bunte Autofähren fahren tagsüber ständig zum Festland nach Butterworth. Ich brauche ein neues Floppy-Laufwerk für den Laptop. Einige technische Ausfälle sind normal beim harten Bordalltag. Auf der Suche nach dem richtigen Laden lernen wir diese geschichtsträchtige Stadt kennen.

Am Nikolaustag erreichen wir die Insel Langkawi, die mit dem zollfreien Einkaufen auch viele Einheimische anlockt. Besonders groß ist der Preisunterschied zum übrigen Land bei alkoholischen Getränken und Zigaretten. Wir bunkern noch einige „Grundnahrungsmittel“ wie Bier, denn bei diesen hohen Temperaturen soll man bekanntlich zwei bis drei Liter trinken – natürlich nicht nur Bier. Hier ist die letzte Möglichkeit, ausgesprochen günstig einzukaufen, bevor wir das Mittelmeer erreichen. In den anderen Ländern soll es teilweise gar nicht möglich sein, Bier und Wein zu kaufen und wenn, dann zu ungeheuerlichen Preisen. Also decken wir uns damit ein. Es werden regelrechte „Butterfahrten“ von Malaysia nach Langkawi veranstaltet. Am 6. Dezember ist der Ramadan zu Ende und die nächsten Tage sind hier Feiertage für die Muslime so ähnlich wie bei uns zu Weihnachten. Alle Straßen werden festlich illuminiert und geschmückt. Nichts desto trotz haben die großen Duty-Free-Shops täglich geöffnet. Wir genießen es sehr, auch sonntags oder spät abends einkaufen zu können. Die Läden sind bis 22.00 Uhr offen. Wir besorgen uns noch Seekarten und Gastlandflaggen für den Heimweg. Das GPS-Gerät zeigt als Luftlinie bis nach Portoroz, unserem Zielhafen in Slovenien, weniger als 5.000 Seemeilen an.

Als Glückspilze machen wir genau zu einer Promotion-Woche im Royal-Langkawi-Yachtclub fest. Dieser wurde erweitert und da gibt es freie Drinks, ein T-Shirt und Gratisliegeplätze für eine Woche. Das lassen wir uns nicht entgehen. So haben wir noch Zeit, die schöne Insel mit dem Moped zu erkunden. Gerade im Dezember wurde auch eine Kabinenbahn von Doppelmeyer eröffnet, damit man auf den 752 Meter hohen Gunung-Mat-Cincang gelangen kann. Dabei geht die Fahrt über den Regenwald und bietet einen herrlichen Rundblick auf das Inselarchipel von mehr als 100 Inseln.

Es gibt keine Kontrollen beim Ausklarieren nach Thailand. Kurz nach dem 3. Advent werden wir in Phuket sein. Dort soll es wunderschön sein zum Baden und Schnorcheln und wir freuen uns schon darauf. Hier in der Strasse-von-Malacca ist das Wasser so lehmig trübe, dass man keine Lust zum Baden hat. Endlich sind wir raus aus der windarmen Zone, die den Äquator umgibt und wir können wieder segeln. Eine wunderschöne Bucht, die Koh-Lipe in der Butang-Group, mit weißem Sandstrand bietet uns und einigen Fischerbooten Schutz vor Wind und Wellen. Als Erstes springen wir zur Erfrischung in das 27 Grad „kalte" Wasser. Zwischen den beiden kleinen traumhaften Inseln Koh-Rok-Nok und Koh-Rok-Nai machen wir an einer Boje des Marine-Parks fest. Der erste Versuch ging daneben, die Boje hing nur an einem dicken Festmacher und nicht an einem großen Grundgewicht. Sicherheitshalber springe ich mit der Taucherbrille in das klare Wasser, um die zweite Mooring zu überprüfen und sehe die vielen bunten Fische an den Korallen.

Ein herrlicher Segeltag wird getrübt durch eine Grundberührung in Koh-Phi-Phi. Wir kommen sofort wieder frei. Die Wassertiefe springt bei der Einfahrt in die Südbucht schlagartig von 12 Meter auf eineinhalb Meter hoch. Trotz langsamer Fahrt und Sabines Eye-Apple-Navigation am Bug haben wir einen kleinen Schaden am Ruder und müssen zur Reparatur in die Boat-Lagoon-Marina, damit das Boot ausgekrant werden kann.

Über Funk melde ich uns in der Marina auch gleich für den Travellift an. Die total versandete Einfahrt wird mit zweieinhalb Metern Wassertiefe im Buch angegeben. Wir bleiben trotzdem im Sand an der mit langen Staken markierten Einfahrt bei 1,65 Meter Tiefgang stecken und müssen drei Stunden auf das steigende Wasser warten. Dann geht es weiter durch einen von Mangroven gesäumten Fluss in dem wir noch dreimal im

Schlick hängen bleiben. Schweißgebadet erreichen wir kurz vor dem Dunkelwerden die Marina. Jetzt kann ich Sabine verstehen, wenn sie sagt, dass sie kein Skipper sein möchte. Diese tückischen Einfahrten, die nirgends genau beschrieben sind, zehren schon leicht an den Nerven des Schiffsführers, aber auf ein paar mehr graue Haare kommt es nun auch nicht mehr an.

Als große Vorweihnachtsüberraschung erfahren wir per E-mail natürlich schon mit Foto, dank der neuen Zeit, dass uns unsere Tochter Anke gestern einen kleinen Richard beschert hat. Wir sind glücklich und etwas traurig zugleich.

Vier Tage vor Heilig Abend wird die SUMMERTIME ausgekrant. Nach drei Tagen Arbeit ist der kleine Ruderschaden ausgebessert. Ich habe das Unterwasserschiff mit Antifouling für den Heimweg durch das Rote Meer gestrichen und wir sind wieder im Wasser. Jetzt geht es ans Saubermachen, denn schließlich kommen am 23.12. unsere Dresdner Freunde nach Thailand, um mit uns gemeinsam Weihnachten und Silvester zu feiern. Sabine hat mir schon eine warme Weihnachtsmannmütze mit roten Leuchtsternen „verpasst". Einer muss ja den „Alten" spielen und die Geschenke verteilen. Das wird garantiert ein schweißtreibender Job.

Zwischenzeitlich nehmen wir nach getaner Arbeit Kontakt zu anderen deutschen Seglern von der EOS und der STEFFI auf, um sie in der Ao-Chalong-Bay zu treffen. Wir wollen gemeinsam Richtung Mittelmeer fahren, um den Piraten zu trotzen. Dass große bekannte Versicherungen jegliche Deckung im Golf-von-Aden und dem Roten Meer verweigern, muss ja seinen Grund haben. Bei diesem Treffen erfahren wir auch, dass auf der OLE HOOP mit Klaus und Johanna aus Hamburg, vor einer Woche, 70 Seemeilen vor Feuerland, der EPIRB – Notfunksender – bei schwerer See ausgelöst wurde. Die Suche der chilenischen Marine in diesen rauen Gewässern wurde nach einer Woche ergebnislos abgebrochen. Bei fünf bis sechs Grad Wassertemperatur und zehn Meter hohen Wellen sind die Überlebenschancen im Prinzip Null. Die Beiden gelten seitdem als verschollen. Wir haben noch in Suva, Fidschi, gemeinsam an Bord der SUMMERTIME über Gott und die Welt gesprochen und Seekarten getauscht. Das ist schon ein Wermutstropfen vor Weihnachten, schließlich kann das jedem von uns genauso passieren. Keiner will so richtig darüber sprechen, denn Gefahren gibt es genug auf hoher See und Hilfe ist oftmals weit weg.

Ich miete einen Suzuki-Jeep, um „Brinis“ vom Flughafen abzuholen. Vor einem reichlichen Jahr sind Marion und Bert bereits auf den Kanarischen-Inseln mit uns unterwegs gewesen. Diesmal ist Tochter „Isi“ (schon 18) mit dabei. Das Flugzeug landet pünktlich, das Gepäck ist auch vollständig und unbeschädigt – der Urlaub kann beginnen. Mehrere „Sächsische Zeitungen“, Illustrierte und natürlich Weihnachtsgeschenke sowie Post von Freunden und der Familie sind mit im Gepäck. Wir können es nicht erwarten und machen gleich am frühen Morgen des Heiligen Abends Bescherung. Andere Länder – andere Sitten!

Als gemeinsames Weihnachtserlebnis reiten wir auf Elefanten durch den Dschungel, wie richtige Touristen. Natürlich darf bei unserer Autotour über die Insel Phuket neben Chinesischen Tempeln, Phuket-Stadt und den grünen Bergen auch Patong-Beach nicht fehlen. Das ist sie – die Vergnügungsmeile mit schönem Sandstrand in Thailand. Ich würde sagen: Reeperbahnverschnitt ohne Herbertstraße. Eine Kneipe an der anderen, Thaimassagen, Discotheken, die Bangla-Road mit den berühmten umgebauten „Lady-Boys“ als Anmache und zum Fotografieren. Wechselstuben, Schmuck- und Uhrenhändler mit echten und „originalen“ Kopien und natürlich Mädchen. Die „leichten Mädchen“ wiegen hier 45 Kilogramm und werden häufig nicht nur stundenweise, sondern für den ganzen Urlaub „vermietet“. Partnerschaft auf Zeit oder Eheanbahnung nennt sich das Geschäft. Dieser von Agenturen angebotene Service wird überwiegend von älteren Herren im dritten Frühling mit einem vom Bier geprägten „athletischen“ Körper, der natürlich mit aufgemaltem Tattoo auch ohne Hemd gezeigt wird, in Anspruch genommen. Zum Glück bietet Thailand mehr als den Patong-Beach.

Den Rest des Heiligen Abends verbringen wir auf der SUMMERTIME. Unser Schiff ist innen und im Cockpit mit Leuchtgirlanden und einem kleinen Plastiktannenbaum geschmückt. Weihnachtsmusik klingt aus den Lautsprechern. Es gibt viel zu erzählen, vom geplatzten Wasserschlauch in der Wohnung unserer Freunde bis zur Flutkatastrophe in Dresden und Umgebung. Langsam fällt der Stress bei Marion und Bert ab und der Puls geht wieder normal. Zur Krönung des Abends wird mit einer Flasche Radebeuler Wein aus dem schweren Reisegepäck angestoßen.

Am Morgen ist zum Entspannen der Swimming-Pool der Marina angesagt. Als Marina-Gäste gehen wir mittags in das große noble Hotel der Marina zum Weihnachtsbüfett für sage und schreibe drei Dollar pro Nase. Es ist für uns unbegreiflich, wie man für das Geld so ein piksauberes, reichhaltiges und wunderbares Büfett herrichten kann. Frisch gestärkt laufen wir bei Hochwasser aus – ohne im Schlick stecken zu bleiben. Eine kurze Strecke am ersten Tag für unsere Urlauber. Vor einem herrlichen Sandstrand fällt der Anker. Erst Baden und anschließend Grillen am Beach unter Palmen mit vielen anderen Seglern. 18 Yachten haben sich eingefunden und für „kleines" Geld können wir das Grill, Geschirr, Tische und Stühle des hier ansässigen Hotels benutzen. Eiswürfel gibt es ebenfalls dazu. Einige Segler haben ihre Musikinstrumente mitgebracht und spielen Weihnachtslieder. Es wird sogar gesungen – ein Glück allerdings, dass die meisten sowieso barfuss sind.

Ein schöner 1. Weihnachtsfeiertag unter Palmen mit einem kitschigen Sonnenuntergang wie im Reiseprospekt geht zu Ende. In der traumhaften Phang-Nga Bay östlich von Phuket liegen zahlreiche steil aufragende grüne Inseln. Eine dieser Inseln, die Ko-Phanak, ist unser Ziel. Mehrere Höhlen kann man betreten. Wir sind mit dem Dingi unterwegs und suchen bei Niedrigwasser den Eingang in die nordöstliche Höhle. Durch einen dunklen Tunnel (Taschenlampe dabei) gelangen wir in einen offenen Innenhof dieser kleinen Insel, der mit Mangroven bewachsen ist. Ein tolles Erlebnis! Andere Höhlen können bei Hochwasser mit einem Kanu befahren werden. An der Ko-Yao-Noi kommt noch vor dem Frühstück ein Fischer mit seinem laut knatternden traditionellen Longtail-Boot bei uns längsseits und bietet uns fangfrische Shrimps an, die wir ihm auch nach längeren Preisverhandlungen gern abnehmen.

Da wir nur kurze Strecken vor uns haben, können wir noch ausgiebig schwimmen. Zum Schnorcheln ist das Wasser durch den ständigen Gezeitenstrom leider zu trübe. Zur Sicherheit ist der Rettungsring an der Schwimmleine ausgebracht. Das Wasser – warm wie in der Badewanne. Ein bisschen Erfrischung bringt es nur, wenn man sich nach dem Baden vom Wind trocken pusten lässt.

Erst nach dem Lunch mit frischen Garnelen, Knoblauch und selbstgebackenem Pizzabrot heißt es Anker auf und wir motoren um lauter kleine Inseln herum unserem Ziel entgegen. Das Panorama ist überwältigend und einmalig schön. In der Bucht von Ko-Yao-Noi werden wir nur übernachten, um nach Krabi in die Ao-Nang-Bay weiter zu fahren, wo es klares Wasser zum Schnorcheln geben soll. Unsere Mitsegler sind ganz ausgehungert nach dem herrlich frischen Obst, das hier billig und reichhaltig im Angebot ist. Die ganze Zeit war nicht genug Wind zum Segeln, aber jetzt, da wir mit dem Dingi an Land wollen, bläst es recht kräftig. Wir kommen alle platschnass an Land. Zum Glück – in dieser Hitze kein Problem. Krabi-Town ist eine unscheinbare und langweilige Stadt (im Logbuch steht: furchtbares Nest) und frisches Obst bekommen wir hier auch nicht.

Beim Einsteigen ins Dingi kentern wir fast – so hoch ist der Schwell -, aber ein freundlicher ehemaliger Fischer (jetzt Touristen–Wassertaxi-Fahrer) „rettet" uns aus den Wellen und gibt uns „Starthilfe". Dabei steht er bis zur Brust im Wasser. Leider finden wir auch hier nicht das versprochene klare Wasser zum Schnorcheln. Nun hoffen wir auf Patong-Beach, unser morgiges Ziel, wo wir Silvester feiern und andere Segler treffen wollen.

Es hat die ganze Nacht geregnet. Wir sind durch die Longtail-Boote mit ihren lauten Knattermotoren im Stil des Tümmlers aus alten DDR-Zeiten beizeiten munter. Anschließend umrunden wir das Südkap von Phuket-Island mit dem komplizierten Namen Laem-Phra-Chao. In der Patong-Bay ankern schon 50 Yachten und es geht an Land. Diesmal kommen alle trocken davon, weil wir sehr komfortabel an einem Schwimmpier festmachen können. Sofort machen wir uns auf die Suche nach einem Restaurant, in dem wir zu normalen Preisen unsere Silvesterparty steigen lassen können. Da kommt uns die „Grillhütte", ein deutsches Restaurant mit überdachtem Biergarten, gerade recht. Herbert, der Chef, begrüßt uns persönlich und wir reservieren 13 Plätze, da die EOS, die STEFFI und die KETCHUP II, mit uns gemeinsam feiern wollen.

Silvester – kurz nach 18.00 Uhr geht es dann richtig los. Gut, dass Herbert noch nicht weiß, was ausgehungerte Segler beim BBQ-Büfett so „wegputzen" können. Wir haben sehr viel Spaß und unser Büfett fällt zum Glück bei einem kurzen aber sintflutartigen Regenguss nicht ins Wasser. Obwohl es hier in der Regel jeden Tag regnet, haben große Hotels mit „tollen" Managern ihr Silvesterbüfett im Freien aufgebaut – es wird förmlich weggespült und muss für die verspannten Gäste am nächsten Tag wiederholt werden. Kurz vor Mitternacht gehen wir an Bord und können das herrliche Feuerwerk der Hotels am Strand wunderbar genießen. Dazu gehen noch einige überlagerte Notsignalraketen auf den Segelyachten hoch und wir stoßen auf das Neue Jahr mit Radebeuler Sekt an.

Das Jahr 2003

Was wird es uns bringen, das Neue Jahr?

Hoffentlich eine glückliche Heimreise für die restlichen 6.000 Seemeilen nach Slowenien durch das Rote Meer und den Suez Kanal nach fast 29.000 Seemeilen.

Etwas „Bauchschmerzen" haben schon alle Segler, die wie wir durch das Rote Meer wollen oder müssen. Gibt es Krieg?

Die Amerikaner rasseln nicht nur mit dem Säbel!

Kommen wir unbeschadet an den Piraten vorbei?

Halten Motor und Schiff die raue See gegenan aus, die uns ab Djibouti bis Suez erwartet?

Wilde „Geschichten" werden unter den Seglern erzählt, die uns nicht unbedingt ermuntern. Was nützt es! Jetzt sind wir soweit gekommen, da werden wir die letzten Meilen auch noch schaffen!

Zähneknirschend müssen wir uns nun doch eine neue Videokamera kaufen und ich finde dann auch eine SONY. Überall wird für den mehrwertsteuerfreien Einkauf bei den Touristen geworben. „Super!", denke ich. Der Verkäufer füllt alle Formulare für die Rückerstattung der Mehrwert-

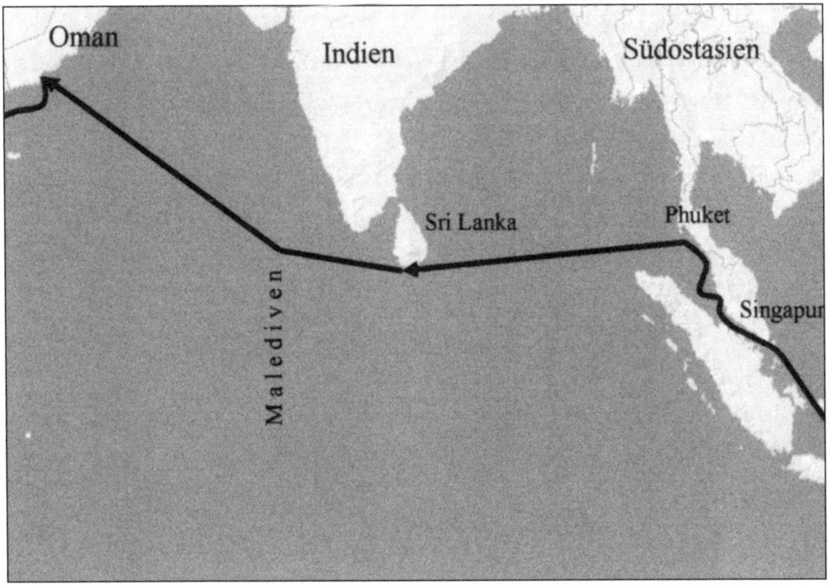

Indischer Ozean

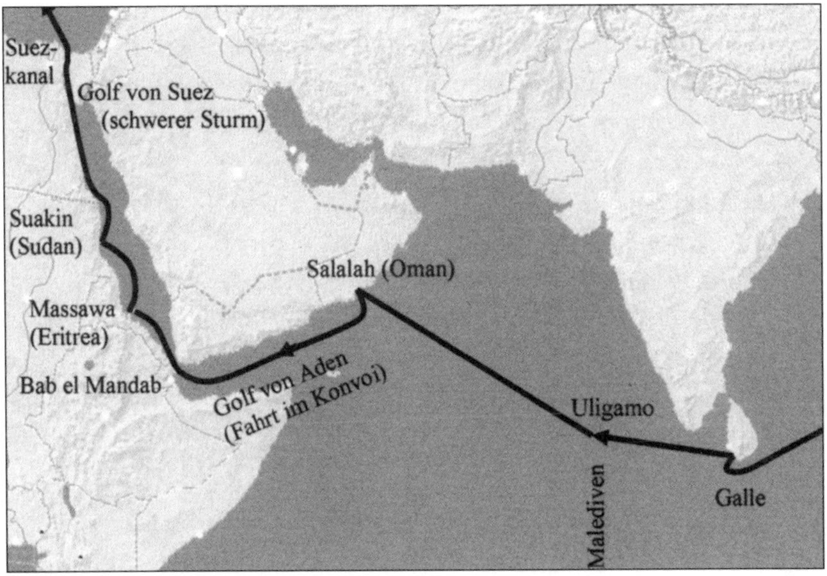

Indischer Ozean – Rotes Meer

steuer in Höhe von sieben Prozent des Kaufpreises aus. Leider stellt sich am Flughafen, wo dieselbe zurückerstattet werden soll, heraus, dass das nur für Touristen gilt, die mit dem Flugzeug ein- und ausreisen. Pech für uns! Schade um die Zeit!

Kurz vor dem Start beschließen wir, doch nach Galle in Sri Lanka zu fahren, denn es gibt einen Friedensvertrag mit den Tamilen, der offensichtlich bis jetzt eingehalten wird. Ich erinnere mich noch an die E-mail von Freunden, die vor einem Jahr nach einem Angriff der Tamilen auf den Flughafen in Colombo, Hals über Kopf ausgeflogen wurden. So schnell kann sich die politische Situation ändern.

Wir informieren uns über das Wetter im Internet, bunkern noch Wasser und Diesel und kaufen Früchte von der Insel (Ananas, Mandarinen, Pampelmusen, Melonen und Bananen) ein. Am 06.01.2003 verlassen wir die Ao-Chalong-Bay Richtung Westen, um nach zwei Tagen mit schwachen Winden den Sombrero-Chanal in den Nicobaren- Islands (Indien), zu passieren. Eigentlich bieten sich die Nicobaren als Zwischenstopp ideal an, aber Indien besteht neben einem Visa noch auf einer Sondergenehmigung für den Besuch dieser Inseln. Die Einheimischen dort sind total abgeschirmt und sollen ihre alten Sitten und Gebräuche bis heute erhalten haben. Vielleicht es auch nur ein Vorwand, denn diese ehemaligen sowjetischen Militärbasen werden von der indischen Armee genutzt. Schade!! Also segeln wir weiter.

Die SKIVE, die zwei Stunden später als wir gestartet ist, überholt uns am zweiten Tag. Wir ärgern uns nicht, denn ein leichter 38-Fuß-Katamaran wie SKIVE ist bei schwachen Winden von achtern nun mal erheblich schneller als Einrumpfboote mit dem schweren Kiel. Die SKIVE kann bei achterlichem Wind von fünf Beaufort und kleiner Welle neun bis zehn Knoten schnell segeln. So eine Geschwindigkeit erreichen wir als Verdrängungsschiff nicht. Wir sind immer schon ganz stolz, wenn wir mal mit sieben Knoten lossausen. Insgesamt sind aber wenige Katamarane als Weltumsegler unterwegs. Die Sicherheit eines „Stehaufmännchens“, die bei einem Kielboot durch das Gewicht des Kieles da ist und die Mehrkosten eines Katamarans sind sicherlich gewichtiger als die Reisegeschwindigkeit. Unsere Devise: Sicherheit vor Geschwindigkeit!!

Die See wird ab dem 5. Tag rauer und ich stelle den Windpilot ein, der uns von jetzt an wieder treu durch Wind und Wellen steuert. Noch 687 Seemeilen bis Sri Lanka. Wir schaffen in 24 Stunden 122 Seemeilen, unser bestes Etmal bis jetzt, außerdem ging uns heute ein Thunfisch an die Angel. Eine schwarze Regenwolke bringt 30 Knoten Wind. Wir „fliegen" mit 7,8 Knoten dahin.

Am 6. Tag ist Bergfest – Noch 546 Seemeilen bis Galle.

Ein gewaltiger Wal, so groß wie die SUMMERTIME, lässt sich knapp 150 Meter entfernt von uns sehen. Er bläst die Luft aus und zeigt uns seine riesige Schwanzflosse. Das ist der erste wirklich große Wal während unserer Weltumsegelung. Mit einem Foto wird es nichts, aber eigentlich bin ich doch sehr froh über den Abstand, denn ein Wal in dieser Größe kann zu einer sehr ernsten Gefahr für das Schiff werden.

Am 10. Tag – Land in Sicht! Man kann es schon eine Weile riechen – ein eindringlicher Geruch nach Holzfeuer und nun sehen wir es endlich. Zahlreiche Fischerboote sind in dieser letzten Nacht unterwegs. Wir fahren Zickzack. Im Morgengrauen erreichen wir nach 1.112 Seemeilen Galle in Sri Lanka.

Als Erstes melde ich uns über Funk bei Galle-Port-Control an. Der Hafen ist voll. Wir müssen draußen vor der Hafeneinfahrt ankern und auf die Navy warten. Tamilen hatten in der Vergangenheit mehrere Sprengstoffanschläge im Hafen verübt. Die Einfahrt wird nachts mit einem Stahlnetz versperrt. Rechts und links sind Wachtürme mit Maschinengewehren. Doch der Navy-Offizier will nur kurz unsere Pässe sehen. Ich gebe ihm drei Dosen Cola für seine Besatzung mit und er weist uns einen freien Platz im Hafen zu. Da zögern wir nicht lange und holen den Anker wieder hoch. Trotz der tatkräftigen Hilfe von anderen Seglern ist das Festmachen hier eine komplizierte Sache. Mit Buganker und Festmacherleine zur zentralen Boje sowie Heckleinen zum Ponton. Wir können trotzdem nur mit dem Dingi an Land. Total „verspannt" kommen wir hier ohne Hilfe auch nicht wieder raus, aber die wirkliche Seglergemeinde ist hilfsbereit.

Viele Schiffe, die wir schon in Phuket und vorher in Langkawi getroffen haben, liegen auch hier.

Anschließend geht es zu Don Windsor, dem Agenten, ohne den nichts läuft. Dort werden uns 170 Dollar abgenommen: 120 Dollar für die „Offiziellen“ und 50 „bescheidene“ Dollar für den Agenten, der die Formulare nach zwei Stunden Wartezeit ausfüllt. Es ist schon verwunderlich, dass die Beamten hier nicht die eigene Währung akzeptieren. Mit einem Laufjungen vom Agenten klappern wir Immigration, Zoll, Gesundheitsbehörde und Hafenkapitän ab (das alles hätten wir wirklich alleine machen können).

Der Zoll meldet sich für 14.30 Uhr zu einer Kontrolle an Bord der SUMMERTIME an und wir plaudern vor der Kamera. Anschließend bestaunen und kontrollieren die zwei Zöllner unsere wahrheitsgemäßen Angaben in den Papieren und wollen doch glatt zwei Stangen Zigaretten, zwei Flaschen Schnaps und 20 Büchsen Bier. Die großen schwarzen Beutel haben sie gleich mitgebracht. Da bin ich doch im ersten Moment wirklich etwas sprachlos. Ich erkläre ihnen, dass wir als „Yacht-im-Transit“ keinen Mengenbeschränkungen unterliegen und ich selbst starker Kettenraucher und schlimmer Alkoholiker bin. Natürlich wisse ich, dass dies alles sehr ungesund sei, aber es ist doch nichts Unerlaubtes. Beide nicken zustimmend!! Sie müssen ihre Pflicht tun und erklären mir das Kleingedruckte und kaum Leserliche auf der Rückseite des Formulars. Demnach sind für unseren Eigenbedarf eine viertel Flasche Schnaps, eine Flasche Wein, zwei Büchsen Bier und 25 Zigaretten pro Tag und Person erlaubt. Eigentlich will ich diesen korrupten Beamten nichts geben, aber sie haben so nett bei den Filmaufnahmen mitgemacht und geschwitzt in ihrer warmen Uniform. So bekommt jeder dann zwei Schachteln Zigaretten und zwei Bier. Das ist sicher weit unter ihren Erwartungen und der Schnapsschrank wird offiziell versiegelt, denn ein Verkauf der Genussmittel an Land ist verboten. Mit etwas langen Gesichtern und einem leicht verkrampften Lächeln bringe ich die beiden dann zurück.

Zum späten Nachmittag geht es endlich an Land. Vorbei an der Schranke mit den bewaffneten Sicherheitskräften. Und da werden wir schon von Marlin, Dee Dee, Mike und den anderen erwartet, die sich alle Yacht Service nennen und Flaggen nähen, Ausflugsfahrten organisieren, Tuk-Tuks (kleine Moped-Taxis) reservieren, Wäsche waschen, Ersatzteile besorgen usw. Alle wollen leben und in den vier Monaten der Segelsaison haben sie auch zu tun. Diesel- und Ölfilter werden besorgt. Wir fahren mit dem Tuk-Tuk in das Stadtzentrum und sehen uns das alte Fort an. Vorher zeigt uns unser Führer eine Fabrik (Batik, Schmuck, Klöppeldecken und andere Souvenirs werden hier produziert) und wie kann es anders sein – wir landen zufällig in den Verkaufsräumen der Firma. Alle sind um uns bemüht und können es kaum verstehen, dass wir nicht nach Sri Lanka zum Einkaufen gekommen sind, obwohl alles soooo günstig ist. Als Segler habe ich gute Nerven und wenn ich nichts kaufen will, weil ich nichts brauche, dann kaufe ich auch nichts. Selbst wenn er mir von seinen 12 hungrigen Kindern, dem todkranken Opa, der blinden Schwägerin, dem kaputten Auto und seinem alten Haus erzählt!

Sabine ist zum Essen eingeladen. So lange Zeit auf See und nur mit mir – das muss belohnt werden. Natürlich bringt uns der Tuk-Tuk-Fahrer nur in die besten und teuersten Restaurants, wegen der Provision, die er dann bekommt, genau wie in der Fabrik oder in den Geschäften. Man fragt nach einem Geschäft oder einem Internetcafe und wird sofort freundlich hingebracht, anschließend ist derjenige beim Chef und will seine Provision. Natürlich wird diese beim Kunden mit reingerechnet. So ist jeder Ladenbesuch ein ewiges Handeln. Ich habe mir angewöhnt, mit einem Drittel des geforderten Preises, der ja sowieso nirgends stehen, zu starten.

Gemeinsam mit Gabi, Miles und der vier Jahre alten blonden Hanna von der THOR verabreden wir uns zu einem Zwei-Tagesausflug nach Kandy in die Berge. Bei 35 Dollar pro Tag für alle, inklusive Fahrer und Guide, hält sich das kostenmäßig in Grenzen. Wir sehen die Hauptstadt Colombo, besuchen eine Schildkrötenfarm an der Küste, die Elefanten, den buddhistischen Tempel des Heiligen Zahns in Kandy und die Teeplantagen einschließlich einer Teefabrik, die Ceylon so weltberühmt gemacht haben.

Die meisten Kraftfahrer, auch die Busfahrer, wollen offensichtlich Michael Schuhmacher Konkurrenz machen. In der Stadt mit 100 Kilometer pro Stunde vorbei an Fußgängern und Fahrrädern mit zwei Personen drauf, Überholen auf Bergkuppen und in engen Kurven, über Sperrlinien – mit ständigem Hupen plus Lichthupe alles kein Problem. Nur wenn die Heiligen Kühe auf der Straße sind, wird gebremst. Das ist schon aufregend!!

An mehreren Hindutempeln hält unser Fahrer, um Geld in den Opferkasten zu werfen, der ohne auszusteigen von den Autofahrern erreicht werden kann. In einem „Sekundengebet“ bittet er dann um Glück im Straßenverkehr. Mein Gebet dauert etwas länger. Ich möchte am liebsten ebenfalls Geld in den offensichtlich Glück bringenden Opferkasten werfen, aber soviel Zeit haben wir nun auch wieder nicht. Ein Witz – er müsste nur nicht wie ein Verkehrsrowdy fahren!!!

Sri Lanka –übersetzt: strahlend schönes Land – gefällt uns auf den ersten Blick trotz der chaotischen Verkehrsverhältnisse. Alle sind freundlich. Jeder will helfen, wenn wir etwas suchen und schickt uns irgendwo hin – auch wenn er nichts verstanden hat. Wunderschön ist der Unawatuna-Beach mit den vielen Korallen, einem herrlichem Sonnenuntergang und den zahlreichen preisgünstigen Kneipen. Wir haben allerdings den Eindruck, dass hier in der Vergangenheit schon wesentlich mehr Touristen da gewesen sein müssen.

An die Armut und den Schmutz, der hier allgegenwärtig ist, haben wir uns inzwischen gewöhnt. Das Klima ist durch die Insellage angenehmer als in Thailand. Es kühlt sich nachts auf 24 Grad ab (wir brauchen sogar eine dünne Decke) und es wird mittags nur noch 31 Grad warm.

Seit drei Tagen und Nächten wird neben uns im Hafen ein Zementfrachter mit einem Greifer in offene LKW entladen. Die Ladeflächen der LKW sind bereits total demoliert, weil entweder der Greifer voll drauf schlägt oder der lose Zementdreck aus drei Metern Höhe auf den Kipper fällt. Entsprechend sieht auch die SUMMERTIME aus. So fällt uns der Abschied von Sri Lanka nach einer Woche nicht schwer. Leinen los – Kurs 279 Grad. Mit einer Supergeschwindigkeit (Spitzenetmal von 165 Seemeilen) auch dank der mitlaufenden Strömung erreichen wir nach drei Tagen im Morgengrauen das Ihavandiffulu-Atoll in den nördlichen Malediven. Im Osten des Atolls, in Uligamo, gibt es seit kurzem die Möglichkeit eines Stopps für Segler. Früher mussten alle Yachten nach Male in die Hauptstadt zum Ein- und Ausklarieren. Kaum haben wir den Anker geworfen, können wir dem hellblauen Wasser nicht widerstehen und gehen noch vor dem Frühstück schwimmen. Herrlich!! Ein Anblick wie auf der schönsten Kitschpostkarte mit der flachen grünen Insel im Hintergrund.

Angemeldet bei den Behörden sind nach 30 Minuten sechs offizielle Vertreter derselben bei uns an Bord. Zehn Formulare haben sie dabei und nach einer Stunde ist alles überstanden – wir dürfen bleiben. Unsere Schränke werden inspiziert, aber niemand bettelt nach Alkohol oder Zigaretten. Wir werden allerdings hochoffiziell belehrt:

- *Alkohol darf nicht an Land gebracht werden.*
- *Einheimische dürfen das Boot nicht betreten.*
- *Keine lässige Kleidung im 100 Prozent muslimischen Dorf.*
- *Yachten dürfen nicht an anderen Plätzen ankern.*
- *Über Nacht müssen alle Crewmitglieder an Bord sein.*
- *Alle Souvenirs sind dem Zoll beim Ausklarieren vorzulegen.*

An Gebühren fallen nur vier Dollar Ankergeld für die ersten zwei Wochen an. Es ist einfach einmal schön, als Segler nicht immer die Kuh zu sein, die gemolken wird.

Abseits jeglicher Resorts oder Hotels sind wir hier die einzigen Touristen. In Uligamo gibt es nichts außer fein säuberlich geharkten Sandwegen und kleinen ärmlichen Hütten mit schüchternen Frauen drin. Alle tragen ein Kopftuch. Es gibt zwei kleine Läden für das Notwendigste, kein frisches Obst und Gemüse. Die Männer sind jeden Tag mit ihren Fischerbooten unterwegs und dreimal am Tage hören wir den Muezzin aus der Moschee über Lautsprecher rufen. Das erste Mal morgens 04.30 Uhr gehen die Gläubigen zum Gebet, bevor sie zum Fischen raus fahren. Und dennoch sind wir wieder mal in einem Paradies. Eine kleine grüne Inseln mit weißen Sandstränden, klares türkisfarbenes Wasser mit vielen bunten Fischen in Korallenriffen, die nach dem alles vernichtenden El-Nino-Jahr 1998 langsam wieder zum Leben erwachen. Damals sind Wassertemperaturen von 35 Grad gemessen wurden. Sogar Schildkröten sehen wir hier zwischen den ankernden Schiffen schwimmen. Für immer möchte ich allerdings in diesem Paradies nicht leben. Dafür ist es einfach zu abgelegen. Nichts los hier – 450 Einwohner und nicht ein Restaurant oder Cafe, kein Internet. 15 Stunden Strom am Tag und einige haben einen Fernseher. Autos braucht man nicht. Es ist nur ein Krankenwagen hier. Dabei sind alle freundlich und es gibt sogar Diesel und Brunnenwasser bei Bedarf. Aber jetzt genießen wir diese stille Idylle, denn Trubel haben wir dann im Roten Meer sicher genug.

Gemeinsam mit anderen Seglern unternehmen wir einen Ausflug mit einem Dhori-Fischerboot zu den drei bewohnten Inseln dieses Atolls, um traditionellen einheimischen Bootsbauern zusehen zu können.

Morgens schwimmen wir mit der kleinen Hannah von der THOR. Sie ist vier Jahre alt und schwimmt, taucht und schnorchelt schon wie ein Fisch. Hannah erinnert uns immer an unser Enkelkind Emily. Sie ist auch so ein pfiffiges, aufgewecktes blondes, kleines, süßes Mädchen. Hannah ist unsere neue kleine Freundin und war auch schon mal für einen halben Tag zum Spielen bei uns. Miles und Gaby sind ein englisch-deutsches Paar und so wird Englisch und Deutsch gesprochen. Hannah ist gerade dabei, deutsch zu lernen. Es ist lustig anzuhören, wie sie ganz schnell und mit hoher Piepsstimme englisch und gebrochen deutsch spricht.

Die letzte lange Strecke von 1.300 Seemeilen führt uns nach Salalah in das Sultanat Oman. Das ist unser erster Besuch eines arabischen Landes. Vor wenigen Jahren war es noch nicht möglich Oman anzulaufen, Segler waren unerwünscht, aber die Omanis öffnen sich auch langsam für den Tourismus. Ein ganz gemütliches Segeln erwartet uns die ersten vier Tage. Wir hören Musik und ich beschäftigte mich mit den nächsten Seekarten, die wir bis zum Suezkanal brauchen. Dabei kommen wir doch gut voran und schaffen bei leichten Winden täglich 115 Seemeilen. Wenn es so weitergeht, brauchen wir nur elf bis zwölf Tage nach Salalah. Es ist sehr gemütlich – wenig Seegang. Ab dem fünften Tag nimmt der Wind etwas zu, 20 bis 25 Knoten aus Nord, wir werden schneller und segeln immer noch hoch am Wind. Es ist jetzt nicht mehr so gemütlich. Die SUMMERTIME läuft wie geölt mit einem Etmal von 150 Seemeilen innerhalb von 24 Stunden. In der Nacht müssen wir zweimal reffen, weil der Wind ständig zunimmt. Das Schiff wurde von den Wellen nur so herumgeworfen. Alle Luken sind zu und trotzdem tropft aus allen Löchern Salzwasser auf uns herab, weil die Wellen ständig das Schiff überspülen – ganz und gar nicht gemütlich. Umso mehr genießen wir die Ruhe nach dem Sturm. Wir segeln „nur" noch mit fünf bis sechs Knoten. Diesmal werde ich auch nachts in den Hafen einlaufen. Die Einfahrt ist einfach und wir freuen uns auf den Landfall, dass wir auf keinen Fall warten wollen.

Das Meer um uns herum ist voller Plankton und Delfine ziehen ihre Leuchtspuren um das Schiff. Es ist nicht ein Fischerboot zu sehen. Während wir abends unten im Salon bei hellem Licht Offiziersskat spielen, ist auf einmal ein ganz heller Pfeifton. Wir gehen ins Cockpit, sehen mehrere Pilotwale um unser Schiff schwimmen und hören sie schnaufen. Wahrscheinlich werden sie von unserem Licht angelockt. Unser Schiff fährt gerade durch einen großen Fischschwarm – man kann das an den unzähligen Lichtpunkten nahe unter der Wasseroberfläche sehen – und die Wale brauchen nur noch ihr großes Maul aufmachen und schlucken. Sofort macht Sabine das Licht im Salon aus, denn Wale so nahe am Schiff und das im Dunkeln – das ist schon unheimlich. Wir spüren richtig, wie die Wale mit uns um die Wette schwimmen. Werden wir langsamer, weil der Wind nachlässt, lassen sie sich zurückfallen. Kaum werden wir wieder schneller, können wir sie in unserem Kielwasser sehen. Das geht eine Stunde so. Nun sind wir froh, dass sie die Lust an diesem Spiel verloren haben. Die kleineren Delfine sind uns so nahe am Schiff doch lieber.

Und noch lieber sind mir die Thunfische an der Angel. Ein großer beißt an und der reicht bis zu unserer Ankunft. Wir schwelgen in Thunfischfilet mit Knoblauch und Backpflaumen in Folie gebacken. Vorher hat mir mal wieder ein Hai den Köder samt Haken und 35 Meter Leine abgerissen. Die Perlonleine hat übrigens 100 Kilogramm Bruchlast. Nun schwimmt bestimmt schon der fünfte Fisch mit einem unserer Haken im Maul im großen Ozean herum. Hoffentlich verliert er den Haken bald und geht nicht jämmerlich zu Grunde.

Die letzten 140 Seemeilen laufen wir nach Salalah im Sultanat Oman unter Motor, der Wind ist plötzlich weg. Der Monsun wird schwächer je näher man dem Land kommt. Wir sind gut vorangekommen. 12 Tage auf See eingeplant und nur neuneinhalb Tage gebraucht. Im Durchschnitt sind das 135 Seemeilen pro Tag. Die SUMMERTIME ist so gut gelaufen wie noch nie. Das liegt sicher an dem neuen Unterwasseranstrich.

Die Gastlandflagge und die gelbe Einklarierungsflagge sind gehisst. Vor uns läuft ein modernes Kriegsschiff ein. Der hell erleuchtete Containerpier mit den vielen Riesenkränen ist schon von weitem zu sehen. Es wird Tag und Nacht gearbeitet. Daneben liegen große Holzboote mit omanischer oder indischer Flagge, die per Hand mit den schweren Säcken beladen werden. In der geschützten Südwestecke des Hafens Mina-Raysut ankern wir. Wir sind gespannt, was uns in diesem arabischen Sultanat so erwartet. Vielleicht sehen wir sogar einige Sultaninen. Auf alle Fälle wollen wir auch in das Landesinnere.

Im Oman sammeln sich die Segler für den gemeinsamen Konvoi, als vermutlich beste Möglichkeit, den Piraten zu trotzen. Dieses letzte Stück mit erhöhtem Risiko im Golf von Aden und viel Wind auf die Nase im Roten Meer werden wir auch noch schaffen. Die ersten Segler sind schon in Djibouti angekommen – von Piraten unbehelligt! Da im Moment hier sehr viel militärische Präsenz ist, können wir etwas beruhigter diese letzte lange Etappe angehen. Ein großes britisches Kriegsschiff liegt auch hier im Hafen.

Als erstes warten wir aber auf die Offiziellen aus dem „Land des Weihrauchs“, die in jedem Fall an Bord kommen. Vorher dürfen wir nicht von Bord und niemand darf uns besuchen. Da wir nach über drei Wochen doch einige Vorräte brauchen, bringt uns Erika von der SKIVE Frühstückseier und frisches Brot. Andere Segler bieten uns ebenfalls Hilfe an. Es braucht wirklich grenzenlose Geduld, um volle 19 Stunden auf die Beamten zu warten. Und dann kommen sie ganz freundlich an, schütteln nur mir die Hand und heißen uns in Oman herzlich willkommen. Die einzigen beiden Formulare füllen die Zoll- und Immigrationsbeamten selbst aus und alles ist nach 12 Minuten erledigt. Ein Visum ist nicht erforderlich und wir können unbegrenzt bleiben. Die Pässe werden allerdings einbehalten und wir müssen uns für Ausflüge ab- und anmelden – keine Gebühren, keinerlei Kontrollen!!

Das ist unser erstes arabisches Land und wir sind gespannt auf Land und Leute. Es sieht auf den ersten Blick sehr trocken aus. Die Berge im Hintergrund und davor eine Steppenlandschaft. Also schnell die gelbe Flagge eingeholt und nichts wie rein in das Dingi und an Land. Hier ist in den letzten Jahren ein moderner Containerhafen entstanden mit 14 Riesenkränen und einem Tagesumschlag von 3.500 Containern. Die Sicherheitsmassnahmen sind streng und jeder braucht täglich eine Passiergenehmigung, um das eingezäunte Hafengelände zu verlassen. Da wir kein Visum haben, müssen wir spätestens bis 22.00 Uhr zurück am Schiff sein, denn über Nacht darf keiner ohne Visum außerhalb des Hafengeländes sein. Keiner schließt sein Beiboot oder Dingi an.

In die Stadt geht es üblicherweise per „Daumen", denn es gibt in dem dünn besiedelten Land mit zwei Millionen Einwohnern keinen öffentlichen Nahverkehr. Wir werden auch sofort die 20 km nach Salalah mitgenommen und im Supermarkt abgesetzt. Während der Fahrt sehen wir die im typisch arabischen Stil gebauten und mit einer hohen Mauer umgebenen Häuser. Völlig sich selbst überlassen trotten einige Dromedare in der Nähe der Straße. Im Oman sind fast alle Einwohner, außer einigen Indern, Muslime und so sehen wir im Supermarkt die meisten Frauen mit weiten schwarzen Kleidern. Der Kopf ist eingehüllt mit einem ebenfalls schwarzen Kopftuch und für die Augen gibt es einen schmalen Sehschlitz. Einige ältere Frauen haben nicht einmal Sehschlitze in ihrer Burka. Der Supermarkt ist sehr gut sortiert mit viel Obst und Gemüse und erfüllt fast alle unsere Wünsche. Es gibt kein Schweinefleisch und keinerlei Alkohol. Voll gepackt nehmen wir zurück ein Taxi, dessen Fahrer beim Anblick unserer vollen Einkaufstüten prompt den Fahrpreis verdoppelt. Da wir über die Preise am ersten Tag noch nicht so gut informiert sind, macht er sein Geschäft mit uns.

Nachdem wir uns von den letzten 1.276 Seemeilen kurz erholt haben, wird ein Landausflug geplant. Ich miete bei „Europcar" einen Minibus mit 15 Sitzen und wir starten mit anderen Seglern zu einem Ganztagestrip durch das Land. Zuerst besuchen wir das schon leicht verblichene Sardinenfischerdorf Taqah, dann den Naturhafen Khor-Rouri mit einem grandiosen Ausblick und Bin-Alis Grabstätte aus dem Jahre 1161 in Marbat. Die ehemalige Hauptstadt der Provinz Dhofar war in alten Zeiten das Zentrum des Weihrauchhandels. Damals war die Rinde des seltenen Weihrauchbaumes kostbarer als Gold und der Weihrauch aus Dhofar galt als der beste in der Welt. Der einstige Wohlstand lässt sich an einigen kleinen Festungen und teilweise verlassenen Wohnhäusern nur noch schwach erahnen. Danach geht es auf der immer schlechter werdenden Serpentinenstraße in die Berge nach Wadi-Darbat. Zuvor erleben wir ein besonderes Phänomen. Ich stoppe das vollbesetzte Auto und es rollt auf einer abschüssigen Straße langsam rückwärts bergauf. Es soll sich hier um Gravitationskräfte handeln, aber niemand kann sich das Phänomen erklären. Das ist keine Story aus 1001 Nacht. Bei der Weiterfahrt kommt der Toyota an seine Schmerzgrenze und im ersten Gang erklimmen wir die Höhen des Gebirges und herrliche Ausblicke erwarten uns. Das Wadi ist nur während der Trockenzeit befahrbar. An den Bäumen ist zu erkennen, wie hoch das Wasser hier in der Regenzeit steigen kann. Der kleine Restsee bietet den Dromedar- und Ziegenherden Trinkwasser. Wir sehen Nomaden in ihren einfachsten zeltähnlichen Unterkünften. Straßen gibt es hier keine mehr. Am späten Abend sind wir nach 260 Kilometern wohlbehalten zurück im Hafen.

Während der Fahrt wurde bereits der „Paranoia-Konvoi" für den kritischsten Abschnitt unserer Fahrt geplant. Das UNO-Ultimatum soll am 27.02.03 ablaufen. Gibt es wirklich Krieg? Die Amerikaner haben offensichtlich Probleme mit einer friedlichen Bewältigung der Probleme und wollen dem Rest der Welt Stärke zeigen. Glücklicherweise sind nicht alle Nationen in der UNO dieser Meinung. Und da ist der Diktator Saddam Hussein, der meint, den Rest der Welt zum Narren halten zu können und riskiert das Leid in der Zivilbevölkerung. Eine gefährliche Situation und wir sind mittendrin. Jeden Tag hören wir die Nachrichten des BBC und der Deutschen Welle. Wir denken, dass es besser ist, das muslimische Jemen nicht anzulaufen und so verzichten wir auf Al-Mukalla und Aden. Bei Schlechtwetter bietet sich dann nur Djibouti als Schutzhafen an, denn bei Nordwind ist die berüchtigte Straße von Bab-el- Mandeb für Segler nicht passierbar. Die Piratengefahr war und ist im Golf von Aden und speziell in dieser Meerenge, die nicht umsonst „Straße der Tränen“ heißt, sehr groß. So beschließen wir, bei der gemeinsamen Weiterfahrt mindestens 50 Seemeilen Distanz zur jemenitischen Küste zu halten und durchzufahren, um die Hafenstadt von Eritrea, Massawa, anzulaufen. Mehr als 1.000 Seemeilen im Konvoi – das kann schon stressig werden. Kollisionsgefahr droht besonders nachts und wenig Schlaf ist angesagt. Vier Yachten haben Satellitentelefone für den Notfall und zur Beruhigung, dabei ist es einfach nicht möglich, innerhalb von Minuten Hilfe zubekommen. Die Piraten werden bestimmt nicht warten, bis ein Armeeboot auftaucht, wenn überhaupt eines losfährt. Wir sind alle in Sichtweite und über Funk in Verbindung. Am Ende sind wir 12 Yachten, aufgeteilt in zwei Gruppen, denen die Sicherheit in einer Gruppe wichtiger ist, als die Einschränkungen und Anstrengungen eines Konvois.

8. Im Konvoi durch das Arabische Meer und den Golf von Aden zum Roten Meer

Bab el Mandeb – Eritrea – Sudan – Ägypten – Suezkanal

Am Sonntag, dem 16.02.2003, soll es nun losgehen. Die Vorbereitungen laufen auf Hochtouren. Diesel, Wasser und Lebensmittel sind zu bunkern. Das Wetter ist gegen uns und so verschieben wir den Start auf Montag früh. Inzwischen ist der Hafen von Salalah mit fast 50 Yachten überfüllt und einige müssen sogar im unruhigen Außenbereich ankern. Wir fahren in der langsamen Gruppe zusammen mit der deutschen EOS, der neuseeländischen DOLCE VITA, den Amerikanern DAQ ATTACK und MATITI sowie den beiden englischen Yachten THOR und SKIVE.

Die großen Containerschiffe machen um unseren Konvoi einen großen Bogen, aber es gibt zweimal blinden Alarm durch Fischerboote. Wobei man sagen muss, dass die Piraten teilweise getarnt als Fischerboote längsseits kommen, das Schiff entern und sich dann erst als Piraten zu erkennen geben. Wir wollen auf Schusswaffen verzichten und im Ernstfall alle dicht zusammenkommen und wenn es möglich ist, die Situation mit Kameras festhalten. Was wir nachts gemacht hätten, weiß ich nicht! In Jemen sollen Piraten ja öffentlich aufgehängt werden, aber meistens gibt es nach einem Überfall keine Zeugen mehr oder die Piraten sind maskiert. Jeder zweite Mann hat in Jemen eine Kalaschnikow, die es gebraucht auf dem Markt ab 100 Dollar zu kaufen gibt.

Ein herrlicher Sternenhimmel im Wechsel mit abnehmendem Mond und Rauschefahrt durch fluoreszierendes Wasser und der ständige Kontakt mit den anderen Schiffen lassen diese Überfahrt besonders kurzweilig werden. Wir fangen jede Menge Fisch und passieren unbehelligt nach sechs Tagen das Verkehrstrennungsgebiet am Bab-el-Mandeb, die Meerenge der Tränen. Dort nimmt uns der Strom kräftig mit. Gerefft bei Südwind von sechs bis sieben in Böen bis acht Beaufort sausen wir teilweise mit acht Knoten über Grund dahin. Der Windpilot steuert zuverlässig und nach 868 Seemeilen in sieben Tagen fällt unser Anker im Marsa-Dudo in Eritrea. Alle sind erleichtert und wir feiern abends Bordparty auf der SUMMERTIME.

Einen Tag später dreht der Wind auf Nord. Wir müssen schnell den Ankerplatz verlassen. Fünf Seemeilen weiter bietet uns das unbewohnte Little-Abail-Island guten Schutz gegen nördliche Winde. Es heißt also abwarten und Tee trinken bis der Wind wieder auf Süd dreht. Wir haben keine Langeweile. Die kleine Insel mit den Vulkankegeln ist die Heimat der Schildkröten, Seeadler und Möwen. Wir sammeln Treibholz am Strand und backen am großen Lagerfeuer Stockbrot und Fisch. Von Fischern habe ich einen großen Yellow-Finn-Thun gegen Zigaretten und gebrauchte Pullover eingetauscht. Wenn man diese bettelarmen Fischer in ihren Booten sieht, weiß man eigentlich schon, dass wir uns in einem der ärmsten Länder der Welt befinden.

Am 02.03.2003 hören wir mit Erschütterung im englischen Funknetz, dass zwei Yachten, BAMBOOLU und JOSEPHINE, gestern im Morgengrauen im Golf-von-Aden vor der jemenitischen Küste von drei Piratenbooten überfallen und ausgeraubt worden sind. Es wurde geschossen. Die Piraten nahmen nicht nur alle Lebensmittel und Wertsachen, sondern auch die Funkausrüstung mit, so dass die beiden Yachten nur über ein Handfunkgerät, das die Piraten nicht gefunden hatten, ein Containerschiff anrufen konnten. Den Leuten an Bord ist zum Glück nichts passiert. Sie sind auf dem Weg nach Djibouti und wir hoffen, bald wieder von ihnen zu hören. Einer ist ein deutscher Einhandsegler: Ulf mit seiner JOSEPHINE, der genauso schnell um die Welt „rast“ wie wir und den wir schon einige Male getroffen haben.

Montag, 03.03.2003, mein Geburtstagsgeschenk: Wir sind gut angekommen! Nun fällt uns ein großer Stein vom Herzen!!! Die tückische Strasse Bab-el-Mandeb ist passiert und die Piratengefahr vor der jemenitischen und somalischen Küste ist gebannt. Ab jetzt haben wir nur noch mit kurzen harten Wellen und bis zu 35 Knoten Nordwind auf die Nase bis zum Suezkanal zu rechnen. Trotz unbeständiger Winde aus unterschiedlichen Richtungen während der letzten zwei Tage können wir fast in den Hafen von Massawa in Eritrea reinsegeln. Aufgrund der zahlreichen

Wracks und Untiefen wird dringlich empfohlen diesen Hafen nur bei Tag anzulaufen. Hier wollen wir einige Tage bleiben. Der Anker fällt im hinteren Teil des Hafens – vorbei an dem Pier der Handelsschifffahrt, an einigen Fischerbooten und zahlreichen Wracks, die hier am Ufer liegen und vor sich hinrosten.

Der Aufenthalt bis zu 48 Stunden ist kostenlos. Wir bekommen einen Shorepass zum Verlassen des bewachten Hafengeländes vom Immigration-Offizier. Wer länger bleiben will, muss ein Visa haben und das ist dann mit 50 Dollar pro Person nicht gerade billig. In den letzten vier Jahren wurde das Visum jährlich 10 Dollar teurer. Ein Glück, dass wir jetzt hier sind und nicht erst in 10 Jahren.

Zahlreiche Gebäude, darunter der ehemalige Prachtbau vom Kaiser Haile-Selassi-dem-Ersten, stehen nur noch als Ruinen. Alles wirkt sehr ärmlich, staubig und nicht gerade anziehend auf uns im jüngsten Staat Afrikas. Dieses Land gehört zu den ärmsten der Welt und die Unabhängigkeit 1993 von Äthiopien wurde mit einem blutigen, fast 12-jährigen Bürgerkrieg bezahlt. Wir lassen uns nicht abschrecken und finden ein Internet, einen kleinen Supermarkt mit dem tollen Namen, Bella-Vista, sowie bescheidene Bars und Restaurants. Die Währung ist nicht konvertierbar und so werden wir sofort von Mike, der hier im Hafen alles für die Segler organisiert, angesprochen. Der offizielle Kurs für einen Dollar sind 14 Nakfa, schwarz getauscht bekommt man 20 Nakfa. Alkohol ist billig, drei Flaschen des einheimischen ASMARA Bieres kosten mit Bedienung nur einen Dollar, allerdings ist es doch etwas gewöhnungsbedürftig. Eritrea war eine ehemalige italienische Kolonie und so gibt es überall Spaghettis. Tagesgericht ein Dollar. Wir sitzen auf Plastikstühlen im Restaurant mit dem festgestampften Lehmboden und genießen den Schatten unter einer blauen Plastik-Bauplane. Die Klimaanlage ist noch nicht bestellt.

2.300 Meter hoch im Gebirge liegt die von den italienischen Kolonialisten geprägte Hauptstadt von Eritrea, Asmara. Dort ist ein wesentlich angenehmeres Klima als hier im trockenen Massawa. Zuerst wird aber mit dem Dingi Trinkwasser (450 Liter) in Kanistern zum Schiff transportiert. Genauso geht es auch mit Diesel, der allerdings per Taxi in Kanistern von einer Tankstelle geholt werden muss, da an der Fischertankstelle im Hafen der Diesel fast immer ausverkauft ist.

Ich habe allerdings den Diesel noch billiger bekommen und das war so: Eines Morgens fahren in einem Motorboot ein Afrikaner und ein Asiate mit Krawatte im Hafen zwischen den etwa 25 hier ankernden Yachten suchend herum. Ich frage sie einfach, wen sie suchen und ob ich ihnen helfen kann. Sie kommen längsseits und einer klettert an Bord. Ja vielleicht, er wäre aus Südkorea und ist der Manager einer großen südkoreanischen Baufirma für Häuser und Straßen. Er interessiere sich für Yachten und möchte selbst einmal um die Welt segeln. Wir unterhalten uns nett und anschließend gibt er mir seine Visitenkarte und sagt, falls wir Hilfe oder irgendetwas brauchen, Werkzeuge, Diesel etc. solle ich zu ihm ins Büro kommen und nach Mr. Bae fragen. „Vielen Dank, aber wo ist das denn?", frage ich. Jeder kenne hier die große Südkoreanische Firma, kommt die Antwort. Also mache ich am nächsten Morgen die Probe aufs Exempel und verlade die 12 leeren 20-Liter-Dieselkanister im Taxi. Der Fahrer bringt mich zur Tankstelle und kann nicht verstehen, dass ich nicht an die Tankstelle, sondern in die Südkoreanische Baufirma, KEANGNAM ENTERPRISES, will. Schließlich fährt er mich doch hin, vorbei an armseligsten Bretter- und Wellblechhütten ohne Wasser und Strom. An der Schranke eines großen eingezäunten Geländes voller Baumaschinen und mit Wachtürmen stoppt uns der Wachmann mit der Kalaschnikow. Als er den Namen seines Chefs hört, ruft er im Büro an und die Schranke öffnet sich. Eun Hwan Bae freut sich und wir unterhalten uns bei Cappuccino über die christliche Seefahrt. Inzwischen füllen seine Leute meine Kanister mit Diesel. Anschließend geht es mit den vollen Kanistern und Reparatur-Epoxy für das Dingi zurück zum Hafen, ohne dass ich auch nur einen Cent bezahlen musste. Wie heißt es doch so schön – ein junger Mensch muss Glück haben!!!

Ich habe es immer so gehandhabt, dass, zuerst alles am Boot repariert wird, anschließend alles Tanks mit Wasser und Diesel füllen, sowie den Proviant ergänzen. Als Letztes werden dann Landausflüge unternommen. Und so starten wir in aller Frühe in das 110 Kilometer entfernte Asmara.

Es geht vorbei an einer abgeschossenen Aeroflotmaschine des Typs IL 18, an drei russischen T 34-Panzern und vielen zerstörten Häusern – alles Erinnerungen an den furchtbaren Krieg. Elendssiedlungen, freundliche Menschen, Hotels mit vielen freien Zimmern, Kamelkarawanen, grüne und fruchtbare Täler, atemberaubende Ausblicke auf der Serpentinenstraße ins Gebirge – all das bietet uns die abwechslungsreiche Fahrt in die Hauptstadt. Dazu chauffiert uns ein Kraftfahrer, der gnadenlos in den Kurven überholt im vollen Gottvertrauen auf seine Hupe und die anderen Verkehrsteilnehmer. Nach drei Stunden steigen wir dankbar aus. Auf der einzigen vierspurigen Hauptstraße von Asmara, der Liberation-Avenue, treffen wir auch sofort andere Segler. Da gibt es die Informationen aus erster Hand über Hotels, Cafés, Restaurants und Sehenswürdigkeiten. Von anderen Touristen ist hier natürlich nichts zu sehen. Das „Selam-Hotel“ wird unseres. Ein Doppelzimmer kostet 12 Dollar für eine Nacht, mit Badewanne, Bidet und Fernseher (drei Programme, darunter CNN). Das kalte Wasser lässt uns den Haushandwerker rufen, aber er lacht und meint, dass wir am Ende des Stranges das Wasser nur lange genug laufen lassen müssen. Das große Hinweisschild im Bad, welches alle Gäste zum sparsamen Umgang mit Wasser und Strom auffordert, sei zu ignorieren. Beim Strom haben wir keine Probleme, von fünf Glühlampen brennen nur zwei. Wir lassen das Wasser laufen und laufen. Der Haushandwerker hat uns leider nicht gesagt, dass der blaue Wasserhahn nicht für das kalte, sondern für das warme Wasser ist. Oder er hat es selber nicht gewusst. Nach einer Stunde klappt es jedenfalls doch noch mit einem warmen Bad!!!

Viele schöne Gebäude im italienischen Baustil gibt es in der Stadt. Die Kathedrale des milanesischen Baumeisters Scanavini aus dem Jahre 1923 ist hervorragend erhalten und überragt alle anderen Gebäude. Wir besteigen den 52 Meter hohen Glockenturm, dessen Holztreppen 1997 von zwei reisenden deutschen Zimmerleuten in freiwilliger Arbeit erneuert wurden und genießen den Ausblick über die Stadt. Vielen Dank – eine tolle Arbeit!! 10.30 Uhr – Ein lautes Geläut lässt uns vor Schreck die Ohren zuhalten. Wir denken beide sofort an den Glöckner von Notre-Dame.

Auf den Straßen sind zahlreiche neue Luxus-Jeeps der Militärpolizei, der UNO bzw. anderer UN-Hilfsorganisationen unterwegs, die sich darum kümmern, dass das Geld der Steuerzahler unter die Leute kommt. Vielleicht bewerbe ich mich auch noch mal um einen gut bezahlten Auslandsjob bei der UNO. Abends treffen wir uns mit den anderen Seglern im „BLUE NILE“ zum Pizzaessen. Das ist der Platz mit dem in der Welt einmaligen Sandalendenkmal. Im Bürgerkrieg waren die Soldaten mit Plastiksandalen ausgestattet und haben gesiegt. Daran soll das gewaltige Monument aus Stahl erinnern.

Wir lassen noch Passbildfotos für das ägyptische Visum machen. Nachdem wir in der ägyptischen Botschaft vormittags alles abgegeben haben, können wir bei den freundlichen Angestellten am gleichen Tag die Visa abholen. Asmara, mit seinem leicht verblichenen italienischen Flair, ist auf jeden Fall einen Besuch wert. Schade, dass das herrliche ehemalige Opernhaus zu einer drittklassischen Kneipe verkommen ist. Auch andere Baudenkmale warten auf eine Sanierung, aber es gibt in diesem so armen Land natürlich dringendere Probleme zu bewältigen als eine italienische Oper zu renovieren, die vermutlich kein Einheimischer wirklich braucht. Voller Eindrücke geht es in dem überfüllten Bus für einen Dollar vier Stunden zurück nach Massawa. Wir diskutieren über die Situation im Lande, aber es ist bestimmt nicht einfach, gegen jahrhundertealte Traditionen und Bräuche etwas zu bewegen und zu verändern.

Bei unserer Ankunft im Hafen sind die Segler völlig aufgeregt. Auf sechs Yachten sind Ratten!! Wer hat Rattenfallen an Bord?? Sind die Ratten mit den Dingis an Bord gekommen oder geschwommen und an der Ankerkette hochgeklettert?? Die australische Yacht BLOWN AWAY TOO musste wieder nach Massawa zurückkehren, nachdem die gesamte Navigationselektronik ausgefallen war. Mehrere Kabel waren durchgefressen. Nicht umsonst sind an den Festmachern der Handelsschiffe gegen die Ratten große „Spanische Kragen“ aus Blech. Wir haben Glück und bis jetzt noch keine unliebsamen „Besucher“ an Bord, hoffentlich bleibt das auch so. Sicherheitshalber sind jedenfalls Ratten- und Mausefallen an Bord.

Sonntag, 09.03.2003, ruft kurz nach 08.00 Uhr während der morgendlichen Funkrunde die australische Yacht PENYLAN, die noch mit drei anderen Yachten im Konvoi fährt – „MAY DAY, MAY DAY!!! Wir werden vor der jemenitischen Küste in der Nähe von Al-Mukalla von drei Piratenbooten verfolgt und beschossen!!!" Segler in Djibouti informieren die Coastguard. Glücklicherweise können die drei jemenitischen Piratenboote den Yachten, die nun Vollgas geben, nicht mehr folgen. Sie haben Flüchtlinge aus Somalia an Bord und sind damit zum Glück für die Segler total überladen.

Nach einer Woche heißt es „Anker auf", denn das Wetter ist gut und so machen wir weiter Nord. Am nächsten Tag ankern wir in Lee der 63 Seemeilen entfernten Difnein-Insel, auch als „Deathmine-Island" bezeichnet, der Strand soll vermint sein. Ich will es nicht überprüfen. Also kein Landgang – nachmittags geht es weiter. Auf dem Weg nach Khor-Nawarat im Sudan erfahren wir wieder von einem Zwischenfall mit Piraten in der Nähe der jemenitischen Insel Socotra. Das ist nun inzwischen die dritte bekannt gewordene Piratenattacke innerhalb von zwei Wochen.

Das günstige Wetterfenster ist vorbei. Es pfeift wieder mit 20 bis 30 Knoten aus Nord, also müssen wir am geschützten Ankerplatz abwarten und Tee trinken. Wir hören alle verfügbaren Wetterberichte. Das sicherste Wetter sind die Standort- und Wettermeldungen der Segler nördlich von uns. Das Wetter kommt im Roten Meer immer von Norden, das heißt, wir haben einen Tag später das Wetter, welches gerade 100 Seemeilen nördlich von uns ist. Ein Tagestrip mit umlaufenden Winden hauptsächlich unter Motor bringt uns zu zwei kleinen „Sandhäufchen", den Two-Islets, die von einem Korallenriff umgeben sind. Wunderbares klares Wasser lädt uns zum Schnorcheln ein. Für ein herrliches Dinner sorgt der gefangene Barrakuda von 1,10 Meter Länge. Dies ist normalerweise nur ein offener Tagesankerplatz, doch bei den schwachen Winden kann man schon ausnahmsweise über Nacht bleiben.

Die schmale Einfahrt bringt mir wieder einige Schweißtropfen auf die Stirn. Durch Korallen und Untiefen fahre ich in den hinteren Teil von Port-Suakin – direkt neben der alten Ruinenstadt. Das alles ist nur bei

Tageslicht und mit der Sonne im Rücken möglich. Zum Einklarieren kommt eine Stunde später Mohammed, der Agent, an Bord. Suakin ist kein offizieller Port-of-Entry (Einreishafen). Er besorgt uns den Shorepass mit Foto (28 Dollar pro Person) für den Landgang, kassiert die Ankergebühr von 20 Dollar und tauscht Dollars in Sudanesische Pfund. Das Wasser wird von einem Eselkarren mit einem kleinen Tank zum Hafen gebracht. Vor dem Trinken wird gewarnt – also abkochen

Hier gibt es keine Bank und keinen Supermarkt, aber die faszinierende Kulisse der alten Ruinenstadt. Wenn ich mir die wenigen alten Autos wegdenke, fühle ich mich in dem größten Land Afrikas um 2.000 Jahre zurückversetzt. Die Männer kommen auf Kamelen oder Eseln zum Markt geritten und haben ein Schwert über der Schulter. Schwere Sachen werden auf Eselkarren transportiert. Auf dem Markt gibt es preiswert Obst, Gemüse und sogar Fleisch. Allerdings verzichten wir auf das frisch geschlachtete Fleisch, da hunderte von Fliegen drauf sind.

In der Mitte des vorigen Jahrhunderts war hier der letzte Sklavenmarkt der Welt. Im 16. Jahrhundert konnten bis zu 600 Schiffe in dem großen Naturhafen liegen, damit war dies der bedeutendste Hafen des Roten Meeres. Riesige Kamelkarawanen brachten damals Sklaven, Elfenbein, Kupfer und Felle aus dem Landesinneren, um dann mit Perlen, Seide, Gewürzen und Baumwolle zurückzukehren. Den ehemaligen Wohlstand kann man nur noch erahnen, wenn man die Reste der teilweise mehrgeschossigen Steingebäude in der Ruinenstadt mit dem alten Hauptquartier von Feldmarschall Lord Kitchener sieht. Im 19. Jahrhundert wurde der Hafen zu klein für die Ozeandampfer und Port-Suakin verlor seine Bedeutung.

Damals war die Ausdehnung der Sahara wesentlich geringer. In den letzten 350 Jahren hat die Wüste sich dramatisch ausgedehnt. Bevölkerungswachstum und Überweidung durch Vieh führte zum Verlust der Bodenbedeckung und es kommt zur Verwüstung. Jährlich wächst die Wüste um fünf bis zehn Kilometer. Heute hängt Sudan am Tropf des Internationalen Währungsfonds. Misswirtschaft und ein scheinbar endlos währender Bürgerkrieg zwischen dem Norden und dem Süden verschärfen die Situation im Lande. Die Versorgung der Bevölkerung mit Lebensmitteln und Wasser ist nicht gesichert. Die Menschen leben hier am Rand der Wüste in einfachsten Unterkünften ohne Strom, ohne Wasser und ohne Kanalisation. Wir fühlen uns in diesem muslimischen Land trotz der derzeitigen kritischen Situation mit dem Irak sicher. Wenn man auf die goldenen Ketten und Brillantringe beim Landgang verzichtet und seine Kleidung angemessen entsprechend eines muslimischen Landes auswählt, gibt es keine Probleme. Es ist keine Frage, wie ich als Christ zu dem Islam stehe, aber wenn ich hier als Durchreisender zu Gast bin, muss ich mich selbstverständlich an die Gepflogenheiten und Regeln halten. Es soll ja Segler geben, die in ihren letzten abgewrackten kurzen Hosen und einem schmutzigen T-Shirt zum Einklarieren gehen und sich dann über die Reaktion der Beamten „wundern".

Mit dem öffentlichen Bus fahren wir nach Port-Sudan, der Stadt mit dem großen Handelshafen – vorbei an zahlreichen Zelten mitten in der trockenen Wüste, dazwischen Kamel- und Ziegenherden. In Port Sudan finden wir nach längerem Suchen im „Palace-Hotel" sogar einen Internetanschluss. Doch die Telefonverbindung bricht ständig zusammen. Überall stehen Dieselgeneratoren zur Stromerzeugung neben den Gebäuden – große Diesellachen im Sand. Alles ist staubig durch den ständigen Wind. Es stinkt nach verbranntem Müll. Bei uns hinterlässt die Stadt einen deprimierenden Eindruck und wir fahren nach drei Stunden wieder zurück. Der Nordwind ist nicht mehr so stark und so beschließen wir, weiter zu fahren. Für unser letztes sudanesisches Geld wird auf dem Markt noch Obst und Gemüse gekauft. Mohammed, der eifrige Agent, hat unsere Papiere innerhalb von einer Stunde fertig und bringt sie an Bord.

Eine Übernachtfahrt bringt uns weiter nach Norden in das Marsa-Fijab, eine geschützte Einbuchtung des Festlandes. Kurz bevor wir ankommen, bläst der Wind mit über 30 Knoten. Durch den aufgewirbelten Sand wird es kritisch, aber nach 20 Minuten ist alles vorbei und wir sehen Kamele und Esel am Ufer sowie Flamingos, Pelikane, Reiher und Seeadler. Es sind noch sechs andere Yachten da und so vergeht die fünftägige Wartezeit mit Starkwind um die 25 bis 30 Knoten doch schneller als erwartet.

Das nächste Wetterfenster mit Südwind nutzen wir zum Sprung in das nächste schützende Marsa. Wir ankern auf 16 Meter Wassertiefe bei 30 Knoten Wind aus Süd und zwei Stunden später dreht der Wind innerhalb von 20 Minuten mit einer kurzen Windstille von fünf Minuten auf Nord und pfeift mit mehr als 25 Knoten.

Nun sind wir also seit dem 22. Grad nördlicher Breite in Ägypten. Die Nächte werden zunehmend kälter und wir brauchen nachts den Pullover und eine lange Hose bei der Wache. Am Strand von Kap-Rás- Banás ist ein einsamer Stützpunkt der Beach-Polizei. Junge Burschen mit gemischter Kleidung im Military-Look, ohne Bewaffnung, stolzieren herum. Nur ein Dromedar steht den „Kämpfern" als Fortbewegungsmittel zur Verfügung. Zwei von ihnen kommen in einem einheimischen Fischerboot längsseits: „Diese Bucht ist militärisches Sperrgebiet und ihr dürft hier nicht ankern!" Ich antworte, dass ich davon noch nichts gehört oder gelesen habe und dass es auch keinen Platz gibt, wo wir jetzt kurz vor dem Dunkelwerden noch hinkönnen. Der 20-jährige Bursche antwortet mir, dass er bei mir eine Ausnahme machen kann – für eine Stange Zigaretten und eine Flasche Whisky. Seine „Bescheidenheit" treibt mir die Tränen in die Augen. „Leider rauche ich nicht und trinke auch keinen Alkohol, aber seit wann trinken denn Moslems Whisky??", frage ich zurück. Er zuckt mit den Schultern. Hurra, wir sind also im „Bakschischland". Nachdem er bei uns mit dieser Masche kein Glück hatte, versucht er es gleich noch mal bei drei anderen Seglern. Alle sind vorgewarnt und so ist es sicher ein trister Abend in der abgelegenen Wachstation geworden.

Am nächsten Morgen machen wir einen Strandspaziergang, sammeln Muscheln und ich tausche bei den „Kämpfern" ein T-Shirt gegen Eier ein. Wir reden nicht mehr über Bakschisch. Ausgestopfte Schildkröten und geschützte Schnecken wollen sie gegen Dollars verkaufen. Sie haben wieder kein Glück mit uns.

Nach zwei Tagen erreichen wir in Hurghada das Ende des Roten Meeres. Vor uns auf dem Weg ins Mittelmeer sind nun noch der Golf von Suez und der Suezkanal. Wir wollen uns hier eine Pause gönnen und das Land bereisen, aber zuerst müssen wir einklarieren. Unser Anruf über Funk wird nur in Arabisch erwidert, schade – kann ich nicht. Sofort meldet sich der geschäftstüchtige Agent von „Fantasia", doch wir wollen keinen Agenten für 40 Dollar. Wir finden in dem tiefen Fahrwasser einen Ankerplatz. Der Agent kommt trotzdem längsseits und will unsere Bootspapiere. Als ich ihn erneut klar und deutlich ablehne, fängt er an zu schimpfen. Wie naiv wir wären. Wir würden die umständliche ägyptische Bürokratie schon noch kennen lernen in den drei Tagen, die wir für das Einklarieren bräuchten!!! Ein „toller" Empfang!

Leicht verunsichert versuchen wir unser Glück trotzdem selbst und finden alle Hinweisschilder nur in Arabisch vor. Wir fragen uns durch und landen schließlich im Büro des zuständigen Offiziers mit vier goldenen Sternen auf der Schulter. Er ist sehr freundlich und unterbricht für uns sogar sein Morgenfernsehen. Nach einer Stunde leuchtet der Einreisestempel im Pass unter den bereits vorhandenen Visa. Sämtliche Beamten sind in dem einen Gebäude am Fähranleger untergebracht, alle sind freundlich und keiner will wider Erwarten ein Bakschisch.

Die nach uns einlaufende EOS ist schon in den „Fängen" des Agenten, als wir zurückkommen und erzählen, wie leicht es war. Norbert verlangt sofort seine Papiere wieder zurück. Der Agent hätte mich am liebsten gefressen!!!

Wir verlassen das schwer bewachte Hafengelände und finden einen Geldautomaten, sowie einen kleinen Supermarkt mit Obst und Gemüse. Am nächsten Morgen starten wir beizeiten Richtung El-Gouna, der 25 Kilometer entfernten Satellitenstadt, die Sameh Saweres gehört. Er ist der reichste Mann Ägyptens und einer der reichsten Männer der Welt. Mehrere eigene Buslinien verbinden das gut bewachte riesige Gebiet mit Hotels, Golfplatz, Pferderanch, Hospital, Schule, Go Card Bahn usw. Selbstverständlich liegt in der Abu-Tig-Marina seine 27 Meter Motoryacht TNT, dies sind die ersten Buchstaben der Vornamen seiner drei Kinder und auf dem Flughafen in El-Gouna steht sein bescheidenes Privatflugzeug.

Das Marinapersonal begrüßt uns freundlich und ich gehe neben einem ehemaligen norwegischen Walfänger aus dem Jahre 1912, jetzt allerdings mit polnischer Crew, am Gästepier längsseits. Ein Stück weiter liegt auch die „armselige“ 32 Meter Motoryacht LIMA von Khaled-Bin-Laden, einem der 24 Brüder des meistgesuchten Terroristen der Welt. Etwas verunsichert sind wir schon, als wir das Konterfei von Osama-Bin-Laden auf T-Shirts bei Jugendlichen sehen.

Uns steht der herrliche Swimmingpool zur Verfügung, denn in diesem Fantasialand El-Gouna gibt es momentan viele freie Betten und wenig Touristen. Sogar Kabelfernsehen mit drei deutschen Programmen ist verfügbar. Viele Segler nutzen die Marina, um nach Hause zu fliegen. Auch Sabine besucht ihre Eltern in Berlin. Ich unternehme mit anderen Seglern einen Zwei-Tagesausflug in das 350 Kilometer entfernte Luxor am Nil, dem früheren Theben. Wir bekommen als Gruppe einen guten Preis und Kinder bis sechs Jahre sind frei. Die Sicherheitsvorkehrungen sind enorm. Überall in der Stadt und auf der Strecke nach Luxor sind Kontrollpunkte der Armee. Die wenigen Busse fahren im Konvoi mit Polizeieskorte. Die Zeugnisse einer vergangenen Hochkultur beeindrucken uns. In den berühmten bis zu 3.500 Jahre alten Tempeln von Hatsepsuth oder vor der faszinierenden Säulenhalle des Amun-Tempels in Karnak werden die Taschen teilweise kontrolliert. Unauffällige Herren in Zivil mit der Maschinenpistole unter dem Jackett sind nach dem blutigen Terroranschlag auf Touristen vor wenigen Jahren ebenfalls hier. Natürlich „schleppen“ uns unsere Reiseführer auch in ein Papyrus-Museum, eine Alabaster-Manufaktur und in einen arabischen Basar. Am Ende sind alles nur Läden, in denen die Verkäufer schon extrem hartnäckig sind. Wir reden mit unserem Reiseleiter Klartext, dass er das gefälligst lassen soll und als wir auch noch das Restaurant allein auswählen, von dem er offensichtlich keine Provision bekommt, ist er endgültig sauer. Abends sind wir am Rande der Stadt in einem etwas verblichenen aber sauberen Vier-Sterne-Hotel untergebracht. Die vier Sterne sind vermutlich vom Himmel gefallen, aber die Polizei bewacht auch hier unseren Nachtschlaf im Foyer des Hotels. Wir alle müssen, wie bei einem Flughafen, durch eine Induktionsschleife.

Die Vorschläge zur Gestaltung des nächsten Tages neben dem Besuch des „Tales der Könige“ sind alle mit erheblichen Zuzahlungen in Dollars verbunden. Wir lehnen dankend ab und beschließen, für deutlich weniger Geld den Tag selbst zu organisieren. Jedenfalls kommt bei unserem 24-jähriger Reiseleiter das Fass zum Überlaufen als wir abends das Hotel auch noch allein verlassen wollen, um etwas spazieren zu gehen und ein Bier zu normalen Preisen zu trinken. Es wäre nicht erlaubt und er könne nichts mehr für unsere Sicherheit tun. Wir tun das, was wir tun wollen.

Am nächsten Tag läuft alles wie von uns geplant. Kapitän Sabbah beschert unserer Gruppe, in der auch fünf Kinder sind, einen wunderbaren Segelnachmittag mit seiner Feluke auf dem Nil. Wir genießen die herrliche Flusslandschaft mit Wasserbüffeln, vielen Vögeln und brauchen uns nicht ständig der teilweise aggressiven Bakschischjäger, Kutschenfahrer oder Ladenbesitzer zu erwehren. Es gehören schon gute Nerven dazu, 150-mal am Tag auf die Fragen nach den „Woher?" und „Wohin?" und „Weshalb?" freundlich mit „Shukran" – Danke zu antworten.

Abends 18.00 Uhr soll der bewachte Buskonvoi wieder nach Hurghada zurückfahren. Alle finden einen Platz in einem Bus. Nur Günter von der KARMA und ich werden zu einem anderen Bus geschickt. Der Konvoi startet pünktlich – in dem uns zugewiesenen Bus gibt es keinen einzigen freien Sitzplatz mehr für uns. Wir stoppen den Bus, steigen aus und stellen uns jeder vor einen Bus auf der zweispurigen Fahrbahn und blockieren damit die Weiterfahrt des restlichen Konvois. In keinem der nächsten Busse sind Plätze frei. Es kommt zum etwas heftigeren Wortwechsel. Wir bleiben auf der Fahrbahn vor den Bussen stehen wie die „Deutschen Eichen". Auf einmal sind wir umringt von Polizei mit Maschinepistolen – alle sind aufgeregt, aber keiner schießt. Erst nach den etwas lauteren Worten eines herbeigerufenen hochrangigen Offiziers überlassen uns zwei Reiseleiter zähneknirschend ihre Sitzplätze in der ersten Reihe. Ich wollte immer schon einmal in der Ersten Reihe sitzen. Der Konvoi rollt weiter, aber die endlose Geschichte ist noch nicht zu Ende. Vor dem „Regina" Hotel ist 22.30 Uhr für den Busfahrer Schluss und er meint, ein anderer Shuttle Bus bringt uns in die 30 Kilometer entfernte Marina. Nach 15 Minuten Wartezeit glauben wir alle nicht mehr an Weltwunder und die fünf lieben Kleinen, zwischen vier und neun Jahre alt, werden langsam unruhig. Wir rufen eine Streife der Touristenpolizei. Es werden immer mehr Polizisten mit Blaulichtauto, mit Motorrad, in Zivil und mit Kalaschnikow. Nach weiteren 30 Minuten mieten wir doch im Interesse der Kinder einen Minibus, um in die Marina zu fahren. Zwei Tage später bin ich wieder im Reisebüro und hole das Geld für den Minibus zurück. Das waren zwei wunderschöne und erlebnisreiche Tage in Luxor, denn wir hatten alle zusammen eine schöne Zeit. Was könnten wir sonst erzählen, wenn alles klar gegangen wäre. Segler sind nun einmal keine „normalen" Touristen!!

Am 13.04.03 erschüttert uns die Mitteilung über den plötzlichen unerklärlichen Tod des 31-jährigen Ewan von der POLLUX im Sudan im Marsa-Wasi. Es sollte sich herausstellen, dass Ewan an einem Gehirnschlag ganz plötzlich starb. Es wird spontan Geld unter den Seglern für die Überführung des Leichnams und der Yacht gesammelt. Dabei sind in zwei Tagen über 2.000 Dollar zusammen gekommen. Außerdem wird diskutiert, wie wir Segler seiner schwangeren Frau Lisa helfen können. Da beweist sich die Hilfsbereitschaft der internationalen Seglergemeinde. Das tragische Ende einer Weltumsegelung !!

Kurz vor Ostern wird Sabine mit Susanne, unserer jüngeren Tochter, hoffentlich wieder zurück sein. Bis dahin habe ich voll zu tun. Bis vorgestern tobte hier mehrere Tage der heftigste Sandsturm seit fünf Jahren mit Windstärke acht – in den Böen wurden sogar 50 Knoten gemessen. Die Sicht betrug zeitweise weniger als 20 Meter und alle Schiffe sind komplett mit ganz feinem Sand bedeckt. Innen sieht es ähnlich aus. Es war der zweite Sturm innerhalb von 10 Tagen und ich muss „Rein-Schiff" machen. So wird es mir nicht langweilig und es bleibt kaum Zeit für den Swimmingpool oder das deutsche Fernsehen.

Das Schiff ist geputzt und ich freue mich auf den Gründonnerstag, denn da kommt Sabine mit unsere Tochter Susanne auf dem Flughafen in Hurghada an. Susanne bleibt über Ostern. Es gibt viel zu erzählen. Karfreitag sind wir vom polnischen Kapitän Janusz auf der HARPOONER, dem ehemaligen norwegischem Walfänger aus dem Jahr 1912, zum Schwatzen und vorher zum Tauchen eingeladen. Dieses Schiff hat sogar noch die Originalharpune am Bug. Die Drei-Mann-Crew besteht aus Tauchlehrern und wartet auf Tauchurlauber. Komplette Ausrüstungen samt Kompressor sind an Bord. So komme ich zu mehreren kostenlosen Tauchgängen.

Natürlich wollen Sabine und Susanne auch nach Luxor. Diesmal fahren wir mit Janusz in einem Mietauto die 350 Kilometer nach Luxor und zurück. Es ist leider nicht möglich, allein dorthin zu fahren, denn alle schwer bewaffneten Polizeiposten verweigern uns die Weiterfahrt. Ausländern ist nur die Fahrt im Polizeikonvoi erlaubt und der gestaltet sich dann als kleine Wettfahrt. Obwohl 80 Kilometer pro Stunde die Höchstgeschwindigkeit für Busse ist, fährt das erste Polizeiauto schon mal 120 und dann nutzen die Busse den 30 Meter Sicherheitsabstand, um sich untereinander laut hupend zu überholen. Das sind die wahren Risiken einer Weltumsegelung.

Ostersonntag nehmen wir den Linienbus, um in das 450 Kilometer entfernte Kairo zu fahren. Wir sind von Nafea, einem Motorenspezialisten aus Marina, zu seiner Familie eingeladen. Alle werden uns vorgestellt – oder umgekehrt. Seine Frau Nanni hat zur Begrüßung ein echt ägyptisches Essen zubereitet. Es ist so viel, dass wir von jedem nur kosten können. Anschließend fahren wir mit sieben Personen im Lada Niva zu den Pyramiden. Die sind leider ab 17.00 Uhr nur noch per Kamel, Pferd oder Esel zu besichtigen. Wir wollen nicht reiten und verschieben das also auf den nächsten Tag. Der Autoverkehr in der größten Stadt Afrikas mit 18 Millionen Einwohnern ist schon gewaltig und laut. Nach Kairo kommen jeden Tag 1.000 neue Einwohner aus dem Umland. Das bringt natürlich enorme Probleme mit sich und dem entsprechend sind um die Stadt große Brettersiedlungen entstanden, wo ganze Familien in einem Raum wohnen müssen. Jeder zweite Ägypter über 15 Jahre kann nicht lesen und schreiben.

Obwohl wir bei Nafeas Familie hätten schlafen können, suchen wir uns ein günstiges Hotel in der Nähe des Ägyptischen Museums, denn das wollen wir auf jeden Fall besuchen. Strengste Sicherheitskontrollen sind angesagt. Zweimal müssen wir durch eine Kontrolle und alle Taschen werden durchleuchtet. Mein Taschenmesser muss ich extra deponieren, obwohl in und um das Museum eine ganze Hundertschaft mit Maschinenpistolen vertreten ist, aber was ist das schon gegen ein Schweizer Messer.

Beim Spaziergang durch das abendliche Kairo allein mit zwei blonden Frauen kann ich nicht finster genug dreinblicken. Es ist unglaublich wie unverschämt und aufdringlich einige der jungen Burschen sind, aber ich halte mich zurück, denn ich bin normalerweise ein friedlicher Mensch.

Zurück nach El Gouna fahren wir mit Nafea im Lada Niva. Dort bereiten wir uns für den Golf von Suez vor und warten auf das nächste Wetterfenster. Also Leinen los Richtung Suezkanal. Wir passieren das Verkehrstrennungsgebiet im Golf von Suez. Der Wetterbericht hat 10 bis 15 Knoten aus Nord-West angesagt, aber der Wind nimmt ständig zu und bei 25 Knoten auf die Nase und Welle kommen wir kaum noch voran. Wir steuern den nächsten möglichen Ankerplatz an. Es riecht nach Öl durch die vielen Ölplattformen. Rock´n Roll am Ankerplatz ist angesagt. Ich habe die gesamten 60 Meter Kette draußen. Der Wind frischt weiter auf, dreht noch etwas nach Ost und damit haben wir vor Anker zwei Meter hohe Wellen. Die SUMMERTIME wird durchgeschüttelt. Ankerwache die ganze Nacht!! Mehrmals reißt der Ruckdämpfer, das ist ein kräftiger 18 Millimeter starker Tampen mit einem Gummidämpfer zum Entlasten der Bugrolle und der Ankerwinsch. Angeleint und mit Lifebelt krieche ich jedes Mal nach vorn zum Anker und knote das Seil wieder zusammen. Das Wetter wird nicht besser. Die zweite Nacht kommt und da gibt es 01.30 Uhr einen lauten Knall – der Ruckdämpfer reißt das fünfte Mal. Die Ankerwinsch wird aus der Halterung gerissen, die Sorgleine am Ende der Kette reißt und unser Anker samt 60 Meter Kette sind weg. Das Schiff treibt bei diesem Wind sofort Richtung Strand. Das nächste Korallenriff kommt immer näher. Ich starte sofort den Motor – Vollgas und nichts wie weg von dem gefährlichen Riff. Das ist alles eines. Wenn hier der gute Perkins Diesel nicht sofort angesprungen wäre, hätten wir das letzte Stück bis an den Strand sicher schwimmen müssen. Es bleibt uns keine andere Wahl, als sofort loszufahren – nachts und todmüde. Gegen diesen Wind und diese Welle richten 50 PS nicht viel aus. Wir können nur vor dem Sturm ablaufen. Bei 40 bis 50 Knoten Wind brauchen wir kein Segel. Das Schiff bietet allein mit seinem Rigg und dem Rumpf genug „Segelfläche". In dieser Nacht erleben wir im Golf von Suez mit 55 Knoten Wind, Windstärke 11, das schwerste Wetter unserer Weltumsegelung. Riesige Wellen tragen uns fort. Wir sind beide im Ölzeug, mit Lifebelts gesichert und hoffen nur, da wieder heil herauszukommen. Bei schlechter Sicht durch den Sand der nahen Sahara und die Gischt der Wellen, überholen uns die gewaltigen Containerfrachter mit bis zu 25 Knoten Fahrt. Auf beiden Seiten des Fahrwassers stehen immer wieder grell beleuchtet Ölplattformen und Ölraffinerien. Daneben sind unbeleuchtete und abgetrennte Öltürme zu sehen oder auch nicht. Einer navigiert unter Deck, beobachtet den Radarschirm und einer steht am Ruder. Aller 20 Minuten wechseln wir uns ab. Nach 12 langen Stunden erreichen wir wieder die Abu-Tig-Marina – wir brauchten genau die halbe Zeit wie in der entgegengesetzten Richtung.

Brain von der australischen GIPSY DAYS hilft mir mit einen neuen Anker und mit Kettenvorlauf sowie Ankertau haben wir erst mal wieder einen Anker für den Bug. Den schweren Stockanker brauchen wir nicht zum Einsatz bringen. Eine 10 Millimeter Ankerkette ist selbst mit Nafea nicht zu organisieren, aber die Ankerwinsch wird wieder eingebaut und funktioniert. Inzwischen sind unsere Visa abgelaufen und wir müssen der Coast Guard zum zweiten Mal die Augen mit einem dicken Bakschisch „zuhalten", ansonsten wäre eine neue Port Clearance mit all den Laufereien und Gebühren notwendig.

Auf zum zweitenVersuch am 03.05.2003 – diesmal bei besseren Wetterverhältnissen. Sinai Halbinsel, Ankern in Ras-Matarma. Wieder hat sich der Wetterfrosch geirrt, anstelle von prophezeiten fünf bis zehn Knoten aus Nord-West ist der Wind nicht unter 20 Knoten. Das Ankermanöver mit dem Ankertau und ohne Ankerwinsch ist hartes Muskeltraining.

Am 05.05.2003 haben wir im Suez-Yachtclub das Ende der ungemütlichen Passage geschafft und machen uns zwischen Bojen fest. Magdy, der Agent für den Suezkanal von der Felix-Maritime-Agency, ist sofort an Bord. Er besorgt uns eine neue Ankerkette und Diesel. Er lügt uns gnadenlos an, um sein Geschäft zu machen und erzählt uns, dass wir das Yachtgelände nicht verlassen dürfen, weil unsere Visa abgelaufen sind. Offiziell hat man 14 Tage Zeit, um nach Ablauf des Visums den Kanal zu passieren, erzählt uns später der Immigration-Officer in Ismailia. Da wir in Eile sind und am nächsten Tag schon durch den Kanal wollen, muss der Vermesser bestellt werden. Bakschisch regelt alles. Wir bezahlen 308 Dollar für die Kanalpassage inklusive Agentengebühr.

Ich rufe noch Nafea an und gebe ihm die genaue Position unseres Ankers samt Kette durch. Er ist anders als die meisten Ägypter, die wir getroffen haben. Hoffentlich kann er den Anker heben.

Durch den Kanal sind Lotsen vorgeschrieben. Der unsrige für den ersten Teil des Suezkanals heißt Gharib und bringt zwei Papyrusbilder als Geschenk mit. Immer ein Erlebnis ist das unerschütterliche Selbstbewusstsein der „Lotsen“ im Suezkanal. Es wurde schon viel darüber berichtet. Unser Lotse zum Beispiel spricht 20 Worte Englisch, zwei davon sind Bakschisch und Maximum-Speed. Er hat noch nie eine Seekarte gesehen, weil er alles im Kopf hat und er setzt uns in Ismailia, direkt vor dem Yacht Club, auf eine Sandbank. „No Problem“, beruhigt er uns. Wir kommen ohne Schlepphilfe wieder frei und anschließend beschwert er sich doch tatsächlich über das zu geringe Trinkgeld für diesen Tag. Es hätte nicht viel gefehlt und ich hätte ihm die 10 Dollar, die Stange Marlboro, das Bascap und das T-Shirt wieder weggenommen. Der Suezkanal selbst ist ohne Schleusen und gut betonnt. Jeder mit einem Sportbootführerschein weiß, dass man rechts fährt und großen Schiffen möglichst ausweichen sollte. Ich sehe die „Suezlotsen“ für Yachten als reine Arbeitsbeschaffungsmassnahme.

Zwei Stunden vor unserem Ziel ist plötzlich Wasser im Schiff. Warm und salzig – das muss Kühlwasser vom Motor sein. Aber wir schaffen es aus eigener Kraft nach Ismailia. Bis zu unserer Ankunft schöpfen wir wie die Wilden Wasser. Eine Motorpanne kostet 1.500 Dollar, weil man sofort eine Schlepphilfe annehmen muss. Das fehlte gerade noch. Die Motorkontrolle ergibt, dass der Motor in Ordnung ist und nur der Kühlwasserschlauch ein Leck hat.

Einen Tag Pause plane ich für die Reparatur ein. Nach zehn Minuten ist alles erledigt, aber das Schiff braucht einen Tag, um auszutrocknen. Ohne Probleme verlassen wir das bewachte Hafengelände und können einkaufen und ins Internet gehen. Mit dem zweiten Lotsen, Shamir, geht es am 08.05.2003 weiter nach Port-Said. Unter Seglern wird viel diskutiert, wann der Suezkanal endlich seinen richtigen Namen erhält: „Marlborokanal".

9. Zurück im Mittelmeer – Weltumsegelung geschafft!

Griechenland – Kroatien – Slowenien – was kommt danach

Ohne Stopp in Port Said geht unser Kurs direkt nach Kreta. Eine ungemütliche Überfahrt mit 475 Seemeilen. Es wird nachts richtig kalt und es herrscht rauer Seegang. Voller Freude sehen wir Kreta am Horizont auftauchen und feiern leicht erschöpft unsere Weltumsegelung. Hier sind wir am 30.06.2000 bereits mit der SUMMERTIME gewesen und kreuzen damit ganz offiziell unsere Kurslinie. Ein herrliches Gefühl!

Weltumsegelung vollendet!!!
Montag, 12. Mai 2003, 14.30 Uhr – Siteia auf Kreta, Griechenland
Wir sind die ersten zwei Dresdner, die mit einer Yacht um die Welt gesegelt sind! Vermutlich sogar die ersten Sachsen.

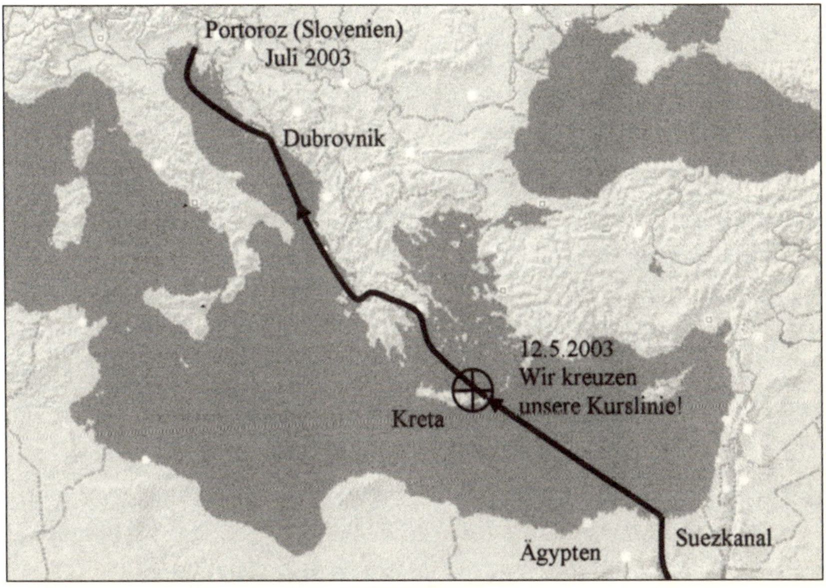

Durch den Suezkanal ins Mittelmeer

Wir dürfen für 102 €uro wieder in das „Euroland". Natürlich wird das trotz Müdigkeit bei „Zorbas" gefeiert und mit griechischem Wein angestoßen. Nachts um 02.00 Uhr werden wir doch tatsächlich von der Küstenwache geweckt. Wir haben den Liegeplatz eines mittleren Kriegsschiffes blockiert und müssen uns zu dieser nachtschlafenen Zeit noch verlegen.

Nach zwei Tagen Pause geht es kurz nach Mitternacht wieder weiter. Wir segeln zu der fotogensten Insel Griechenlands, Santorin. Hier soll angeblich 1.500 vor Christi das sagenumwobene Atlantis gewesen sein. In Akrotiri gab es mehrgeschossige Häuser, bis vor 3.400 Jahren eine gewaltige Naturkatastrophe alles zerstörte. Die damalige Flutwelle wird auf 60 bis 100 Meter geschätzt und richtete sogar auf Kreta Verwüstungen an.

Beim Einlaufen in den Hafen gibt es lautes „Hallo" und heftiges Winken. Die beiden Schweizer, Rene und Sylviane, von der BOHÉME helfen uns beim Festmachen. Vor zwei Jahren haben wir uns in Tunesien von ihnen verabschiedet. Natürlich gibt es viel zu erzählen und die Nacht wird kurz. Die Welt ist eben doch nur ein großes „Dorf".

In dem mit EU-Mitteln gebauten Hafen hat sich seit drei Jahren nichts geändert, nur zwei der Laternen, die noch nie funktionierten, sind umgefallen. Dafür verlangt auch niemand Hafengebühren. Mit dem öffentlichen Bus geht es nach Fira und Ia und wir genießen die atemberaubenden Ausblicke dieser Orte am Kraterrand. Hier sind wir wieder mittendrin im Touristenrummel, aber warum auch nicht.

Auf die Insel Folegandros kommen wir schon zum dritten Mal. In dem kleinen Fischerhafen erkenne ich in sechs Meter Tiefe den Grund. Alle Häuser sind gepflegt und weiß gestrichen mit blauen Türen und Fenstern. Wir lassen die „Puppen" tanzen – 29. Hochzeitstag. Per Bus fahren wir hoch zur Chora und zurück zu Fuß – atemberaubende Blicke hinunter auf das Meer mit seinem kristallklaren Wasser. Pflichtbewusst melde ich mich beim Hafenkapitän. Ihn interessiert die schöne griechische Klappmappe, mit der man sich neuerdings in jedem Hafen melden muss, überhaupt nicht und er verlangt auch keine Liegegebühr.

Den Hafen in Lavrion laufe ich zum sechsten Mal an. Er ist nicht mehr wieder zuerkennen. Aus dem ehemaligen Erzhafen ist ein Fährhafen mit Stützpunkten von mehreren Charterfirmen geworden. Der neu gebaute Flughafen und die baldigen Olympischen Spiele haben sicher maßgeblich dazu beigetragen. Glücklicherweise kennen wir noch jemanden von NAVA-Yachting und so bekommen wir einen Liegeplatz sogar übers Wochenende, wo sonst jeder Platz belegt ist. Die neu gebaute Olympic-Marina ist uns abseits des Ortes einfach zu teuer.

Ein Mietauto bringt uns nach Piräus. Ein Unterwant muss erneuert werden. Wir können in der Werkstatt gleich darauf warten. Superservice! Ein stressiger Verkehr in der Millionenstadt Athen.

Der Stadthafen von Poros ist wie immer gut besucht und eine Reise wert – der Blick vom neu renovierten Glockenturm einmalig. Eigentlich wollen wir morgens noch mal durch die engen Gassen der alten Stadt streifen, aber die deutsch-deutsche Crew der MYRTO mit überwiegend sächsischem Dialekt schäkelt unseren Anker nach einem „Kettensalat“ ab und lässt nur noch die Kette im Wasser liegen. Die hält allein nicht besonders gut. Als Bernd aus Kiel mir einen Anker über den Bugkorb reicht, der genau so aussieht wie der Unsrige, bin sogar ich sprachlos und das will schon was bedeuten. Sofort Motor an, bevor das Schiff an den Steinpier schlägt und unverzüglich ablegen. Da soll mal einer sagen, dass Segeln im Mittelmeer nicht abwechslungsreich und voller Überraschungen wäre.

Skipper Werner „gesteht“ dazu später in unserem Gästebuch:

Hallo ihr Weltumsegler,

wir lagen in Poros mit der Gib'Sea MYRTO neben euch. Nachdem Ihr Euch so geschickt dazwischen gefädelt habt, war es uns eine Ehre, Gerhard an Bord der MYRTO zu einer Büchse Bier einzuladen. Wir als Altherrencrew lauschten andächtig – bis das Signal aus der Pantry kam: „Gerhard komm rüber, das Essen ist fertig“. Beim dritten Nachhaken ging ein Zucken durch Gerhards Körper und er ging sofort seine Damen betreuen. Mir ist klar, mit dieser Schiffsordnung klappt auch eine Weltumseglung. Am nächsten Tag haben wir als erste abgelegt und zwei fremde Anker mit hoch geholt: einer gehörte der SUMMERTIME. Wir mussten ihn demontieren und haben Gerhard den Anker übergeben. Das schlechte Gewissen haben wir damit beruhigt, dass sich Gerhard sicher bei seinen Ablegemanövern mit den beiden Damen viel Arbeit am Anker gespart hat. Problem war nur, sein Schiff war nicht mehr sicher und fest. Vielleicht erfahren wir mal wie es weiter gegangen ist. Beste Grüße und alles Gute weiterhin

Werner Viehweger
Skipper der MYRTO aus Panitzsch bei Leipzig

In Epidaurus steht für uns das antike Amphitheater aus dem vierten Jahrhundert vor Christus mit 14.000 Plätzen auf dem Kulturprogramm. aber dies ist nur möglich mit neuen Mercedestaxen zu entsprechenden Preisen – Buslinie eingestellt und kein Mietwagenverleih. Wird also auf später verschoben. Der graue Morgen begrüßt uns mit Nieselregen, obwohl alle sagen, in Griechenland schiene immer die Sonne. Den Kanal von Korinth finden wir dank GPS-Navigation und für 142 uro darf die SUMMERTIME in den Golf-von-Korinth einlaufen. Im Stadthafen liegen wir gratis.

Männertag – ich bin von der Küchenarbeit befreit und darf das Auto fahren. Mit einem kleinen Fiat Punto geht es zu den Ruinen des alten Korinth, nach Mykene, in die Hafenstadt Nafplion und in das antike Theater von Epidaurus. Dann fahren wir von Galaxidi mit dem Bus in das hoch in den Bergen gelegene Delphi. Hier kann der „Nabel der Welt" bewundert werden – ein großer eiförmiger Stein. Anfang des sechsten Jahrhunderts vor Christus war dies ein bedeutender Versammlungsort – der Vorgänger der Europäischen Union könnte man sagen – mit dem bekannten „Orakel von Delphi". Im Museum sind derzeit Umbaumaßnahmen, so dass wir nur den weltberühmten Wagenlenker aus Bronze bewundern können.

Am nächsten Tag rieche ich Diesel im Schiff und siehe da, am Dieselfilter ist der Plastentwässerungsknopf abgebrochen und Kraftstoff läuft aus. Sabine hält mit dem Finger voller „Begeisterung" den stinkenden Dieselstrahl auf und ich steuere den nächsten Ankerplatz an. In 10 Minuten baue ich den Ersatzfilter ein. Anschließend – Baden im „kalten" Wasser.

In Tagesetappen besuchen wir die weiteren Häfen Mesolongi, Vathi auf Ithaka – der Odysseusinsel -, Gaios auf Paxos und Korfu. Von der kleinen griechischen Insel Errikousa laufen wir zur letzten Nachtfahrt mit 190 Seemeilen nach Dubrovnik aus. Dort sind erneut 220 uro für das Befahren der kroatischen Gewässer fällig. Entlang der Halbinsel Peljesak steuern wir Nordkurs mit Stopps in den alten Städten Hvar und Sibenik. Dort höre ich des Nachts Geräusche im Schiff und ganz schnelles Trippeln. Sabine wird geweckt. Wir sind uns sofort einig. Das muss eine Maus oder eine Ratte sein. Am nächsten Morgen finden wir angeknabberte Spaghettitüten und Mäusekot. Das hat uns gerade noch gefehlt!!! Um die Welt schafften wir es ohne eine Ratte oder Maus an Bord und jetzt auf den letzten Seemeilen hat es sich so ein Nager auf der SUMMERTIME gemütlich gemacht. Sofort werden noch zusätzlich vier Mausefallen gekauft und mit Speck und Käse aufgestellt. Die Fahrt mit dem „blinden" Passagier geht weiter nach Pasman und Ugljan. Die Maus frisst alles – nur nicht den Speck in der Falle. Wir liegen jede Nacht wach und hören die Maus rumflitzen. Hoffentlich frisst sie keine Elektrokabel an?

Freunde aus Dresden wollen noch die letzten Meilen mit uns fahren und werden in drei Tagen an Bord sein. Voller Verzweiflung entschließe ich mich, in Zadar Rattengift zu kaufen. Die Marina ist voll und am inneren Stadtpier ist auch kein Platz frei. Wir müssen aber ins Internet, telefonieren und brauchen das Gift. Also mache ich bei ablandigem Wind am Außenanleger von Zadar fest. An Fronleichnam finden wir nur nach langem Suchen ein Internet in der Stadt. Nun aber schnell zurück zum Schiff. Der Wind hat inzwischen nach Nord gedreht und der Schwell drückt die SUMMERTIME an die Steinmole. Zwei der Fender zwischen Schiff und Pier sind herausgerutscht und die Fußreling wird durch den Wellenschlag demoliert und verbogen. Sabine telefoniert noch. Ich renne zum Schiff, springe an Bord, starte den Motor und mache die Festmacherleinen los. Bevor ich die letzte Leine los habe, kommt noch eine besonders große Welle von einer vorbeifahrenden Fähre und reißt die hintere Klüse an der Fußreling heraus. Das passiert uns nach 35.000 Seemeilen mit der SUMMERTIME. Keine 300 Seemeilen mehr bis zum Zielhafen!!!

Ich fahre im Kreis und als ich Sabine sehe, steuere ich kurz längsseits am Anleger, damit Sabine an Bord springen kann. Als sie den Schaden sieht, fängt sie an zu weinen. Mit den Nerven am Ende, gehen wir gegenüber von Zadar in Ugljan an die kleine Mole.

Vor Aufregung können wir abends nicht einschlafen. Die Maus haben wir fast vergessen. Zwei Stunden nach Mitternacht weckt mich Sabine und sagt, dass hier irgendwas stinkt. Das kann nur die tote Maus sein!! Aber wo? Nach einer Stunde entdecken wir die leblose Mäuseleiche in einer entlegenen Ecke. Das ist wirklich Glück in letzter Minute – morgen kommen die Mitsegler an Bord.

Entspannt geht es nun zu Fünft an die letzten Seemeilen. Schöne Zeiten haben wir auf unserem Abschlusstörn durch die kroatische Inselwelt. In der Maracol-Bucht von Unije ereilen feuchtfröhliche Ereignisse drei Crewmitglieder. Beim ersten Anlauf eines nicht näher genannten Mitseglers zum Erwerb des internen „Dingi-Führerscheines" der SUMMERTIME kentert das Dingi unglücklicherweise. Beim Vorbeifahren an einem anderen Boot mit Außenborder macht der Wind sein Spielchen und das Schlauchboot, was es will. Der scharfe Propeller des anderen Bootes schneidet einen langen Schlitz in unser Schlauchboot. Die Luft ist auf einer Seite sofort raus und es kippt augenblicklich um. Alle drei Insassen retten sich schwimmend an Land – dabei schieben sie das Dingi vor sich her. Der Außenborder ist unter Wasser. Zum Glück kommen Helga als Ruderin und Sabine als ehemalige Rettungsschwimmerin gut in dem nassen Element zurecht. Nur die schicken Kleider sitzen für den geplanten Landgang nicht mehr so gut wie sie eigentlich sollten. Ich beobachte den Vorgang aufgeregt von Bord mit dem Fernglas, kann aber nichts machen. Mit Flickzeug und Kriechöl bewaffnet, werde ich von einem anderen Segler mit dessen Beiboot zur „Unglücksstelle" an Land gebracht. Während ich mein Bestes gebe, das Schlauboot zu reparieren und den Außenborder zu retten, werden die drei nassen „Pechvögel" zur SUMMERTIME zum Kleiderwechsel gebracht. Der Landgang ist für heute ins Wasser gefallen.

Auf der Fahrt über den Kvarner haben wir Zeit, den Außenborder total zu demontieren und zu reinigen. Kurz vor dem Leuchtturm Porer an der

Südspitze von Istrien, springt er wieder an. Alle freuen sich – besonders ein anonymer Mitsegler, der abends im Restaurant spontan die Crew der SUMMERTIME freihält.

Das ist noch nicht alles, was uns auf den letzten Meilen zustößt. Einen Tag vor dem Ende unserer langen Fahrt um die Welt zieht ein Gewitter mit kräftigen Böen in der Lon-Bucht neben Rovinj über uns hinweg und Schwell steht in der Bucht. Die halbe Crew wird seekrank am Ankerplatz. Das Unglaubliche passiert!! Ich bekomme den Anker nicht mehr hoch. Er hat sich unter einem Stein verklemmt. Zum Tauchen ist es zu trübe in dem aufgewühlten Wasser. Ich muss die Ankerkette mit dem Wantenschneider kappen. Die ist von so schlechter Qualität, dass sie schon nach wenigen Wochen seit ihrem Kauf in Ägypten völlig verrostet ist. Das tröstete uns ein wenig über den Verlust hinweg. Der Verkäufer in Suez hat uns damit schön übers Ohr gehauen. So sind die letzten drei Wochen wirklich kein langweiliges Segeln in der Adria gewesen.

Ohne Anker, aber glücklich und guter Dinge, werden wir am 03.07.2003, 15.00 Uhr, in Portoroz, Slowenien, von meinem Bruder Jochen aus Hamburg und Armand aus Dresden mit Sekt begrüßt. Am 05.07. 2003 sind wir früh 05.00 Uhr in Dresden. Das MDR-Fernsehteam wartet schon auf uns.

10. Die SUMMERTIME, die Planung, das Geld

Schiff – Ausrüstung – Lebensplanung – Finanzplanung

Was kostet denn nun so ein Schiff, mit dem man um die Welt segeln kann??

Die Frage wird immer wieder gestellt und selten beantwortet. Die Spanne ist gewaltig. Ein Gebrauchtboot ist aufgrund des Preises auf jeden Fall zu empfehlen. Auch die Ausrüstung ist normalerweise wesentlicher umfangreicher. Versicherungen niedriger. Mit etwas handwerklichem Geschick lassen sich auch die Unterhaltskosten und Reparaturen stark reduzieren.

Hier nun die Aufstellung der Gesamtkosten:

Kaufpreis SUMMERTIME (12 Jahre alt)	70.000 €uro
Nachrüstung für die Weltumsegelung	20.000 €uro
Foto- und Computertechnik	10.000 €uro
Kosten Schiff	100.000 €uro
Betriebs- und Reisekosten der Weltumsegelung	45.000 €uro
30 Monate zwei Personen (1.500 €uro pro Monat)	

In diesen Kosten ist alles enthalten:

Gebühren für Kanalpassagen, Diesel, Liegegebühren, Visa, Schiffsversicherungen, Kranken- und Personenversicherungen, Reparaturen, Instandhaltung, Telefon, Internet, Seekarten, Ausflüge, Bücher, Bekleidung, Filme, Essen und Trinken, Impfungen, Arztbesuche, Medikamente …

Im Einzelnen waren die größten Posten:

Diesel und Öl (2.370 Betriebstunden = 6.150 Liter)	2.900 €uro
Bootsversicherung für unterschiedliche Fahrtgebiete	6.300 €uro
Personenversicherungen (Kranken, Unfall, Risiko)	3.500 €uro
Liegegebühren in Häfen und an Land, Kranen	5.800 €uro
Behördenkosten, Visa, ARC	3.600 €uro
Kanalpassagen (Panama, Suez, Korinth)	1.400 €uro
Ersatzteile, Reparaturen, Instandhaltung	9.400 €uro

Die SUMMERTIME

Segelyacht:	Werft „Jeanneau“ (Frankreich), Typ „Voyage 12.50“
Baustoff:	GFK (Kevlar verstärkt), Baujahr 1988
Segel:	Rollgroß (29,60 qm), Ersatzgroß Rollgenua (53,50 qm), Ersatzgenua Blister (95 qm) mit Bergeschlauch Spinnaker-Baum (4 m)
Motor:	Perkins Prima Diesel (50 PS), 190 Liter Dieseltank Zweitakt-Außenborder (Mariner 4 PS),
Bordstrom:	220 Volt Benzin-Generator (Gewatt GP 900 W) Siemens Solarzelle 55 W mit Regler 220 Volt Landstromversorgung mit Ladegerät
Anker:	Pflugscharanker 18 kg mit 60 m Kette (10 mm) elektrische Ankerwinsch 1.000 Watt Plattenanker 12 kg mit Kettenvorlauf zum Verkatten

Stockanker 25 kg mit 5 m Kettenvorlauf
50 m Ankertau
Danforthanker 12 kg mit 9 m Kette
100 m Leine am Heck auf Rolle
Klappdragen mit 3 m Kettenvorlauf und 30 m Leine für das Beiboot
Kettenfanghaken
Ruckdämpferseil zur Entlastung der Ankerwinsch
Ankerboje

Sicherheit: Rettungsinsel für 8 Personen, 10 Schwimmwesten, 9 Lifebelts, zwei Sorgleinen,
EPIRB – Satelliten-Seenotfunkboje (Kannad 406)
Rettungsring mit Nachtlicht
Rettungsring mit 60 m Schwimmleine auf Rolle
IOR-Mann-über-Bord-Boje mit Treibanker
7 Feuerlöscher (Pulver), Feuerdecke
Bordapotheke, Nebelhorn
Seenotsignalmittel, Notblitzleuchte,
4 Lenzpumpen (1 x elektrisch und 3 x per Hand)
3 Bootshaken, Zwei Radarreflektoren im Mast,
Beiboot AX 3001 (Bombard) mit festem GFK-Boden
Elektronische Wetterstation mit Barograph für 3 Tage
500 Liter Trinkwasser in drei Edelstahltanks

VOYAGE 12.50

Designer Guy RIBADEAU DUMAS

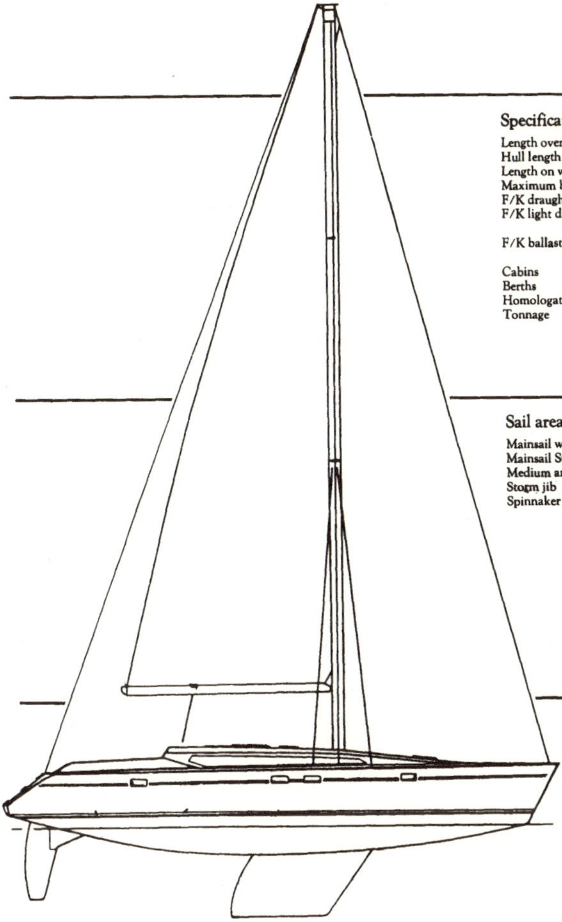

Specifications

Length over all L.O.A.	: 12.50 m (41')
Hull length L.H.	: 11.99 m (39'4")
Length on waterline L.W.L.	: 10.15 m (33'3.5")
Maximum beam	: 4.05 m (13'3.5")
F/K draught	: 1.65 m (5'5")
F/K light displacement	: 8150 kgs (17967 lbs approx.)
F/K ballast weight	: 3350 kgs (7385 lbs approx.)
Cabins	: Saloon + 3 or 4
Berths	: 9
Homologation	: Class 1 (8/10/12 persons)
Tonnage	: 16.81 register tons

Sail areas

Mainsail with furling system	: 29.60 m^2 (319 sq.ft.)
Mainsail Std	: 53.50 m^2 (576 sq.ft.)
Medium and light genoa	: 44.00 m^2 (474 sq.ft.)
Storm jib	: 10.70 m^2 (115 sq.ft.)
Spinnaker	: 117.00 m^2 (1259 sq.ft.)

Jeanneau

Navigation:	UKW – Funk (25 W) Marine 1080M, Notantenne UKW-Handfunkgerät (5 W) Humminbird Garmin – GPS 126 (fest eingebaut) Garmin – GPS 12 (tragbar, wasserdicht) Autoradio Daewoo mit CD (UKW, MW) Weltempfänger ATS 909 (mit 14 KW und SSB) Freiberger Yachtsextant mit HO-Tafeln Navigationsbesteck wasserdichtes Fernglas 7 x 50 mit Peilkompass Handpeilkompass Silva Autopilot ST 4000 und Simrad WP 30 Echolot VDO Logic Handlot mit gemarkter Leine Windmessanlage Autohelm ST 50 Log Windfahnenselbststeuerungsanlage Royal-Perfekt Furuno Yachtradar M1622 Funkanlage ALNICO DX-70 (100 W) Automatiktuner
Sonstiges:	Biminitop (Sonnendach) Sprayhood Suchscheinwerfer (Akku und 12 V) 2 Handscheinwerfer, Mag-Lite 32cm Stirnlampe (alles wasserdicht) Neoprenanzug, Tauchermesser Taucherbrillen mit Schnorchel und Flossen Ersatznavigationslaternen mit Batterie Signalflaggensatz Bootsmannsstuhl 50 m Bergseil

Inhalt – Notpacks:

Garmin GPS 12 (wasserdicht)
UKW-Handfunkgerät 5W in wasserdichter Hülle
Liste mit internationalen Seenotzeichen
Handpeilkompass
Handwindmesser
Überlebensmesser mit Kompass, Angelhacken etc.
Fernglas 10 x 25 Verbandtasche
Multitool
Messbecher für Trinkwasser
Streichhölzer und Feuerzeug
Überlebensmesser, Taschenlampe wasserdicht
Signalspiegel, Taschenmesser
Überlebenstasche
Weltempfänger
Leuchtstäbe, 1,5 l Trinkflasche mit Maßeinteilung
NICO – Notsignalgeber mit Reservemagazin
Handfackeln (rot)
Fallschirmraketen (rot)
Notproviant

Foto- und Computerausrüstung

Laptop Sony PCG-F304 mit Tragetasche und 12 V–Adapter
Sony-Memory Stick / PC Card Adapter / Datenkabel
Tintenstrahl-Drucker HP-Deskjet 310
2 Wechselrichter 12-220 V, 450 W und 150 W
12 V – Spannungsversorgung
HP CD-Brenner 8200
Sony Digital Videokamera DCR-TRV 11E mit Memory-Stick
Sony – Weitwinkelobjektiv

Sony – Teleobjektiv
Sony – Unterwassergehäuse bis 2 m Tiefe
Sony – PL Filter Kit
Cullmann-Stativ groß
Stativ klein
Canon Prima AS-1, wasserdichte Kleinbildkamera bis 6 m Tiefe
Spiegelreflexkamera Pentax MZ-10
Pentax – Zoom-Objektiv 28-200
Weitwinkelobjektiv 19-35
Polarisationsfilter 72 mm
UV-Filter 72 mm
Blitzgerät Exakta 300 AF für Pentax
Eva-Marine Unterwasserhülle bis 20 m Tiefe

11. Resümee und Nachwort

An die Realisierung einer Weltumsegelung war natürlich vor unserer Übersiedlung aus der damaligen DDR nicht zu denken. Genau genommen hat unsere Planung und Vorbereitung zehn Jahre gedauert. Kinder haben dabei genauso ihren Platz, wie Theorie und Praxis des Segelns. Kurz- und mittelfristige Ziele helfen dabei.

Jeder muss für sich entscheiden, was ihm wichtig ist. Eine preisgünstige Wohnung. Jedes Jahr ein neues Auto oder ein teurer Urlaub! Bin ich bereit, mein Haus, das ich mit viel Fleiß und Mühe gebaut habe, gegen ein Schiff einzutauschen? So gesehen, kann jeder Hausbesitzer auch eine Weltreise machen. Ich werde weniger Rente bekommen und setzte vielleicht eine Lebensversicherung oder Altersvorsorge ein. Finde ich später wieder eine Arbeit? Bin ich bereit, das Risiko einer Krankheit oder eines Piratenüberfalles einzugehen?

Spart jemand eisern 10 Jahre jeden Monat 1.000 €uro ist alles möglich!!

Wir haben uns entschieden, es getan und bereuen nichts!

In unserer einmaligen Reise haben wir unvergleichliches erlebt, was uns niemand nehmen kann und ob ich die Rente erlebe, steht allein in Gottes Hand.

Und das ist der „Schnelldurchgang" zum Überblick:

Nach einer Saison im Mittelmeer im Jahr 2000 ging es von Tunesien aus richtig los. 27 Monate – Das ist eine kurze Zeit, um einmal um den Erdball zu segeln. In dieser Zeit verbrachten wir 190 Nächte auf See und hatten auf der Überfahrt von den Galapagos Inseln nach Französisch Polynesien mit 28 Tagen und 3.100 Seemeilen die längste Non-Stop-Strecke.

Wir waren in 38 Ländern, haben viel gesehen und erlebt, aber es gab nicht nur glückliche Momente. Vier Tage nach dem Bombenattentat legten wir in Bali an, wir sahen erschüttert die Zerstörungen und die Trauer. Wir waren in den arabischen Ländern, als der grausame Krieg begann, der einen Diktator vernichtete und nicht nur einem Volk unsägliches Leid brachte. Während unserer Fahrt durch den Golf von Aden sind sieben Segelyachten von Piraten mit Schusswaffen angegriffen worden.

Die SUMMERTIME brachte uns sicher zu den Orang-Utans nach Borneo, in das kleinste Land der Erde, Niue, im Pazifik, und in das jüngste Land der Welt, Osttimor. Genauso waren wir zu Gast in zwei der ärmsten Länder der Erde, Eritrea und Sudan. Es ist unglaublich, in welchen katastrophalen Verhältnissen die Menschen dort teilweise ohne Wasser und Strom in ihren ärmlichsten Unterkünften hausen und trotzdem Zeit für ein Lächeln haben.

Der starke Sturm im Golf von Suez mit Windstärke 10 in Böen war das „windigste" Erlebnis unserer Reise. Der Wetterbericht hatte sich „versprochen". Wir waren auf dem Weg zum Suezkanal.

Viele freundliche und hilfsbereite Menschen begleiteten uns um die Welt, aber auch Bürokratie und Korruption. Es ist schon hart, wenn man als Beamter beim Morgenfernsehen und Rauchen im Büro gestört wird. Ägypten, fanden wir, war dabei der Spitzenreiter. Wir waren bei einer ganz netten ägyptischen Familie zu Gast. Für unsere Tochter Susanne mit ihren langen blonden Haaren wäre sofort ein Mann da gewesen, aber das wollten weder sie noch wir. Auf der anderen Seite war Ägypten das Land in der Welt mit dem niedrigsten Dieselpreis von 40 Piastern (secheinhalb Eurocent) pro Liter. Bei diesem Preis kommen sicherlich einigen Autofahrern die Tränen.

Ein Nachwort

Die Weltumsegelung wird gefeiert, denn wir haben das geschafft, was viele sich erträumen. Nach 35.291 Seemeilen. Die SUMMERTIME ist inzwischen 15 Jahre alt und nicht klein zu kriegen. Als Kunststoff-Serienyacht der französischen Jeanneau-Werft hat sie sich in allen Lagen auf den Weltmeeren bewährt.

Es ist mir ein Bedürfnis, meiner „Stammcrew“ Sabine ganz offiziell zu danken, denn ohne sie wäre ich sicher nicht um die Welt gesegelt. (Ich bin kein Einhandsegler – wenn ich schon allein an das Abwaschen denke.) Dazu gehört schon Mut und Gottvertrauen, um bei so einem wie mir mitzufahren. Genauso möchte ich auch unseren Töchtern, Anke und Susanne, danken. Sie mussten lange ohne ihre „reisewütigen“ Eltern zurechtkommen. Unsere Eltern haben auch auf uns gewartet und die Tage gezählt.

Viele Freunde und Bekannte unterstützten uns. Einige sind sogar mehrfach mitgesegelt und andere haben uns die Daumen gedrückt. Herzlichen Dank also Allen für die Hilfe, Unterstützung und das Verständnis!

Wie geht es nun weiter?

Wir werden uns voller Tatendrang in den Arbeitsalltag stürzen und zur weiteren Steigerung des Bruttosozialproduktes beitragen. Voller Freude genießen wir bewusst die Zeit mit unseren Kinder, Enkelkindern, Eltern und Freunden.

Wir wissen, dass wir sehr vieles von dem, was es in Deutschland gibt, nicht wirklich brauchen. Eine solche Reise schärft den Blick für das Wesentliche. Deutschland ist ein wunderschönes Land, in dem es auch für uns noch viel zu entdecken gibt. Es gab kein Land für uns, in dem wir für immer unsere „Zelte" hätten aufschlagen wollen.

Eigentlich sollte die SUMMERTIME verkauft werden, aber wir haben es nicht übers Herz gebracht und dem Käufer aus England abgesagt. Inzwischen können Interessierte mitsegeln und Merrluft schnuppern. In Kuba, auf den Azoren und in den Philippinen sind wir ja auch noch gar nicht gewesen …

Mit den Erfahrungen einer Weltumsegelung gibt es jetzt die Sposa-Sportbootschule Sachsen, wo ich jüngere und ältere Wassersportfreunde ausbilde, die notwendigen Bootsführerscheine zu erwerben.
Sabine hatte Glück und eine Stelle als Horterzieherin in einem evangelischem Kindergarten gefunden. Es macht ihr sehr viel Freude …

12. Glossar – Einige nautische Erläuterungen

Anmerkung

Manche Segler unter den Lesern werden dieses Glossar sicher belächeln. Denken Sie bitte aber auch an den Leser, der mir gestanden hat, dass er erst in der Mitte des Buches mitbekommen hat, dass das Dingi unser Schlauchboot ist. Die Seglersprache ist so umfangreich, dass das Glossar keinen Anspruch auf Vollständigkeit erheben kann.

Abdrift: durch Wind oder Strömung verursachte Kursabweichung

abfallen: vom Wind weg, Gegenteil von anluven

achtern: beim Schiff hinten

Achterstag: Drahttauwerk vom Heck zur Mastspitze

Ankerwinsch: Winde (oft elektrisch) zum Hochholen des Ankers

anluven: höher an den Wind gehen

anschlagen: Segel befestigen

astronomische Navigation: Schiffsortbestimmung durch Stellung der Sonne oder der Gestirne mithilfe eines Sextanten

aufkreuzen: im Zickzackkurs auf ein Ziel gegen den Wind segeln

ausbaumen: Vorsegel oder Spinnaker mit Baum setzten

Autopilot: elektrische Steuerung, um das Schiff auf Kurs zu halten

backbord: linke Schiffsseite in Bugrichtung

Backskiste: mit Klappe verschlossener Stauraum im Cockpit

Bake:	feststehendes Seezeichen
Barre:	Sandbank vor Flusseinmündung oder Hafeneinfahrt
Baum-niederholer:	Flaschenzug, um den Großbaum niederzuhalten
Beaufort:	(Bft) Windstärkenskala von 0-12 nach dem englischen Admirals Sir Francis Beaufort zum Bestimmen der Windgeschwindigkeit
belegen:	Leine festmachen
beiliegen:	stabilisierende Ruhigstellung des Bootes durch beidrehen
Bilge:	tiefste Stelle im Schiff
Bimini:	Sonnenschutz
Boje:	schwimmender Festmacher
Böe:	plötzlicher Windstoß
Bug:	vorderer Teil eines Schiffes
Bugkorb:	vorderer Abschluss der Reling aus Edelstahl
Cockpit:	Sitz- und Arbeitsfläche an Deck
Crew:	Besatzung
dichtholen:	Leine fester anziehen, Gegenteil von fieren
Dingi:	kleines Beiboot (oft ein aufblasbares Schlauboot)
Dünung:	durch starken Wind verursachte Welle
Ebbe:	infolge der Gezeiten sinkender Wasserstand

Echolot: Gerät zum Messen der Wassertiefe mittels Schallwellen

Etmal: die innerhalb von 24 Stunden zurückgelegte Distanz

Fall: Leine zum Setzen des Segels

Fender: Schutzpolster zwischen Steg und Schiff

Flaute: Windstille

Flut: infolge der Gezeiten steigender Wasserstand

fieren: Leine lose geben, Gegenteil von dichtholen

Fock: kleines Vorsegel

Fuß: ca. 30 cm, häufige Angabe der Schiffslänge

Genua: großes Vorsegel

Groß: gleich Großsegel, Segel am Großmast und Großbaum

GFK: Glasfaserverstärkter Kunststoff beim Bootsbau

GPS: Global Position System, auf ca. 30 m genaues weltweites satellitengestütztes Navigationsgerät zur Positionsbestimmung (hat heute die Größe eines Handys)

halsen: mit dem Heck durch den Wind gehen

Heck: hinterer Teil des Schiffes

Kajüte: Bootskabine

Katamaran: Doppelrumpfboot ohne Ballastkiel

Kennung: charakteristische Lichterscheinung eines Leuchtfeuers

Ketch: Segelschiff mit zwei Masten, der hintere ist kleiner

killen: schlagen des Segels

Knoten: (kn) Geschwindigkeitsangabe in Seemeilen pro Stunde

koppeln: eintragen von Kurs und Zeit auf der Seekarte

Koje: Schlafplatz an Bord

Krängung: Seitenneigung des Schiffes

Kreuzsee: unangenehmer Seegang durch sich kreuzende Wellen

kreuzen: im Zickzackkurs auf ein Ziel gegen den Wind segeln

Kurs: Fahrtrichtung

Lee: dem Wind abgewandte Seite, Gegenteil von Luv

Leine: Tau zum Schiff festbinden

Log: Fahrtgeschwindigkeitsanzeiger

Lot: Wassertiefenanzeiger

Luke: verschließbare Öffnung im Schiff

Luv: dem Wind zugewandte Seite, Gegenteil von Lee

Marina: Yachthafen

Mooring: Festmacherleine im Hafen, teilweise mit Grundgewicht

Niedergang: Treppe vom Cockpit in die Kajüte

Ölzeug: wasserdichte Schlechtwetterkleidung

Peilung: Richtungsbestimmung

Position: Ortsangabe in Breiten- und Längengraden

raumer Wind: achterliche Winde

Reede: Ankerplatz vor einem Hafen

reffen: Segelfläche verkleinern

Rigg: Takelage, die den Mast hält

Saling: Mastspreize für die Wanten

Schäkel: verschraubbarer Metallbügel

Schot: Leine zum Halten des Segels

schwojen: Bewegung des Schiffes vor Anker

Seemeile: 1.852 Meter, eine Bogenminute des Erdumfanges

Selbststeuer-anlage: elektrische (Autopilot) oder mechanische (Windsteuer-anlage) Vorrichtung zum Kurshalten

Sextant: mechanisches Winkelmessgerät in der Astronavigation

Sloop: einmastiges Segelboot wie die SUMMERTIME

Sprayhood: Spritzwasserschutz am Niedergang

steuerbord: rechte Schiffsseite in Bugrichtung

Talje: Flaschenzug

Törn: Seereise

trimmen: optimales Einstellen der Segel

UTC: Weltzeit, Greenwichzeit

VHF: UKW-Sprechfunk für kurze Distanzen

Vorstag: Drahttauwerk vom Bug zur Mastspitze

Wanten: seitliche Mastabstützung

Winsch: Winde zum Holen von Leinen, Fallen und Schoten

Windpilot: Windfahnensteuerung, die mit der Kraft des Windes das Schiff automatisch steuert

Gerhard Schmidt,

Jahrgang 1954, wurde in Radebeul bei Dresden geboren und ist Diplom-Immobilienwirt. Nach der Schule erfolgte in mehreren handwerklichen Berufen eine Ausbildung: Elektromechaniker mit Abitur, Parkett- und Bodenleger, Maurer

1984	Ausreiseantrag in die BRD
1989	Übersiedlung nach Hamburg
1991	Rückkehr nach Dresden
1999	Sporthochseeschifferschein in Hamburg
2000–2003	dreieinhalb Jahre Weltumsegelung 35.000 Seemeilen mit der SUMMERTIME, einer serienmäßigen „Jeanneau Voyage 12.50", Baujahr 1988
Seit 2004	in Dresden freischaffend tätig.

Es entsteht dieser Reisebericht.
Bild- und Videoshows in ganz Deutschland, Filme,
freier Autor für Magazine und Zeitungen,
Gründung der SPOSA – Sportbootschule Sachsen –

Sabine Schmidt,
Jahrgang 1954, ist von Beruf Lehrerin.

1984 bis 1989	Berufsverbot aufgrund des Ausreisantrages
1976 und 1980	Geburt der Töchter Anke und Susanne
Seit 1989	tätig als Erzieherin.
2000	Sportküstenschifferschein
Seit 2004	wieder tätig als Horterzieherin in Dresden.

Haben Sie Fragen, Wünsche oder Anregungen zum Buch?
Möchten Sie das Buch bestellen, unsere DVD über diese Weltumsegelung erwerben oder einfach noch mehr wissen?
Besuchen Sie unsere Homepage mit weiteren Fotos von der Weltumsegelung.

Homepage: www.schmidtsegeln.de
E-Mail: Gerhard@schmidtsegeln.de